普通高等教育土建类专业系列教材

CONCISE COURSE ON TBM ENGINEERING

盾构与TBM 施工简明教程

杨志勇　主编

江玉生　主审

人民交通出版社股份有限公司

北京

内 容 提 要

本书为普通高等教育土建类专业系列教材之一,遵照城市地下空间工程专业教学大纲要求,依据国家、行业实施的相关标准规范,以及土木工程领域对实用型技术人才的需求特点,结合作者团队开展的教学研究与实践经验,系统、全面地介绍了盾构与TBM的基本构造、原理、技术特点及适用范围,并重点针对盾构法隧道施工中的工艺流程、关键技术进行了介绍。本书配有图书电子版,便于读者查阅。

本书可作为高等院校土木工程、城市地下空间工程等土建类专业本科生教材,也可供从事土木工程设计、施工、科研的专业技术人员学习参考。

图书在版编目(CIP)数据

盾构与TBM施工简明教程/杨志勇主编. — 北京:人民交通出版社股份有限公司,2022.7
ISBN 978-7-114-17955-6

Ⅰ.①盾… Ⅱ.①杨… Ⅲ.①盾构法—高等学校—教材 Ⅳ.①U455.43

中国版本图书馆CIP数据核字(2022)第080923号

Dungou yu TBM Shigong Jianming Jiaocheng

书　　名:	盾构与TBM施工简明教程
著 作 者:	杨志勇
责任编辑:	谢海龙
责任校对:	刘　芹
责任印制:	刘高彤
出版发行:	人民交通出版社股份有限公司
地　　址:	(100011)北京市朝阳区安定门外外馆斜街3号
网　　址:	http://www.ccpcl.com.cn
销售电话:	(010)59757973
总 经 销:	人民交通出版社股份有限公司发行部
经　　销:	各地新华书店
印　　刷:	北京虎彩文化传播有限公司
开　　本:	787×1092　1/16
印　　张:	17
字　　数:	403千
版　　次:	2022年7月　第1版
印　　次:	2022年7月　第1次印刷
书　　号:	ISBN 978-7-114-17955-6
定　　价:	52.00元

(有印刷、装订质量问题的图书由本公司负责调换)

PREFACE | 前言

随着我国隧道及地下工程建设的快速发展,全断面隧道掘进机法已成为我国城市地铁、综合管廊、山岭隧道等重大隧道工程建设的首选工法。该工法依托大型装备的集成应用,科技含量高,涉及多个专业领域,对工程技术人员的专业技能提出了更高的要求。

基于上述背景,中国矿业大学(北京)作为以土建类为特色的高等院校,近30年来一直致力于城市地下空间工程领域的教学与科研工作,承担了大量的国家、省部级科研项目和企业委托的科研项目,在该领域形成了一定的理论与技术基础,积累了较为丰富的工程经验。以此为依托,中国矿业大学(北京)于2016年开设了城市地下空间工程本科专业,并于2019年5月17日入选北京高校"高精尖"学科建设名单,同年12月,城市地下空间工程本科专业入选国家级一流本科专业建设点。基于学科发展及现实教学工作的需要,亟须编写一批具有地下空间工程专业特色的融合创新教材,《盾构与TBM施工简明教程》即应运而生。

本教材共9章:第1~4章介绍了盾构与TBM典型机型的基本构造、工作原理、技术特点及适用范围;第5章介绍了盾构选型的原则与方法;第6章介绍了管片的构造、作用和设计方案;第7章介绍了盾构始发—掘进—接收全过程的施工方案及关键技术;第8章介绍了盾构施工过程中的风险管控,并阐释了绿色施工技术;第9章介绍了盾构掘进过程中的整体姿态和位置的测量技术。本教材在附录中增加了管片结构设计和反力架结构受力验算两个典型算例。除此之外，每章设置了一些思考题，这些问题基本囊括了各个章节的关键要点，以供读者参阅和思考。

本教材具有以下几个特点：

一是突出适用性，本教材遵照国家对城市地下空间工程专业教学大纲要求，依据国家、行业实施的相关标准与规范，以及土木工程领域对实用型技术人才的需求特点编写而成。

二是注重实用性，本教材按照"理论＋实践"相结合，引用成熟的技术体系，贴合实际应用，便于学生理解掌握。

三是凸显简明性，本教材结合专业设置和教学特点，在介绍概念、原理、方法等知识内容过程中，采取图文并茂、言简意赅的表达方式，以提供基本的知识体系为目的，"简明""够用"即可。

本教材由杨志勇主编，江玉生教授主审，房宽达、杨星为本教材的顺利编写查阅、整理了大量的相关文献资料，并参与了书稿的整理工作。北京申江工程技术咨询有限公司总经理褚立孔为本书的编写提供了丰富的资料、工程经验和相关建议。在此谨向提及与未提及的所有单位和同仁表示感谢。

限于作者水平，书中难免有欠妥之处，敬请各位读者、同仁批评指正。

作　者

2021 年 12 月

CONTENTS 目录

001 | 第1章 盾构法历史沿革

1.1 盾构法概述 …………………………………………………… 001
1.2 盾构的起源与发展 …………………………………………… 002
1.3 盾构的分类 …………………………………………………… 011
思考题 ……………………………………………………………… 014

015 | 第2章 土压平衡盾构

2.1 基本构造 ……………………………………………………… 015
2.2 工作原理 ……………………………………………………… 021
2.3 技术特点及适用范围 ………………………………………… 022
思考题 ……………………………………………………………… 023

025 | 第3章 泥水平衡盾构

3.1 主要类型 ……………………………………………………… 025
3.2 工作原理 ……………………………………………………… 026
3.3 技术特点及适用范围 ………………………………………… 032
思考题 ……………………………………………………………… 033

034 | 第 4 章　TBM 法施工

 4.1 TBM 的起源与发展 ·· 034
 4.2 TBM 法施工特点 ·· 037
 4.3 TBM 的分类 ·· 039
 4.4 制约 TBM 施工性能的典型因素分析 ································· 043
 思考题 ··· 046

047 | 第 5 章　盾构选型

 5.1 概述 ··· 047
 5.2 盾构类型的选择 ·· 050
 5.3 刀盘结构形式及驱动方式选择 ·· 053
 5.4 刀具种类及破岩机理 ·· 054
 5.5 其他施工设备选择 ·· 058
 5.6 施工辅助设备的选择 ·· 061
 5.7 主要技术参数计算 ·· 063
 思考题 ··· 070

072 | 第 6 章　盾构隧道衬砌与管片结构

 6.1 隧道衬砌结构 ·· 072
 6.2 管片构造 ·· 076
 6.3 管片设计 ·· 079
 6.4 管片防水 ·· 092
 思考题 ··· 098

099 | 第 7 章　盾构隧道施工技术

 7.1 盾构施工准备 ·· 099
 7.2 盾构始发技术 ·· 107
 7.3 盾构掘进技术 ·· 113
 7.4 盾构到达技术 ·· 141
 7.5 端头加固技术 ·· 145
 7.6 特殊工况盾构始发接收技术 ·· 179

7.7　刀具的检查与更换 ·· 188
　　思考题 ·· 206

208 | 第8章　盾构施工风险管控及绿色施工

　　8.1　地层变形控制 ·· 208
　　8.2　盾构穿越环境风险工程控制措施 ································ 221
　　8.3　常见灾害事故预防与应急预案 ··································· 226
　　8.4　绿色施工技术 ·· 229
　　思考题 ·· 235

236 | 第9章　盾构掘进测量及导向系统

　　9.1　盾构联系测量 ·· 236
　　9.2　盾构导向系统 ·· 238
　　9.3　盾构设备方向控制 ··· 248
　　思考题 ·· 252

附录一　管片结构设计算例 ··· 253

附录二　反力架结构受力验算算例 ·· 260

参考文献 ·· 262

第1章 CHAPTER 1
盾构法历史沿革

1.1 盾构法概述

1.1.1 定义

根据《全断面隧道掘进机 术语和商业规则》(GB/T 34354—2017)定义,全断面隧道掘进机是指通过开挖并推进式前进实现隧道全断面成型,且带有周边壳体的专用机械设备,主要包括盾构机、岩石隧道掘进机、顶管机等。

盾构机(Shield Machine,以下简称"盾构")是指在钢壳体保护下完成隧道掘进、出渣、管片拼装等作业,推进式前进的全断面隧道掘进机,主要由主机及后配套系统组成。一般可分为土压平衡盾构、泥水平衡盾构等,通常默认为圆形盾构。

岩石隧道掘进机(Hard Rock Tunnel Boring Machine,以下简称"TBM")是指通过旋转刀盘并推进,使滚刀挤压破碎岩石,采用主机带式输送机出渣的全断面隧道掘进机。一般可分为敞开式TBM、单护盾TBM及双护盾TBM等。

欧美国家一般将盾构和TBM统称为TBM,而在我国和日本及部分东南亚国家,一般将盾构定义为开挖土体的机械化设备,而将TBM定义为硬岩隧道掘进机。本书即按照我国行业习惯,按照盾构与TBM分别展开介绍。

1.1.2 工法优点

与传统的浅埋暗挖法和明挖法相比,采用盾构法建造的隧道工程具有以下优点:
(1)对环境影响小。
①出土量容易控制,施工过程中对周围地层及建(构)筑物影响小,沉降控制相对容易。
②不影响地表交通,不影响商店等的营业,经济损失小。

③对周围居民生活、出行影响小。
④空气、噪声污染较小。

(2)适用地表环境及地层条件广泛。
①施工基本不受地形、地貌、江河水域等地表环境条件的限制。
②适于深埋、高水压施工条件。
③施工不受天气条件限制。
④适用地层广,软土、砂层、卵石以及岩层均可适用。

(3)掘进速度快,机械化和自动化程度高,投入人员少。

(4)采用管片衬砌的隧道,改善了洞内劳动条件,减轻了人工劳动强度。

(5)施工在盾壳的保护下进行,相对安全,隧道内产生严重安全生产事故的可能性小。

1.1.3 工法缺点

(1)每种类型的盾构都有其最佳的适用范围,不可能对任何地层都适用,一旦设备选型与水文、地质条件不匹配,则有可能出现大的风险。

(2)隧道施工机械化程度和科技含量较高,重要部件在施工中更换、修理困难,一旦在掘进过程中出现严重的机械故障或者部件损坏,维修相当困难(如补焊刀盘、更换磨损严重的刀具等),同时维修过程中也会带来较大的风险(如开仓换刀时遇到不明有害气体,补焊刀盘时乙炔中毒)。

(3)当穿越的地层复杂多变,地下环境较复杂时(如遇到不良地层、不明地下障碍物等),容易产生风险。

(4)与其操作人员的经验、操作能力有很大关系,一旦操作人员经验不足,对设备把控能力有限,对突发(异常)情况缺乏足够的判断能力,或者违规操作,则容易在盾构施工中产生较大的风险。

(5)受限于装备技术发展,目前还无法进行变断面施工。

1.2 盾构的起源与发展

盾构问世至今已有近200年的历史,始于英国,发展于日本、德国。其发展历程可分为四个阶段(图1-1)一是以布鲁内尔盾构为代表的手掘式盾构;二是以机械式、气压式盾构为代表的第二代盾构;三是以闭胸式盾构为代表(泥水平衡盾构、土压平衡盾构)的第三代盾构;四是以大直径、大推力、大扭矩、高智能化、多样化为特色的第四代盾构。

1.2.1 盾构的起源

1806年,马克·布鲁内尔(Marc Brunel)在蛀虫钻孔并用分泌物涂在四周的启示下,最早提出了盾构掘进隧道的原理并注册了专利,如图1-2所示。布鲁内尔发明的盾构由不同的单元格组成,所有的单元格牢靠地固定在盾壳上。当一段隧道挖完后,由液压千斤顶将整个盾壳向前推进。1818年,布鲁内尔完善了盾构的机械系统,设计为全断面螺旋式开挖的封闭式盾壳,衬砌工作紧随其后。

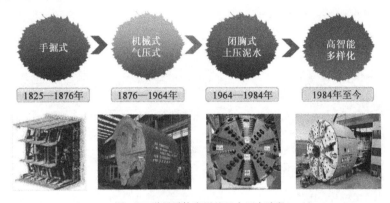

图1-1 世界盾构发展的四个历史阶段

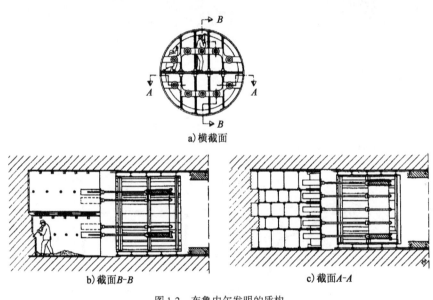

图1-2 布鲁内尔发明的盾构

1825年,布鲁内尔在伦敦泰晤士河下使用断面高6.8m、宽11.4m的矩形盾构修建了第一条盾构法隧道,如图1-3所示。布鲁内尔矩形盾构由12个邻接的框架组成,每一个框架分成3个工作仓,每个仓可容纳一个工人独立工作并对工人起到保护作用。当掘进完一段隧道后,由螺杆将鞍形框架向前推进,紧接着后部进行衬砌作业。

由于没有掌握抵制泥水涌入隧道的方法,隧道因被淹而停工。伦敦地下铁道公司的卡洛丹(Callodam)曾向布鲁内尔提出采用压缩空气的建议,然而布鲁内尔未采纳。在经历了5次特大洪水淹没隧道后,直到1843年才完成了这条全长458m的隧道。

1.2.2 盾构的发展演进

(1)圆形盾构

1869年,英国人詹姆斯·亨利·格瑞海德(James Henry Greathead)用圆形盾构再次在泰晤士河底修建了一条直径为2.18m、长402m的隧道,并第一次采用了铸铁管片。由于隧道基本上是在不透水的黏土层中掘进,所以在控制地下水方面难度较小。格瑞海德圆形盾构后来成为大多数盾构的模型(图1-4)。

图1-3 布鲁内尔矩形盾构　　　　　　图1-4 格瑞海德圆形盾构

(2)泥水盾构

1874年,格瑞海德开发了液体支撑隧道工作面的盾构,即通过液体流将土料以泥浆的形式排出,被称为泥水盾构,如图1-5所示。

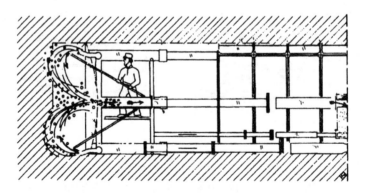

图1-5 格瑞海德泥水盾构

(3)压缩空气盾构

劳德·考克让施(Lord Cochrane)按照1828年卡洛丹向布鲁内尔提出的建议,于1830年发明了气闸,它能使人们从常压空间进入到加压的工作舱。1886年,格瑞海德在伦敦地下施工中将压缩空气应用于盾构掘进中,标志着不降水的情况下在承压水地层中掘进隧道成为可能,是隧道施工的重大进步,促进了盾构法在世界范围内的进一步推广。

(4)机械化盾构

在布鲁内尔发明盾构之后的另一个进步是开始采用机械开挖代替人工开挖。第一个机械化盾构的专利是1876年英国人约翰·狄金森·布鲁顿(John Dickinson Brunton)和乔治·布鲁顿（George Brunton）申请的专利。这台盾构采用了半球形旋转刀盘,开挖渣土落入径向装在刀盘上的料斗中,料斗将渣土转运到皮带输送机上,如图1-6所示。

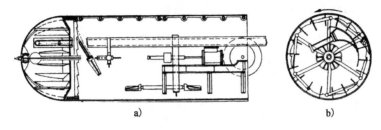

图1-6 布鲁顿机械化盾构(1876年专利)

1896年,英国人普莱斯（Price）开发了一种辐条式刀盘机械化盾构,并于1897年成功地应用于伦敦黏土地层隧道施工中。它第一次将格瑞海德圆形盾构与旋转刀盘结合在一起,在辐条式刀盘上装有切削工具,刀盘通过一根长轴由电机驱动,如图1-7所示。

（5）泥水平衡盾构

最初的泥水平衡盾构通过喷射泥浆流,将土料以泥浆的形式排出。但泥浆不能支护开挖面,受到地下连续墙开挖过程中利用泥水稳定沟槽壁及泥浆护壁原理的启发,诞生了泥水平衡盾构。

1964年,英国人摩特·亥（Mott Hay）、安德森（Anderson）和约翰·巴勒特（John Bartlett）申请了泥水平衡盾构专利,但由于英国当时缺乏能促进这种技术的隧道工程,这种技术的发展受到了限制。

图1-7 普莱斯机械式盾构

1967年,第一台用刀盘切削土体和水力出渣的泥水平衡盾构在日本投入使用。这台盾构由三菱重工制造,直径3.1m。1970年,日本铁道建设公司成功在京叶线森崎运河下的羽田隧道工程中采用直径为7.29m的泥水平衡盾构施工,隧道长度为1712m,这是当时世界上直径最大的泥水平衡盾构。随后德国Wayss & Freytag公司意识到泥水平衡盾构技术所具有的发展前途,开发了德国第一台泥水平衡盾构,并于1974年在德国汉堡首次使用这台盾构掘进了长4.6km的污水管道。

（6）土压平衡盾构

1963年,日本Sato Kogyo公司首先开发出土压平衡盾构,如图1-8所示。1974年,第一台土压平衡盾构在日本东京使用,用于掘进长1900m的隧道,该盾构由日本石川岛播磨重工业（IHI）公司制造,直径为3.72m,如图1-9所示。

（7）复合盾构（多模式盾构）

根据开挖面稳定以及掘进、出土模式的不同,盾构可分为敞开式、半敞开式、土压平衡式、泥水平衡式等,它们分别适用于相应的地层结构。当某一段隧道穿越不同地层结构时,用以上任一类型盾构都不适于单独将此段隧道掘进完成,而根据相应地层情况要用两台或多台盾构,在隧道掘进长度较短时很不经济,或由于条件限制使布置多台盾构非常困难。此时需将以上不同类型的盾构进行组合,在结构空间允许的情况下,将不同类型盾构的功能部件同时布置在一台盾构上,掘进过程中可根据地质情况进行功能或工作模式的切换,这种经转换后以不同的工作模式运行的盾构称为复合盾构,也称多模式盾构。

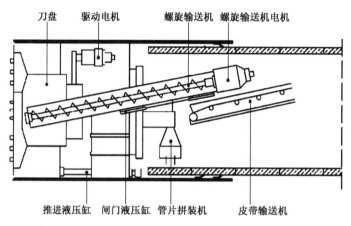

图1-8　日本 Sato Kogyo 公司开发的土压平衡盾构结构示意图(1963年)

图1-9　日本第一台投入使用的土压平衡盾构(IHI 公司于1974年制造)

复合盾构开始主要是针对欧洲的地质条件由德国公司开发。1985年,德国 Wayss & Freytag 公司和海瑞克公司申请了复合盾构专利,它以 Wayss & Freytag 公司拥有专利的泥水平衡盾构为基础,有其独特的沉浸墙/压力隔板结构,通过转换,可以以土压平衡或压缩空气盾构模式运行。1993年9月,第1台直径为7.4m 的复合盾构在巴黎一条长1600m 穿过两种完全不同地层的隧道工程中使用,它可以从泥水平衡模式转换到土压平衡模式或敞开模式,且可以根据土层性质和水文条件的不同对开挖面支撑方式以及刀具布置、排土方式进行调整。

复合盾构的组合模式有压缩空气式/敞开式、泥水平衡式/敞开式、土压平衡式/敞开式、泥水平衡式/土压平衡式、敞开式/泥水平衡式/土压平衡式等。由于在隧道和盾构里的空间有限,工作模式的转换一般在竖井内进行。在城市地铁的建造中,隧道掘进一般由车站分成长度为0.5~2km 的区间,可以在适当的站点进行工作模式转换。近些年来复合盾构技术已经日趋成熟。

1.2.3　盾构在我国的发展与应用

盾构在我国的发展与应用大致经历了三个阶段:一是起步阶段(20世纪60年代—80年代初),二是平稳发展阶段(20世纪80年代中—90年代末),三是快速发展阶段(21世纪初至今)。下面简述几个重要节点。

(1)手掘式盾构开发与应用

我国盾构的开发与应用始于1953年,东北阜新煤矿采用手掘式盾构修建了 $\phi 2.6m$ 的疏水巷道。1962年2月,上海城建局隧道工程公司结合上海软土地层对盾构进行了系统的试验研究,研制了1台ϕ4.16m的手掘式普通敞胸式盾构,在两种有代表性的地层进行掘进试验,用降水或气压来稳定粉砂层及软黏土地层。在经过反复论证和地面试验之后,选用由螺栓连接的单层钢筋混凝土管片作为隧道衬砌,环氧煤焦油作为接缝防水材料。隧道掘进长度68m,试验获得了成功,并收集了大量的盾构法隧道数据资料。

(2)网格式盾构开发与使用

1965年3月,由上海隧道工程设计院设计、江南造船厂制造的2台ϕ5.8m的网格式盾构投入使用,于1966年完成了2条平行隧道施工,隧道长度660m,地面最大沉降达10cm。1966年5月,中国第一条水底公路隧道——上海打浦路越江公路隧道工程主隧道采用由上海隧道工程设计院设计、江南造船厂制造的ϕ10.22m网格式盾构施工,辅以气压稳定开挖面,在水深为16m的黄浦江底顺利掘进隧道,掘进总长度1322m。打浦路越江公路隧道于1970年底建成通车,此次所用的网格式盾构有所改进,敞开式施工可转换为闭胸式施工。

1966年,北京城建集团前身——基建工程兵为修建北京地铁,研制了网格式压缩混凝土盾构,并试验成功。

1973年,上海市采用1台ϕ3.6m的水力机械化出土网格式盾构和2台ϕ4.3m的网格挤压式盾构,修建了1条污水排放隧道和2条引水隧道。1980年,上海市进行了地铁1号线试验段施工,研制了1台ϕ6.412m网格挤压式盾构,采用泥水加压和局部气压施工,在淤泥质黏土地层中掘进1130m。1982年,上海外滩的延安东路北线越江隧道工程(长1476m)的圆形主隧道采用上海市隧道工程公司(现为上海隧道工程股份有限公司,以下简称"上海隧道股份")设计、江南造船厂制造的ϕ11.3m网格挤压式水力出土盾构施工(图1-10)。

 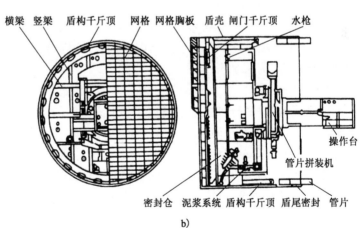

图1-10 ϕ11.3m网格挤压式盾构

(3)插刀盾构开发与应用

1986年,中铁隧道局集团有限公司(以下简称"中铁隧道局")研制出半断面插刀盾构(图1-11),并成功用于修建北京地铁复兴门折返线工程。半断面插刀盾构将盾构法与浅埋暗挖法紧密结合,取消了小导管超前注浆,在盾构壳体的保护下,进行地铁隧道上半断面的开挖。半断面插刀盾构能全液压转动,电控操作,可自行推进、转向、调头,能有效控制地面沉降,减轻工人劳动强度,施工速度较快,日均进尺可达3~4m。

图 1-11　半断面插刀盾构(1986 年)

(4)国外盾构的引进

1990 年,上海地铁 1 号线工程全线开工,18km 长区间隧道引进了 7 台由法国 FCB 公司制造的 ϕ6.34m 土压平衡盾构,是我国引进国外盾构施工的开始。

1996 年,上海延安东路隧道南线工程,总长 1300m,采用从日本引进的 ϕ11.22m 泥水平衡盾构施工,是我国引进国外大直径盾构的开始。

1997 年,广州地铁 1 号线一期工程采用由日本引进的 2 台泥水平衡盾构和 1 台土压平衡盾构施工。

鉴于国内盾构隧道工程的快速发展,国外盾构厂商纷纷在国内建立工厂,盾构核心部件由国外引进,其他部件在国内生产,最后在国内组装形成完整的盾构,降低了制造成本和运输成本。

(5)国家"863"计划自主研发

①土压平衡盾构研发

2002 年 8 月,科技部将 ϕ6.3m 土压平衡盾构的研究设计列入国家"863"计划。通过公开招标,第一批 3 项设计课题分别由国内盾构设计、制造与施工的两家优势企业(中铁隧道局和上海隧道股份)为主承担。

2002 年底,同样通过公开招标,第二批 4 项课题(包括试验研究、关键技术攻关、样机研制和标准规范编制等)分别由中铁隧道局和上海隧道股份为主承担,并组织了由浙江大学、同济大学、华中科技大学、东南大学、煤炭科学研究总院、北京城建集团有限责任公司、洛阳久久技术开发有限公司等单位参加的产、学、研结合的课题组。采用强强联合的合作模式,形成企业动态技术联盟。充分利用国内现有的盾构设备研发能力及施工技术,依据国内现有的液压、测控等技术的研究成果,组织相关专业领域的专家针对这些成果在盾构设备上的应用开展研究,围绕样机的研制进行攻关。

在国家"863"计划的引导下,中铁隧道局完成了 ϕ6.3m 土压平衡盾构的结构设计、盾构控制原理流程图设计,以及盾构液压系统、电气系统、流体输送系统以及元器件的选型;完成了盾构刀具的研究设计、开发与制造;完成了盾构泡沫添加剂、盾尾密封油脂的开发应用研究,并实现了产品化。2004 年 7 月 15 日,中铁隧道局研制的刀盘及刀具、液压系统成功用于上海地铁 2 号线进行工业试验,实现连续掘进 2650m,平均月掘进 331m,最高月掘进 470m。2004 年 5 月,中铁隧道局与日本小松公司联合研制了 1 台 ϕ6.3m 土压平衡盾构(图 1-12),并成功应用于广州地铁 4 号线工程;2004 年 10 月下旬,上海隧道股份成功研制了一台 ϕ6.3m 土压平衡盾构(先行号)应用于上海地铁 2 号线西延伸隧道工程(图 1-13)。

图 1-12 中铁隧道局与日本小松公司联合研制的盾构

图 1-13 上海隧道股份研制的 $\phi 6.3m$ 盾构

同时,中铁隧道局还成功研制了与盾构相配套的变频牵引机车、渣土运输车、砂浆运输车、管片运输车等后配套设备,并在盾构管片研制、新型泡沫剂研制及渣土改良、同步注浆技术方面也取得了一定进展,推动了盾构产业化进程。

②盾构掘进地层模拟研究

2004 年 7 月 28 日,上海隧道股份、中铁隧道局、上海科技投资股份公司、浙江大学、同济大学、华中科技大学等在上海组建了股份制的盾构设计试验研究中心,研制出了我国第一台拥有自主知识产权的盾构掘进模拟试验平台(图 1-14),模拟盾构的直径为 1.8m。在该试验平台上,可进行土压平衡盾构在黏土、砂土、砂砾地层的掘进试验。

③砂砾复杂地层关键技术研究

中铁隧道局在完成针对上海软土地层土压平衡盾构关键技术研究的基础上,进一步扩大研究范围,以北京地铁 4 号线为工程对象,研究适合砂砾复杂地层的土压平衡盾构刀盘刀具技术,通过掘进模拟试验的方法,研制出了具有自主知识产权的复合式刀盘刀具切削系统、磨损检测装置以及盾构实时远程测控系统,以满足盾构在砂性土、卵石、砾岩交互的复杂地层条件下安全高效的施工要求。2005 年 12 月,中铁隧道局自主研制的适用于砂砾复合地层的土压平衡盾构刀盘成功应用于北京地铁 4 号线 19 标北大东门站—圆明园站区间隧道施工,如图 1-15 所示。

图 1-14 盾构掘进模拟试验平台

图 1-15 中铁隧道局研制用于北京地铁 4 号线土压平衡盾构刀盘

④泥水平衡盾构研发

为缩小我国在泥水平衡盾构设计、制造技术方面与国际先进水平的差距，科技部于2005年7月将泥水平衡盾构的研究列入"863"计划，对大直径泥水平衡盾构装备与设计课题进行了专题立项，由中铁隧道局和上海隧道股份为主承担，取得了如下成果：

a. 在学习国外大直径泥水平衡盾构技术的基础上，依托南水北调中线一期穿黄工程，开展了泥水平衡盾构的掘进系统和管片拼装机等设计制造的研究工作，完成了 $\phi 9m$ 泥水平衡盾构总体设计图、电气控制和泥水系统等设计图，在泥水系统接管器方面取得创新，并申报了国家发明专利。

b. 在学习武汉长江公路隧道引进的 $\phi 11.38m$ 泥水平衡盾构刀盘的基础上，根据南水北调中线一期穿黄工程具体地质条件，开展了泥水平衡盾构刀盘刀具的结构设计、刀盘磨损极限检测系统和主驱动密封等关键技术的研究，完成了 $\phi 9m$ 泥水平衡盾构刀盘设计，在优化设计方面取得了进展。

c. 研制了具有自主知识产权的 $\phi 5m$ 盾构控制系统模拟试验平台(图1-16)，并申请了"盾构机控制系统检测试验台"国家发明专利。盾构控制系统是盾构的核心技术之一，是盾构完成各项功能的指挥系统，也是国外公司掌控的关键核心技术。盾构控制系统检测试验平台的研制为盾构的研发奠定了基础。

⑤复合盾构研制

中铁隧道局于2008年4月成功研制了我国第一台具有自主知识产权的复合盾构(图1-17)。

图1-16　盾构控制系统检测试验平台

图1-17　国内首台复合盾构由中铁隧道局自主研制成功

(6)我国应用盾构的特点

①地质条件复杂多变

我国幅员辽阔，地层条件复杂，根据不同的地质条件特点，可大致划分为三类地层，即以上海地区为代表的纯软土地层，以广州地区为代表的风化岩及软硬不均地层，以北京地区为代表的砂层、砂卵石复合地层。

②盾构种类繁多

a. 按压力平衡方式分类：土压平衡盾构、泥水平衡盾构。

b. 按适应地质分类：软土盾构、复合盾构等。

c. 按开挖面与作业室之间隔板构造分类：闭胸式盾构、敞开式盾构。

③盾构来源广泛

a. 国外采购：日本、德国、法国、加拿大、美国等。

b. 中外合资制造：北方重工集团有限公司（以下简称"北方重工"，与德国、法国、美国合资），辽宁三三工业有限公司（收购美国公司）等。

c. 自主制造：上海隧道股份、中铁工程装备集团有限公司（以下简称"中铁装备"）、中国铁建重工集团股份有限公司（以下简称"中国铁建"）、中交天和机械设备制造有限公司等。

④ 选型最关键

由于地质条件复杂，每一个工程都应根据工程的水文、地质条件选用合适的盾构。盾构选型的原则是依据具体的盾构工程项目的地质条件、工期、质量、安全、环保以及文明施工和成本等要求，在充分调研的基础上，遵循可靠性第一、技术先进性第二、经济性第三的原则进行配置。

盾构选型稍有不慎，就会给隧道施工带来严重后果。如广州地铁 2 号线某区间施工时，由于盾构刀盘结构与刀具配置不合理，刀具凸出刀盘面板层次不协调，装备扭矩不足，导致盾构掘进速度慢，刀盘上经常固结泥饼等。广州地铁 3 号线施工时，在上软下硬地层掘进异常困难，导致地表房屋大量损坏，最大开裂缝宽达 12cm。广州地铁 4 号线小新区间左线施工时，由于刀盘与地层适应性不好，盾构在江底施工时，刀盘刀具磨损严重，最后不得已采用在右线相同位置开挖横通道，到左线盾构隧道刀盘部位进行刀盘面板修复，仅 500m 的过江段施工，带压换刀 12 次，月均进度仅 72.3m。深圳地铁 1 号线施工中三次遇到地质突变，一次为上软下硬地质，两次为孤石侵入隧道，导致刀盘面板 14 处被磨穿，滚刀严重磨损，所有切刀、刮刀损坏。

1.3 盾构的分类

1.3.1 按断面形状进行分类

盾构根据其断面形状可分为：单圆盾构、复圆盾构（多圆盾构）、非圆盾构。其中复圆盾构可分为双圆盾构和三圆盾构。非圆盾构可分为椭圆形盾构、矩形盾构、马蹄形盾构、半圆形盾构。复圆盾构和非圆盾构统称为"异形盾构"。为适应不同工程条件和环境的需要，盾构的形式越来越多，目前，已有断面为圆形、矩形、双圆、三圆的盾构，以及球形盾构、子母盾构等。这些典型的盾构如图 1-18 ~ 图 1-23 所示。

图 1-18　单圆盾构

图 1-19　双圆盾构

图 1-20 三圆盾构

图 1-21 MMST 盾构

图 1-22 H&V 盾构

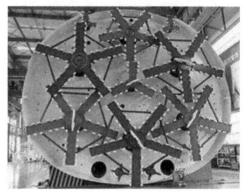
图 1-23 马蹄形盾构

1.3.2 按直径大小分类

盾构根据其直径的大小分为以下几类：直径 0.2~2m 称为微型盾构；直径 2~4.2m 称为小型盾构；直径 4.2~7m 称为中型盾构；直径 7~12m 称为大型盾构；直径 12m 以上称为超大型盾构。

1.3.3 按支护方式分类

盾构按支护方式分类，主要分为自然支护式、机械支护式、压缩空气支护式、泥浆支护式、土压平衡支护式五种类型，如图 1-24 所示。

图 1-24

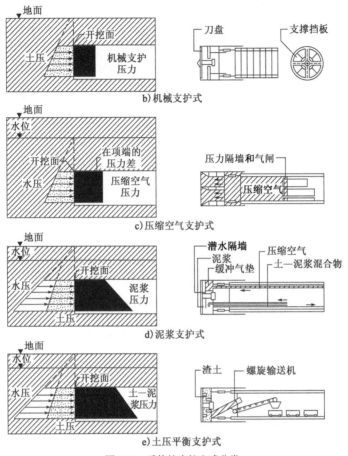

图 1-24　盾构按支护方式分类

1.3.4　按开挖面与作业室之间隔板构造分类

盾构按开挖面与作业室之间隔板构造可分为敞开式和闭胸式两种，具体划分如图 1-25 所示。

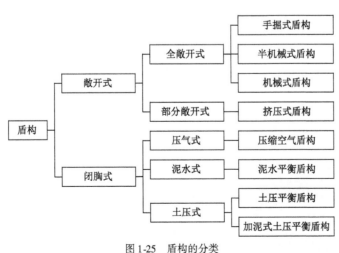

图 1-25　盾构的分类

思考题

1. 简述盾构和 TBM 的定义。
2. 简述盾构法的优缺点。
3. 简述盾构的历史及在我国的发展。
4. 简述盾构的分类。
5. 简述盾构法未来的发展趋势。

第 2 章
CHAPTER 2

土压平衡盾构

  土压平衡盾构(Earth Pessure Balanced Shield Machine, EPB)是在机械式盾构的前部设置隔板,使刀盘和隔板之间形成土仓,盾构掘进时刀盘切削下来的渣土进入土仓,通过调节螺旋输送机转速(出土速度)和盾构推进速度(进土速度)来控制土仓内渣土的压力,通过渣土的压力来平衡开挖面上的土压力、水压力,使得开挖面与盾构处于压力平衡状态(即稳定状态)。

2.1 基本构造

  土压平衡盾构的支护材料是刀盘切削下来的渣土本身,开挖掌子面的压力由渣土提供,渣土对土仓隔板的压力依靠盾构推进液压缸的推力来维持。土压平衡盾构由盾壳、刀盘、驱动、螺旋输送机、皮带输送机、管片拼装机、人舱等组成,如图 2-1 所示。按功能系统可分为刀盘、膨润土与泡沫添加系统、螺旋输送机与皮带输送机、同步注浆与盾尾密封系统、导向系统以及其他配套设备。

2.1.1 刀盘

  刀盘是盾构的掘削机构,刀盘结构应根据地层适应性的要求进行设计,在确保开挖面稳定的情况下,提高掘进速度。刀盘设计时,应充分考虑刀盘的结构形式、支承方式、开口率、刀具的布置等因素。

(1)刀盘功能

①开挖功能:刀盘旋转时,刀具切削隧道掌子面的土体,对地层进行开挖,开挖后的渣土通过刀盘的开口进入土仓。

②稳定功能:支撑掌子面,具有一定的稳定掌子面的能力。

③搅拌功能:对于土压平衡盾构,刀盘对土仓内的渣土进行搅拌,使渣土具有一定的流塑

性,然后通过螺旋输送机将渣土排出。

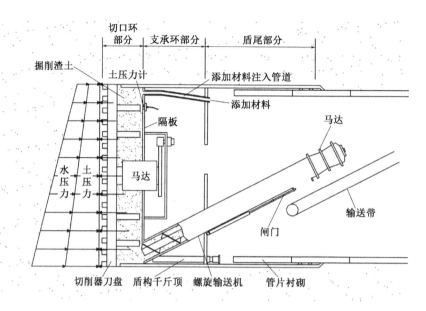

图 2-1　土压平衡盾构示意图

(2) 刀盘结构形式

盾构的刀盘结构形式与工程地质情况有着密切的关系,不同的地层应采用不同的刀盘结构形式。土压平衡盾构的刀盘有辐条式、面板式和辐条面板式三种。而泥水平衡盾构的刀盘以面板式和辐条面板式为主。

①辐条式刀盘(图 2-2)开口率大,辐条后设有搅拌棒,土砂流动路径顺畅,不易堵塞。但不能安装滚刀,且中途换刀安全性差,需加固土体,费用高。

图 2-2　辐条式刀盘

②面板式刀盘(图 2-3)开口率小,在中途换刀时相对安全,但开挖土体进入土仓时路径单一,易黏结易堵塞,在刀盘上易形成泥饼。

③辐条面板式刀盘(图 2-4)开口率介于面板式和辐条式之间,兼有面板式和辐条式刀盘的特点。

辐条式刀盘对砂、土等单一软土地层的适应性比面板式刀盘强,但不能安装滚刀。在风化岩及软硬不均地层或硬岩地层,宜采用面板式刀盘。

(3) 刀盘驱动方式

刀盘驱动方式有变频电机驱动、液压驱动和定速电机驱动三种。定速电机驱动,刀盘转速不能调节,一般不采用。现将变频电机驱动与液压驱动进行比较,见表 2-1。

图 2-3 面板式刀盘

图 2-4 辐条面板式刀盘

刀盘驱动方式比较　　　　　　　　　　　　　　　　　表 2-1

项　　目	变频方式(①)	液压方式(②)	备　　注
驱动器外形尺寸	大	小	一般①:②=(1.5~2):1
后续设备	少	多	②需要液压泵、油箱、冷却装置等
效率(%)	90~95	65~75	液压系统效率低
启动电流	小	小	①变频启动电流小；②无负荷启动电流小
启动力矩	大	小	①启动力矩可达到额定力矩的120%
启动冲击	小	较小	①利用变频软启动,冲击小；②控制液压泵排量,可缓慢启动,冲击较小
转速控制、微调	好	好	①变频调速；②控制液压泵排量,可以控制转速和微调
噪声	小	大	液压系统噪声大
隧道内温度	低	高	液压系统传动效率低,功率损耗大,温度高
维护保养	容易	较困难	②液压系统维护保养要求高,保养较复杂

(4) 刀盘支承方式

刀盘的支承方式有中心支承、中间支承和周边支承(图 2-5)三种。在设计时应考虑盾构直径、土质条件、排土装置等因素来确定刀盘的支承方式。

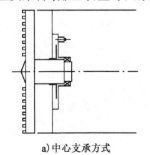

a)中心支承方式　　b)中间支承方式　　c)周边支承方式

图 2-5　刀盘的三种支承方式

①中心支承方式。一般用于中小直径的盾构。该方式刀盘旋转切削土体时,土仓内土体的流动空间和被直接搅拌的范围大,搅拌混合效果良好,土体流动顺畅,黏土附着的可能性小,不易引起堵塞,开挖面压力较稳定,盾构掘进效果较好,改善了盾构控制地面沉降的性能。但由于机内空间狭小,处理大石块、卵石比较困难。

②中间支承方式。结构上较为平衡,主要用于中大直径的盾构,当用于小直径盾构时,应考虑防止中心部位结泥饼等问题。由于中间支承的存在,盾构土仓被分隔成两个区域,中心区域占土仓内相当大的空间。当刀盘旋转切削土体时,中心区域以外部分的土体流动顺畅,中心区域内的土体流动较差,当切削土体黏性较大并长期积聚于中心区域时,中心区域土体逐渐增多并最终形成泥饼,会完全丧失流动性,致使内外两个区域的土体流动性差异较大,土体搅拌混合的效果差。因此,刀盘采用中间支撑方式的盾构在黏性土(包括粉细砂)中施工时,土仓内渣土搅拌效果不易满足要求,并可能会因黏附堵塞形成泥饼,造成出土不畅、阻力增大、开挖面压力控制不稳定,盾构掘进效果受到影响,且对控制地面沉降不利。

③周边支承方式。一般用于小直径盾构,机内空间较大,砾石处理较为容易。但该方式易在刀盘的外周部分黏结泥土,在黏性土中使用时,应充分研究如何防止黏附的问题。

图 2-6 刀盘上的改良剂出口

2.1.2 膨润土与泡沫添加系统

膨润土与泡沫添加系统是盾构掘进中的土体改良系统。对于不同的地质条件,通过添加流塑化改性材料,改善盾构土仓内渣土的流塑性,既可平衡开挖面水土压力,又能向外顺畅排土,拓宽了土压平衡盾构的适用范围,如图 2-6 所示。

2.1.3 螺旋输送机与皮带输送机

(1)螺旋输送机

螺旋输送机由筒体(伸缩筒、出渣筒)、液压马达、螺旋轴、出渣闸门组成,是土压平衡盾构的排土装置,如图 2-7 所示。

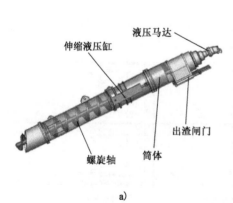
a)

b)

图 2-7 螺旋输送机组成

主要有以下三个功能：
①将盾构土仓内的渣土向外连续排出。
②渣土在螺旋输送机内向外排出的过程中形成密封土塞,阻止土体中的水分散失,保持土仓内土压的稳定。
③将盾构土仓内的土压值与设定土压值进行比较,随时调整向外排土的速度,控制盾构土仓内实现连续的动态土压平衡过程,确保盾构连续正常掘进。
(2)皮带输送机
皮带输送机的主要功能是将渣土从螺旋输送机的出渣口转运到停在轨道上的渣土车内或直接运送至地面。

2.1.4 同步注浆与盾尾密封系统

(1)同步注浆系统
同步注浆系统的功能主要有以下三个方面：
①及时填充盾尾建筑空隙,支撑管片周围岩土体,有效地控制地层变形及地表沉降。
②凝结的浆液作为盾构隧道的第一道防水屏障,防止地下水向管片外壁泄漏,增强盾构隧道的防水能力。
③为管片提供早期的稳定,并使管片与周围岩土体一体化,限制隧道结构蛇行,有利于盾构姿态与管片姿态的控制,并确保盾构隧道的最终稳定。
(2)盾尾密封系统
盾尾密封系统是盾构正常掘进的关键系统之一,盾构法隧道施工的安全事故常常在盾尾密封处发生。铰接式盾构的盾尾密封系统包括铰接密封和盾尾密封。
①铰接密封:铰接密封一般有三种形式:a.采用一道或多道橡胶唇口式密封;b.采用石棉或橡胶材料的盘根加气囊式密封;c.双排气囊式密封。
②盾尾密封:盾尾止水采用钢丝刷密封装置,是集弹簧钢、钢丝刷及不锈钢金属网于一体的结构。盾尾油脂泵向每道钢丝刷密封之间供应油脂,以提高止水性能。
盾尾密封与同步注浆系统如图2-8所示。

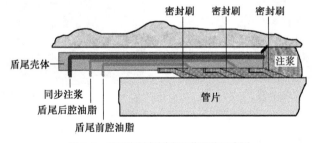

图2-8 盾尾密封与同步注浆系统示意图

2.1.5 导向系统

导向系统可以向盾构操作手提供盾构当前位置姿态和偏离隧道中线的信息,如里程、盾构不同部位(如刀盘、铰接、盾尾等)偏差等,以保证盾构沿隧道设计中线掘进。导向系统分为两类:一类是棱镜导向系统;另一类是激光导向系统。两种导向系统不存在原理上的差异,主要的区别在于激光导向系统棱镜上方存在激光偏角处理靶,两者设计精度均满足盾构掘进的需要。

两种导向系统均需要参考棱镜(图2-9)和全站仪(图2-10),参考棱镜和全站仪固定安装在隧道管片上,并不随盾构掘进移动。全站仪是一种自动跟踪测量的仪器,它可以在程序的指挥下,监控测量棱镜或激光靶(安装于盾体内)的位置,再根据它们与盾构的关系,计算出盾构的位置。

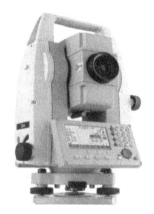

图2-9　参考棱镜　　　　　　　　　　图2-10　全站仪

2.1.6　其他配套设备

(1)管片拼装机

管片拼装机分为机械抓取式和真空吸盘式两种,主要完成管片的拼装,由液压缸、行走梁、支承架、旋转架及抓举头等组成,如图2-11所示。

a)整体效果图　　　　　　　　　　b)实物图

图2-11　管片拼装机

(2)数据采集系统

数据采集系统的功能是采集、储存、显示、处理、评估与盾构有关的数据。采用此系统,可输出环报、日报、周报等数据,各种参数的设定、测量、掘进、报警以及历史曲线和动态曲线,所有采集数据均能保存下来,供日后分析、判断和参考之用。

盾构系统配备功能完备的数据采集系统,对盾构工作有关的参数进行采集、记录,所有的数据都应实现数据库实时保存,并可以实时转移存储。盾构施工数据应能实时传输至地面监控计算机,并能够在地面监控室对盾构施工进行实时监控,如图 2-12 所示。

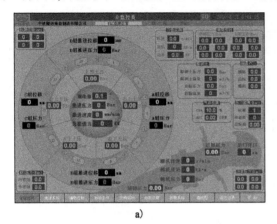
a)

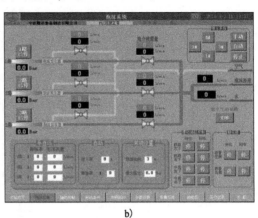
b)

图 2-12 数据采集系统界面

(3)其他配套系统

除以上两种重要的盾构配套系统外,盾构还配有主驱动密封系统、主驱动润滑系统、冷却水系统、高低压配电柜系统等。由于这些系统比较专业,建议参考相关文献学习。

2.2 工作原理

土压平衡盾构是将刀盘开挖下来的渣土填满土仓,在切削刀盘后面及隔板上各焊有能使土仓内渣土强制混合的搅拌棒。借助盾构推进液压缸的推力通过隔板进行加压,产生泥土压力,这一压力作用于整个开挖面,使开挖面稳定,刀盘切削下来的渣土量与螺旋输送机向外输送量相平衡,维持土仓内压力稳定在预定的范围内。

土仓内的土压力通过土压传感器进行测量,并通过控制推进力、推进速度、螺旋输送机转速和出土闸门的开度来控制。

在黏性土层推进时,当含砂量超过某一限度时,泥土的流塑性明显变差,土仓内的土体因固结作用而被压密,导致渣土难以排出,可向土仓内注水或泡沫、泥浆等,以改善土体的流塑性。

在砂性土层施工时,由于砂性土流动性差、摩擦力大、渗透系数高,地下水丰富等,土仓内压力不易稳定,所以需进行渣土改良。向开挖的土仓里注入膨润土或泡沫剂,然后进行强制搅拌,使砂质土泥土化,具有塑性和不透水性,使土仓内的压力容易稳定。

土压平衡盾构开挖面的稳定由下列各因素的综合作用而维持:

①土仓内的土压力平衡地层土压力和水压力。
②螺旋输送机调节排土量。
③适当保持泥土的流动性,根据需要调节添加剂的注入量。

开挖面稳定系统必须保持土仓内的泥土压力,调节排土量,以便能平衡开挖面的地层土压力和水压力。

当土仓内的土压力大于地层土压力与水压力之和时,地表将隆起,如图 2-13 所示。

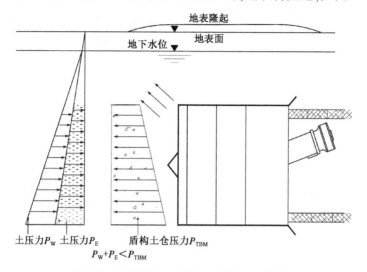

图 2-13　地表隆起(土仓压力 > 水压力 + 土压力)

当土仓内的土压力小于地层土压力与水压力之和时,地表将下沉,如图 2-14 所示。因此土仓内的泥土压力应与地层土压力和水压力平衡。

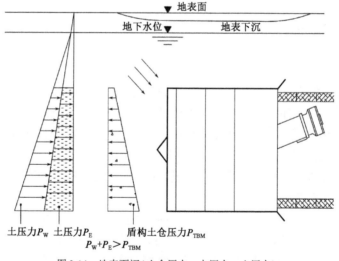

图 2-14　地表下沉(土仓压力 < 水压力 + 土压力)

2.3　技术特点及适用范围

2.3.1　技术特点

土压平衡盾构施工一般不需要实施辅助工法,其技术特点为:

①由刀盘切削下来的土体进入土仓后由螺旋输送机排出,在螺旋输送机内形成压力梯降,保持土仓压力稳定,从而使开挖面土体稳定。

②盾构向前推进的同时,螺旋输送机排土,排土量等于开挖量,即可使开挖面的土体始终保持稳定。

③排土量通过调节螺旋输送机的转速和出土闸门的开度予以控制。

④从螺旋输送机出来的渣土通过皮带输送机转运到隧道内停在皮带输送机下方的渣车上,或直接运至地面。渣车通过电瓶车牵引运至盾构隧道的竖井,通过地面上的门式起重机将渣车吊到地面,并卸在渣坑内,使用挖掘机将渣土装至自卸汽车上外运,如图 2-15 所示。

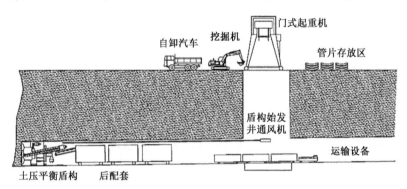

图 2-15　土压平衡盾构出渣示意图

2.3.2　适用范围

土压平衡盾构适用于黏土及黏质粉土地层中,该类型土富含黏土、亚黏土或淤土,具有低渗透性。这种土质在螺旋输送机内压缩形成防水土塞,使土仓和螺旋输送机内部产生土压力来平衡掌子面的土压力和水压力。

土压平衡盾构用开挖出的渣土作为支撑开挖面稳定的介质,对作为支撑介质的渣土要求具有良好的塑性、优良的黏稠度、较低的内摩擦角及合理的渗透系数等特性。黏土以外的砂层及卵石地层不完全具有这些特性,这就需要对土体进行改良。改良的方法通常是向开挖面及土仓注入水、膨润土、聚合物或泡沫等渣土改良材料,提高渣土的和易性、抗渗性、流塑性,使其适应土压平衡盾构施工。

目前随着渣土改良技术发展,土压平衡盾构已经能够适应黏土、砂、卵石等绝大多数地层的施工要求。同时得益于盾构装备技术的发展,厂商能够制造功率和直径更大的盾构,满足了大直径隧道的需求。截至 2020 年 2 月,世界上最大的土压平衡盾构开挖直径已经达到 17.45m,这台盾构用于美国西雅图 SR99 公路隧道工程。

? 思考题

1. 简述土压平衡盾构的基本构造及系统组成。
2. 简述渣土改良系统的具体组成及作用。
3. 简述土压平衡盾构施工的基本原理。

4. 简述土压平衡盾构施工的技术特点及适用范围。

5. 北京地铁某工区隧道采用土压平衡盾构施工，地层富水，最高水压达 0.05MPa，且以砂卵石、卵漂石地层为主。请为该盾构配置合适的刀盘类型、刀盘驱动及刀盘支承方式。

6. 土压平衡盾构在高水压且高渗透性地层中，地下水及水中夹杂着的部分渣土容易从螺旋输送机排土口喷出，工程中称之为"喷涌"。请根据土压平衡盾构施工的基本原理及渣土改良作用，分析喷涌发生的原因及控制措施。

第 3 章
CHAPTER 3
泥水平衡盾构

泥水平衡盾构(Slurry Shield Machine),也称泥水加压平衡盾构或泥水盾构,指在盾构开挖面的密封隔仓内注入泥水,通过泥水加压与外部压力平衡,以保证开挖面土体的稳定。盾构推进时开挖下来的渣土进入盾构前部的泥水室,经搅拌装置搅拌,搅拌后的高浓度泥水用泥水泵送到地面,泥水在地面经过分离,然后进入地下盾构的泥水室,不断地排渣净化使用。

3.1 主要类型

3.1.1 直接控制型

直接控制型泥水平衡盾构的泥水平衡系统作业流程:进浆泵从地面泥水调节槽将压力泥水输入盾构泥水仓,供入泥浆相对密度在 1.05~1.20 之间,在泥水仓与开挖泥土混合后形成高浓度泥浆,由排浆泵输送到地面泥水处理工厂。排出泥浆相对密度在 1.1~1.3 之间。排出泥浆通常要经过振动筛、旋流器和压滤机或离心机等三级分离处理,将弃土排出,清泥浆回到调节槽重复循环使用。

控制泥水仓的泥水压力,通常有两种方法:若进浆泵为变速泵,即可通过控制泵的转速来实现泥水仓压力控制;若进浆泵为恒速泵,则通过调节节流阀的开口比值来实现泥水仓压力控制。

直接控制型泥水平衡系统如图 3-1 所示。

3.1.2 间接控制型

间接控制型泥水平衡盾构的泥水平衡系统是由泥浆和空气双重回路组成,因此也称为"D"模式或气压复合模式。

在盾构泥水仓内,装有一道中隔板,将泥水仓分隔成两部分,在中隔板的前面充满压力泥浆,中隔板后面在盾构轴线以上部分加入压缩空气,形成气压缓冲层,气压作用在中隔板后面的泥浆上表面。由于在接触面上的气、液具有相同的压力,因此只要调节空气压力,就可以确定开挖面上相应的支护压力。当盾构掘进时,由于泥浆的流失或盾构推进速度变化,进出泥浆量将会失去平衡,空气和泥浆接触面位置就会出现上下波动现象。可以根据液位传感器液位的变化控制供泥泵的转速,使液位恢复到设定位置,以保持开挖面支护压力的稳定。当液位达到最高极限位置时,供泥泵可自动停止;当液位到达最低极限位置时,排泥泵可自动停止。由于气压缓冲层的弹性作用,当液位波动时,对支护泥浆压力变化无明显影响,也称气垫式泥水平衡盾构。

间接控制型泥水平衡系统如图 3-2 所示。

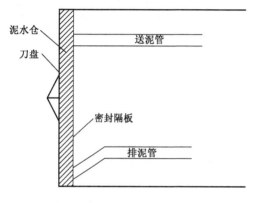

图 3-1　直接控制型泥水平衡系统示意图

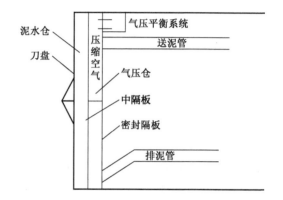

图 3-2　间接控制型泥水平衡系统示意图

3.2　工作原理

泥水平衡盾构是在机械式盾构的刀盘后侧,设置一道密封隔板。隔板与刀盘之间的空间定名为泥水仓,把水、黏土及其添加剂混合制成的泥水,经输送管道压入泥水仓,待泥水充满整个泥水仓并具有一定压力,即形成泥水压力室。通过泥水的加压和压力保持作用来维持开挖工作面的稳定。盾构推进时,旋转刀盘切削下来的渣土经搅拌装置搅拌后形成高浓度泥浆,通过流体输送方式送到地面泥水分离系统,将渣土、水分离后重新送回泥水仓,其工作原理如图 3-3 所示。

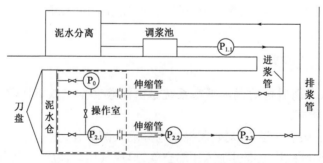

图 3-3　泥水平衡盾构工作原理图

泥水仓压力控制模式分为直接控制和间接控制两种,本书将主要介绍后者,即通过气压缓冲层的压力控制,间接控制开挖面的压力。

3.2.1 泥膜形成机理

当泥水压力大于地下水压力时,泥水按达西定律渗入土体,与土体间隙形成一定比例的悬浮颗粒,被捕获并积聚于土体与泥水的接触表面,泥膜就此形成。随着时间的推移,泥膜的厚度不断增加,渗透抵抗力逐渐增强。当泥膜在仓内压力下抵抗力大于工作面水土压力时,产生泥水平衡效果。

不同地层的泥膜形成机理如图3-4所示。

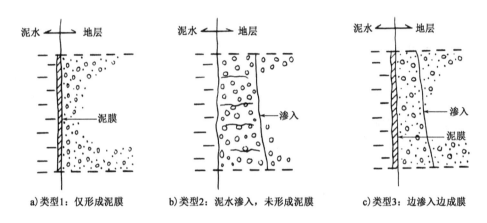

图3-4 不同地层的泥膜形成机理

类型1:几乎不让泥水渗入,仅形成泥膜。
类型2:地层土的间隙较大,让泥水直接渗入,没有形成泥膜。
类型3:是上述两种类型的中间状态,一边让泥水渗入,一边形成泥膜。

3.2.2 泥膜形成的基本要素

为了保持开挖面稳定,可靠而迅速地形成泥膜,以使压力有效地作用于开挖面。泥膜形成的基本要素如下:

(1)泥水的密度:为把开挖面的变形控制到最小,泥水密度应较高。

实验证明高密度的泥水可以产生高质量的泥膜,泥水密度最好能达到开挖土体的密度。但是,高密度的泥水会引起泥浆泵超负荷运转以及泥水处理困难;而低密度的泥水虽可减轻泥浆泵的负荷,但因泥粒渗走量增加,泥膜形成慢,对开挖面稳定不利。

因此,在选定泥水密度时,必须充分考虑土体的地层结构,在保证开挖面稳定的同时也要考虑设备能力。

(2)泥水的含砂量:在强透水性地层中,泥膜形成的快慢与掺入泥水中砂粒的最大粒径以及含砂量(砂粒重/黏土颗粒重)有密切的关系。这是因为砂粒具有填堵土体孔隙的作用,为了充分发挥这一作用,砂粒的粒径应与土体孔隙相当且含量适中。

(3) 泥水的黏性:泥水必须具有适当的黏性,以起到以下效果。

①防止泥水中的黏土、砂粒在泥水仓底部沉积。

②提高黏性,增大阻力,防止逸泥。

③使开挖下来的渣土以流体输送,经泥水处理设备将泥水分离。

(4) 泥水压力:土体一经盾构开挖,其原有的应力被释放,并将产生向应力释放面的变形。此时,为控制地层沉降,保持开挖面稳定,必须向开挖面施加一个相当于释放应力大小的压力,即泥水平衡盾构中的泥水压力,用以抵消开挖面的释放应力。

虽然渗透体积随泥水压力上升而上升,但它的增加量远小于压力的增加量。而增加泥水压力将提高作用于开挖面的有效支承压力。因此,开挖面在高质量泥浆条件下,增加泥水压力会提高开挖面的稳定性。在决定泥水压力的大小时主要考虑开挖面的水压力、土压力以及预留调节压力。

3.2.3 掘进速度与泥膜的关系

泥水平衡盾构处于正常掘进状态时,刀具并不直接切削土体,而是对刀盘正前方的泥膜进行切削。在切削后的一瞬间,又形成了下一层泥膜。在盾构刀盘转速一定时,掘进速度只和切入土体的深度有关,和泥膜无关。

但是当泥水平衡盾构在不正常掘进状态时,特别当泥水质量和切口水压达不到设计要求时,泥膜需经过较长时间才能形成,这样就约束了掘进速度。高质量泥膜形成的时间为 1~2s。

3.2.4 泥水处理

掘削渣土的泥水中混有的砾石、砂、黏土、淤泥结块等粒径较大的粗粒成分,大直径砾石和砂可进行机械筛分,小颗粒粉砂土、黏土胶体用凝集剂使其形成团粒后,采取强制脱水。通过对排放的泥水进行一系列的处理、调整,使之符合再利用标准及废弃物排放标准的处理调整过程,称为泥水处理。其可细分为一级处理、二级处理、三级处理,如图 3-5 所示。

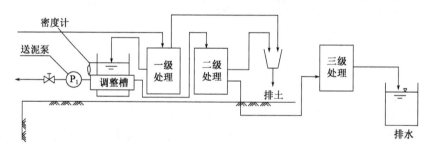

图 3-5　泥水处理系统示意图

(1) 一级处理

将挟带渣土的泥水中的砾、砂、淤泥及黏土结块等粒径大于 $75\mu m$ 的粗颗粒,从泥水中分离出去,并用运土车运走。一级处理设备如下。

①土砂振动筛

采用振动筛(图 3-6)作为首道初级分离比较合适,振动筛的作用是对泥水进行预处理,去除团状和块状等粗大颗粒。

图 3-6　振动筛实物

②旋转分离器(旋流器)

旋流器(图 3-7)的主要功能是将经过初级(又称一级)分离以后的中细颗粒浆液再次进行细化处理,逐次降低浆液中的颗粒粒径,一般采用多级旋流器进行处理。

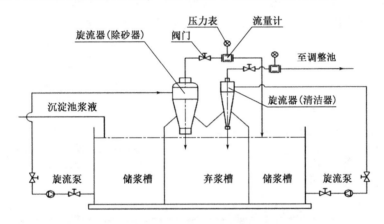

图 3-7　旋流器工作原理图

旋流器的工作原理是依据水动力高速旋转产生的离心力达到处理目的,利用旋流泵在旋转过程使旋流器产生负压力,迫使旋流器内部悬浮的细微颗粒,通过离心作用产生螺旋式上升,通过上溢口被负压力挤出,浆液中粗重颗粒在自重作用下落入下溢口弃浆槽内。

(2)二级处理

一级处理后多余的泥水进一步做土(细粒成分)、水分离(凝集脱水)。原则上 75μm 以下的小颗粒渣土(粉砂土、黏土、胶体),呈电化学结合,由于机械性分离困难,并且颗粒直径小,沉降速度慢,所以自然沉淀需要很长时间,而且要有规模大的沉淀池。二级处理设备如下。

①凝聚分离设备(浊水处理设备)

把一级处理后的泥浆在凝聚沉淀槽中搅拌,同时添加絮凝剂使细粒结合形成絮凝物(团粒),促进沉淀。

②脱水设备(压滤机)

脱水即取出絮凝物中的大部分孔隙水(将废弃的泥浆经压滤后适于运输处置),使之成为可以搬运的结块。脱水的方式有:

a.加压脱水方式(过滤加压):利用泵和空气压缩机对絮凝物加压,通过滤布脱水。

b.真空脱水:使绷紧滤布的旋转鼓筒内加负压,利用其压力差进行脱水。

③离心分离设备(离心机)

通常使用的离心机是由两个围绕一静止室旋转的同轴部件组成,对于净化膨润土泥浆很有效,可仅将 6μm 的颗粒保留在泥浆中。

(3)三级处理

分离、絮凝、脱水三个工序产生的废液与隧道内的废水通常均显碱性,可利用硫酸等进行中和,把二级处理后产生的水和坑内排水等 pH 值高的水处理成达到排放标准的水,然后排放。

3.2.5 泥水循环系统

(1)旁通模式

用于盾构不进行开挖时执行其他功能,这个模式也用于当盾构从一种功能切换到另一种功能时,用于安装管片衬砌环的情况。在旁通模式下,它使开挖室被隔离,各泥浆泵都根据泵的超载压力和要求的排渣流量所控制的转速保持旋转,如图3-8所示。

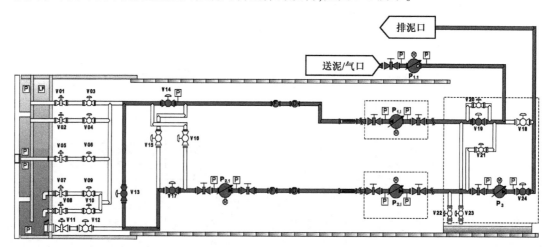

图 3-8 旁通模式示意图

由于此时开挖室没有泥浆的供给,因此理论上并不需要控制泥浆/气垫界面液位。然而泥浆/气垫界面的液位可能由于水从界面上流失或进入而发生变动。在这些情况下,可能需要补充泥浆(注入管道压力许可)或排出泥浆以调整这个液位。

(2)开挖模式

盾构开挖时使用,根据气垫室里泥浆的液位以及所要求的排渣流量,对伺服泵 $P_{1.1}$ 和 $P_{2.1}$ 的转速分别进行调整。调整 $P_{1.1}$ 泵的转速用以校正泥浆/气垫界面液位达到所要求的值,同时确保它沿程的下一个泵的超载压力要大于所要求的净吸压头,如图3-9所示。

调整 $P_{2.2}$ 泵的转速,用以校正排渣流量达到开挖模式所要求的值,同时确保沿程的下一个泵的超载压力要大于所要求的净吸压力。$P_{2.2}$ 泵的转速必须能确保排渣的流体能被泵送到地面的分离工厂,且泥浆在分离厂入口处达到必要的压力。

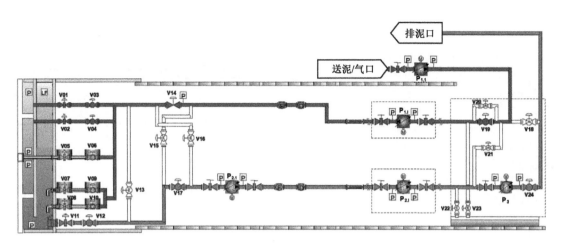

图 3-9　开挖模式示意图

(3) 反循环模式

这个模式使开挖室里的泥浆逆向流动,仅用于一些特别的情况,如在开挖室内发生阻塞,或用于清理盾构隧道内的排渣管道。为了不让泥浆充满开挖室,气垫压力与泥浆/气垫界面液位的控制仍需维持,如图 3-10 所示。

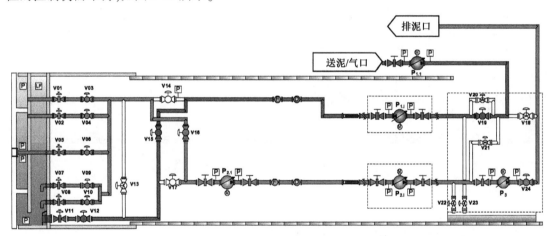

图 3-10　反循环模式示意图

(4) 隔离模式

使隧道内泥浆管道系统与地面系统处于完全隔离的状态,但此时设在地面的分离厂和制备厂之间的回路仍保持连通。这种模式用于隧道泥浆管道延伸时的情况,如图 3-11 所示。

各排渣泵($P_{2.1}$、$P_{2.2}$)停止运转。而 $P_{1.1}$ 仍保持运行,以保持制备厂和分离厂之间回路的循环。

(5) 长时间停机模式

这个模式是自动控制的,此时所有泵都停止运转。开挖面压力由压缩空气回路控制。当气垫室泥浆液位低于预定的最低限度时,进行校正,如图 3-12 所示。

泥水平衡盾构的其他系统,如盾尾密封系统、主轴承密封系统、润滑系统、冷却水循环系统等都与土压平衡盾构类似,只是承压能力更高一些,高低压配电柜等基本一致。

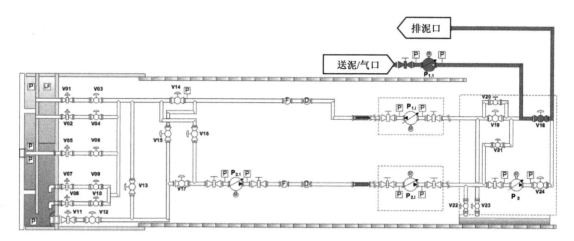

图 3-11　隔离模式示意图

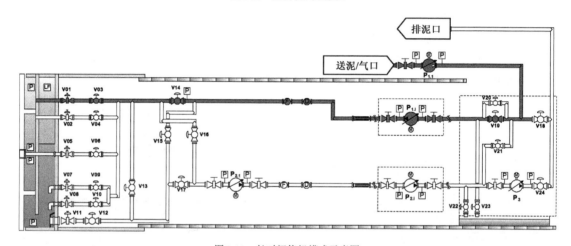

图 3-12　长时间停机模式示意图

3.3　技术特点及适用范围

泥水平衡盾构适用于冲积形成的砂砾、砂、粉砂、弱固结的土层及含水率高且开挖面不稳定的土层，洪积形成的砂砾、砂、粉砂及含水率很高固结松散易于发生涌水破坏的地层，特别是地下水压力高的地层及部分土岩混合或高水压岩石地层。其技术特点及适用范围为：

①在易发生流沙的地层中施工能稳定开挖面。

②泥水传递速度快而且均匀，开挖面平衡土压力的控制精度高，对开挖面周边土体的干扰少，盾构施工引起的地面沉降小。

③由于泥水的低密度及其冷却与润滑作用，刀盘、刀具磨损小，适合长距离施工。

④刀盘扭矩小，更适合大直径隧道施工，且由于泥水平衡盾构不设置螺旋输送机，盾构内部空间变大，在大直径隧道施工具有一定技术优势。

⑤适用于软弱的淤泥质土层、松散的高压富水砂土层、砂砾层、卵石层和岩石的互层等地层。特别适用于地层含水率大、上方有水体的越江隧道和海底隧道。

⑥泥水平衡盾构还可设置碎石机,对孤石或漂石进行破碎处理,所以泥水平衡盾构对大粒径漂石地层、含有孤石等地层适应性更好。

思考题

1. 简述泥水平衡盾构的基本构造及分类,并阐述不同体系泥水平衡盾构的特点。
2. 简述泥水平衡盾构开挖面泥膜形成的机理和基本要素。
3. 简述泥水循环系统的工作原理。
4. 简述泥水平衡盾构的技术特点及适用范围。
5. 泥水平衡盾构开挖面的支护形式与土压平衡盾构有什么区别?泥水平衡盾构如果采用大开口率的辐条式刀盘会出现什么问题?
6. 某城市繁华地段地铁盾构隧道区间为砂卵石且部分断面为粉质黏土的地层,地层富水,最高水压可达 0.1MPa,试分别分析采用直接控制型和间接控制型泥水平衡盾构的优势和劣势。

第 4 章
CHAPTER 4
TBM法施工

4.1 TBM 的起源与发展

TBM 具有掘进、出渣、导向、支护四大基本功能,对于复杂地层,还配备超前地质预报设备。它与盾构的主要区别就是不具备泥水压、土压等维护掌子面稳定的功能,常用于山岭隧道施工。而盾构施工主要由稳定开挖面、掘进及排土、管片衬砌及壁后注浆三大要素组成。

4.1.1 TBM 的起源

世界上第一台 TBM 是 1846 年由比利时工程师毛瑟(Maus)发明的,被称为"片山机(Mountain-slicer)",计划用于塞尼山隧道,但由于各种原因,未能进行工程应用。毛瑟的"片山机"虽然没有经过实践检验,但却被认为是世界上第一台 TBM。

1851 年,美国人查理士·威尔逊开发了一台蒸汽机驱动的 TBM。这台重 75t 的巨大机器,用于马萨诸塞州西北胡塞克隧道的花岗岩地层开挖,但仅仅开挖了 10ft(1ft≈30cm)。

在以后的 30 余年,各国工程师设计试制了各式各样的 TBM 共 13 台,比较成功的是 1881 年波蒙特开发的压缩空气式 TBM,应用于英吉利海峡隧道直径为 2.1m 的勘探导洞,掘进了约 3mi(1mi≈1.6km)。1881—1926 年间,一些国家又先后设计制造了 21 台 TBM。之后,因受当时技术条件的限制,TBM 的开发处于停滞状态。

直到 1953 年,美国工程师詹姆士·罗宾斯(Robbins)研制的 TBM,成功应用于美国南达科他州皮尔的一个输水隧道工程。这是世界上第一台现代意义上的 TBM,其直径 7.85m,最高日进尺 48m,是当时其他开挖方法施工进度的 10 倍以上。

皮尔项目的成功,让罗宾斯看到了 TBM 的发展前景,他创办了世界第一家专门设计制造 TBM 的公司——S. Robbins & Associates 公司(后来的罗宾斯公司)。随后,另外几家公司也涉足 TBM 设计制造。德国维尔特公司(Wirth)于 1967 年开始制造 TBM;德国海瑞克公司

(Herrenknecht)于1996年开始进入TBM市场;意大利塞力公司(SELI)于2000年,在与罗宾斯公司于1971年合作发明的双护盾TBM的基础上,提出了通用型双护盾TBM的设计。

4.1.2 国内外TBM技术发展

(1) 国外TBM技术发展

目前,国外主要的TBM生产商有30余家,其中,实力较强的是美国罗宾斯公司、德国维尔特公司、德国海瑞克公司等。国外TBM技术已经相当成熟,使用TBM施工已很普遍。国外TBM应用的典型工程案例见表4-1。

国外TBM应用的典型工程案例　　　　　　　　　　表4-1

项目时间(年)	名称	TBM掘进长度(km)	地质	TBM直径(m)	TBM类型
2002—2003	格鲁吉亚卡杜里水电站引水隧洞工程	6.5	砂岩、页岩、石英岩、石英砂岩	3.00	单护盾
2002—2007	西班牙Guadarrama高速铁路隧道工程	28.4	片麻岩、沉积岩、变质沉积岩	9.45	双护盾
2003—2016	瑞士Gotthard铁路隧道工程	56.3	硬岩、两端角砾破碎岩体	8.83~9.53	敞开式
2005—2010	西班牙Pajares铁路隧道	30.4	硬岩砂岩、板岩	双护盾10.16 单护盾9.90	双护盾 单护盾
2006—2013	加拿大尼亚拉加大瀑布水电站引水隧洞工程	10.4	硬岩、玄武岩	14.4	敞开式
2008—2009	瑞士Choindez安全隧道	3.2	硬岩、磨砾层灰岩	3.63	敞开式
2008—2016	瑞士N.D.德朗斯抽水蓄能电站引水隧洞	5.6	片麻岩、硬砂岩、花岗岩	9.4	敞开式
2013	奥地利Bärenwerk水电站引水隧洞	2.8	硬岩、千枚状板岩、石英岩	3.8	敞开式

(2) 国内TBM技术发展

我国TBM技术起步较晚,经历了技术引进、消化吸收以及自主创新等几个阶段。目前,我国已实现了敞开式、双护盾、单护盾TBM主要机型的国产化设计制造,并已开始进入国外TBM工程市场。

国内TBM主要工程应用案例见表4-2。

国内TBM主要工程应用案例　　　　　　　　　　表4-2

工程时间	隧道/隧洞名称	主要岩性	掘进长度(km)	直径(m)	最高进尺(m/月)	平均进尺(m/月)	TBM形式和数量
2000—2002	磨沟岭铁路隧道	石英片岩及大理岩	5.7	8.80	574	340	敞开式1台
2000—2002	桃花铺铁路隧道	石英片岩及大理岩	6.2	8.80	551	301	敞开式1台
2003—2004	大同塔山矿井工程	石灰岩、花岗岩,穿越煤层	3.5	4.82	—	—	双护盾1台

续上表

工程时间	隧道/隧洞名称	主要岩性	掘进长度（km）	直径（m）	最高进尺（m/月）	平均进尺（m/月）	TBM形式和数量
2003—2005	云南掌鸠河引水隧洞	片岩、石英岩和砂岩	7.568	3.65	—	270	双护盾1台
2005—2008	辽宁大伙房输水隧洞	凝灰岩、凝灰质砂岩、混合花岗岩	58.727	8.03	1111	575	敞开式3台
2006—2010	新疆达坂输水隧洞	泥岩、砂岩、砂砾岩	23.5	6.84	1006	470	敞开式1台
2006—2015	青海引大济湟工程	花岗岩、片麻岩、千枚岩、角砾岩	7.9,13.0	5.93	750	356	双护盾1台
2007—2014	南疆铁路中天山隧道	变质砂岩、变质角斑岩、花岗岩	13.98,12.753	8.80	554.6	220	敞开式2台
2008—2015	兰渝铁路西秦岭隧道	砂质千枚岩、变质砂岩、千枚岩	12.87,15.13	10.23	807	358	敞开式2台
2008—2018	陕西引红济石隧洞	片麻岩、大理岩和片岩	11.027	3.65	560	181	双护盾1台
2008—2016	四川锦屏二级水电站引水隧洞	大理岩、灰岩、砂岩、板岩	5.862,6.296,5.769	12.4,7.20	753	320.5	敞开式3台
2009—2012	云南那帮引水隧洞	花岗岩、蚀变岩	7.37	4.53	553.03	234.7	敞开式1台
2009—2011	重庆轨道交通6号线一期TBM试验段	泥岩、砂岩、泥质砂岩	左6.679,右6.851	6.36	862	407	敞开式2台
2009—2012	甘肃引洮供水工程	泥岩、砂质泥岩	13.669,18.275	5.75	1868	1308,802	单护盾、双护盾各1台
2011—2013	重庆轨道交通6号线二期铜锣山隧道	泥岩、砂岩、页岩	5.432	6.83	375	340	单护盾2台
2012—2017	辽西北引水工程	混合花岗岩、二长花岗岩、石英二长岩	109.5	8.53	—	—	敞开式8台
2013—2018	西藏旁多水利枢纽工程	二长花岗岩	9.856	4.0	400	188	敞开式1台
2014至今	陕西引汉济渭引水隧洞	花岗岩、石英岩、片麻岩	34.0	8.02	—	—	敞开式2台
2015—2016	补连塔煤矿二号2号副井	砂岩	2.718	7.6	639	543	单护盾1台
2015—2018	吉林引松供水引水隧洞	凝灰岩、灰岩、花岗岩	69.9	7.93	1423.5	667	敞开式3台
2015—2018	青岛地铁2号线工程	花岗岩为主	22.6	6.85	—	—	双护盾4台
2014—2017	西藏派墨公路多雄拉隧道	片麻岩为主	4.7	9.13	—	—	双护盾1台
2015—2018	甘肃兰州水源地引水隧洞	石英闪长岩、石英片岩、花岗岩	13.23,14.53	5.48	—	384	双护盾2台

续上表

工程时间	隧道/隧洞名称	主要岩性	掘进长度（km）	直径（m）	最高进尺（m/月）	平均进尺（m/月）	TBM形式和数量
2017至今	鄂北调水宝林隧洞	花岗岩、片麻岩	14	4.03	—	—	敞开式1台
2018至今	内蒙古引绰济辽引水隧洞	花岗岩、凝灰岩	—	5.2 4.75	—	—	敞开式5台
2019至今	浙江杭州千岛湖引水隧洞	砂岩、泥质粉砂岩、泥岩	8	6.0	—	—	双护盾1台
2019至今	浙江台州朱溪水库引水隧洞	花岗岩、凝灰岩	15.7	4.03	—	—	敞开式1台
2019至今	福建龙岩万安溪引水隧洞	黑云母花岗岩、花岗闪长岩、石英砂岩	15	3.8	—	—	敞开式1台

现代TBM采用了机械、电气和液压领域的高科技成果，运用计算机控制、闭路电视监视、工厂化作业等先进技术手段，是集掘进、支护、出渣、运输于一体的大型成套装备。采用TBM施工，无论是在隧道的一次成型、施工进度、施工安全、施工环境、工程质量等方面，还是在人力资源的配置方面，相比传统的钻爆法施工均有了质的飞跃。

4.2 TBM法施工特点

4.2.1 工法优点

（1）快速

TBM是一种集机、电、液压、传感、信息技术于一体的隧道施工成套设备，可以实现连续掘进，能同时完成破岩、出渣、导向、支护等作业，实现了隧道建设的工厂化施工，掘进速度快，效率高。

（2）优质

TBM采用滚刀进行破岩，避免了爆破作业，成型隧道周围岩层不会像钻爆法施工那样受爆破振动而形成很大影响范围，洞壁完整光滑，超挖量小。

（3）高效

TBM施工速度快，缩短了工期，大大地提高了经济效益和社会效益；由于超挖量小，节省了大量衬砌费用。TBM施工用人少，降低了劳动强度，减少了材料消耗。

（4）安全

采用TBM施工，改善了作业人员的洞内劳动条件，大大减轻了体力劳动量，避免了爆破施工可能造成的人员伤亡，事故大大减少。

（5）环保

TBM施工不用炸药爆破，施工现场环境污染小，同时减少了长大隧道的辅助导坑数量，保护了生态环境，有利于环境保护。

(6)自动化、信息化程度高

TBM采用了计算机控制、传感器自动采集、施工过程自动导向和实时测量、有条件的超前地质探测与预报、高速低延时的通信技术等众多高技术手段,具有自动化程度高的优点。TBM具有施工数据采集功能、TBM姿态管理功能、施工数据管理功能、施工数据实时长距离传输功能,可实现信息化施工。

4.2.2 工法适应性特点

针对不同的地质条件、隧道断面,需要设计满足不同施工要求的TBM,并配置适应不同要求的辅助设备。

(1)隧道地质适应性

TBM对隧道的地层最为敏感,不同类型的TBM适用的地层也不同。一般的软岩、硬岩、断层破碎带,可采用不同类型的TBM辅以必要的预加固和支护设备进行掘进;但对于大型的岩溶暗河发育的隧道、高地应力隧道、软岩大变形隧道、可能发生较大规模突水涌泥的隧道等特殊不良地质隧道,以目前的技术水平,还不适合采用TBM施工。在这些地质条件下,采用钻爆法更能发挥其机动灵活的优越性。

一般情况下,以Ⅱ、Ⅲ级围岩为主的隧道,较适合采用敞开式TBM施工;以Ⅲ、Ⅳ级围岩为主的隧道,较适合采用单护盾TBM或双护盾TBM施工;对于Ⅴ级围岩为主和地下水位较高的城市浅埋隧道或越江隧道,则较适合采用盾构法施工。

(2)隧道长度适应性

由于TBM体积庞大,运输移动较困难,施工准备和辅助施工的配套系统较复杂,加工制造工期长,对于短隧道和中长隧道很难发挥其优越性。国外的实践表明,当隧道长度与直径之比大于600时,采用TBM施工是比较经济的。对于一般的单线铁路隧道,开挖直径通常为9~10m,按此计算,长度大于6km的隧道就可以考虑采用TBM施工。欧美地区的隧道施工,由于人工成本太高,一般优先考虑TBM法,只有在TBM法不适宜时才考虑采用钻爆法。钻爆法施工一直是我国的强项,采用钻爆法已成功修建了5000多公里的铁路隧道,且钻爆法施工的进度仍在逐年加快。在我国,一般认为,小于10km的隧道难以发挥TBM的优越性,而钻爆法则具有相对经济的优势;对于10~20km的特长隧道,可以对TBM法和钻爆法施工进行经济技术比较,选择适宜的施工方法;对于大于20km的特长隧道,宜优先采用TBM法施工。另外,对于穿越江河、城市建筑物密集或地下水位较高的隧道,考虑到施工安全和沉降控制等因素,不论隧道长短,宜优先考虑采用盾构法施工。

(3)隧道断面适应性

断面直径过小时,后配套系统不易布置,施工较困难;而断面过大时,又会带来电能不足、运输困难、造价昂贵等问题。一般地,较适宜采用TBM施工的隧道断面直径为3~12m;对直径在12~15m的隧道,应根据围岩情况和掘进长度、外界条件等因素综合比较;对于直径大于15m的隧道,目前的技术不宜采用TBM施工,具体情况应做具体分析。另外,变断面隧道也不能采用TBM施工。

(4)地面运输及场地适应性

TBM属大型专用设备,全套设备重达上千吨,最大部件重量达上百吨,拼装长度最长达

200m。同时洞外配套设施多，主要有混凝土搅拌系统、管片预制厂、修理车间、配件库、材料库、供水/供电/通风等系统、运输和翻滚系统、装卸调运系统、进场场区道路、TBM 组装场地等，这些对隧道的施工场地和运输方案等都提出了较高的要求。有些隧道虽然长度和地质条件较适合 TBM 施工，但运输道路难以满足要求，或者现场不具备布置 TBM 施工场地的条件，导致最终没有选择 TBM 施工。

(5) 成本可行性问题

TBM 施工需要高负荷的电力保证，需要高素质的技术人员和管理队伍，前期购买设备的费用较高，这些因素在某些条件下也会直接影响 TBM 的选用。

4.3 TBM 的分类

TBM 的传统机型主要有敞开式 TBM、单护盾 TBM、双护盾 TBM 三种，随着 TBM 技术的进步以及 TBM 适应复杂地质的需要，除了上述三种类型之外，还有同时具备 TBM 和盾构功能的多模式 TBM。

4.3.1 敞开式 TBM

(1) 结构特点

敞开式 TBM (图 4-1) 由 TBM 主机和 TBM 后配套系统组成。

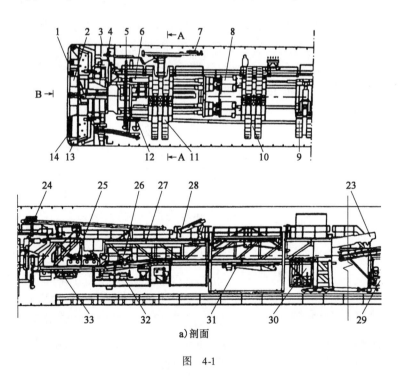

图 4-1

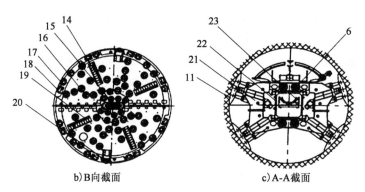

b) B向截面 　　c) A-A截面

图 4-1　敞开式 TBM 结构示意图

1-盘形滚刀；2-刀盘；3-刀盘护盾；4-钢拱架安装器；5-锚杆钻机；6-推进液压缸；7-超前探测钻机；8-刀盘驱动；9-后支撑；10-X形后支撑；11-X形前支撑；12-刀具吊机；13-铲斗；14-刮刀；15-中心刀；16-正滚刀；17-边刀；18-铲斗；19-刀盘；20-扩孔刀；21-前外凯机架；22-内凯机架；23-皮带输送机；24-运输小车；25-水泵；26-除尘器；27-皮带桥；28-吊机 1；29-平板车；30-操作室；31-吊机 2；32-注浆机；33-仰供吊机

　　TBM 主机主要由刀盘、刀盘护盾、刀盘主轴承与刀盘驱动器、辅助液压驱动、主轴承密封与润滑、机架与支撑靴、推进液压缸、后支撑、液压系统、电气系统、操作室、变压器、行走装置等组成。机架的前面安装主轴承与刀盘驱动，后面安装后支撑。刀盘与刀盘驱动由可浮动的仰拱护盾、可伸缩的顶部护盾、两侧的防尘护盾所包围并支撑着。刀盘驱动安装于前后支撑靴之间，以便在刀盘护盾的后面提供尽量大的空间来安装锚杆钻机和钢拱架安装器。刀盘装有盘形滚刀、刮刀和铲斗等，将石渣送到置于机架中的皮带输送机上。

　　后配套系统装有主机的供给设备与装运系统，由若干个平台拖车和一个设备桥组成。在后配套系统上，装有液压动力系统、配电盘、变压器、总电源开关、电缆卷筒、除尘器、通风系统、操作室、皮带输送系统、混凝土喷射系统、注浆系统、供水系统等。在拖车上还安装有钢拱架安装器、仰拱块吊装机、超前探测钻机、锚杆钻机、风管箱、辅助风机、除尘器、通风冷却系统、通信系统、数据处理系统、导向系统、瓦斯监测仪、注浆系统、混凝土喷射系统、高压电缆卷筒、应急发电机、空气压缩机、循环水系统、电视监视系统等辅助设备。

(2) 工作原理

① 滚刀破岩机理

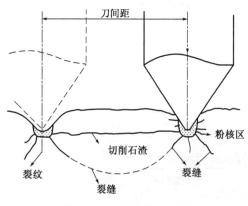

图 4-2　滚刀破岩机理示意图

　　滚刀破岩机理如图 4-2 所示。TBM 破岩刀具均采用盘形滚刀（简称滚刀）。安装在刀盘上的滚刀在推进液压缸推力作用下将刀刃压入掌子面岩体，随着刀盘的旋转，滚刀绕刀盘中心轴公转，同时绕自身轴线自转。敞开式 TBM 一般采用单刃滚刀破岩，在刀盘强大的推力、扭矩作用下，滚刀在掌子面上不同轨迹滚动，当单个滚刀作用在岩石上的压力超过岩石强度时，滚刀下的岩石直接破碎，滚刀贯入岩石，掌子面被滚刀挤压碎裂而形成隧道同心圆沟槽。随着沟槽深度的增加，岩体表面裂纹加深扩大，当超过岩石剪切或拉伸强度时，相邻同心圆沟槽间的岩石成片剥落，形成石渣，滚刀破岩过程结束。

②掘进工况工作原理

敞开式 TBM 的掘进循环由掘进作业和换步作业交替组成。在掘进作业时，TBM 刀盘沿隧道轴线做直线运动和绕隧道轴线做单方向回转运动的复合螺旋运动，被破碎的岩石经刀盘外周处的铲斗落入皮带输送机向后输出。

敞开式 TBM 在洞壁岩石能自稳并能经受水平撑靴的巨大支撑力的条件下使用，掘进时，伸出水平撑靴，撑紧洞壁，收起前支撑和后支撑，启动皮带输送机，然后刀盘回转，开始掘进；掘进一个循环后，进行换步作业。其作业循环如图 4-3 所示。

a. 撑靴撑紧在洞壁上，前支撑和后支撑缩回，开始掘进[图 4-3a)]。
b. 刀盘向前掘进一个循环后，停止掘进[图 4-3b)]。
c. 前支撑和后支撑伸出，撑紧在洞壁上，撑靴缩回，机架向前滑移一个行程长度[图 4-3c)]。
d. 利用前、后支撑进行方向调整[图 4-3d)]。
e. 前后机架撑靴重新撑紧在洞壁上，前支撑和后支撑缩回，开始新的掘进循环[图 4-3e)]。

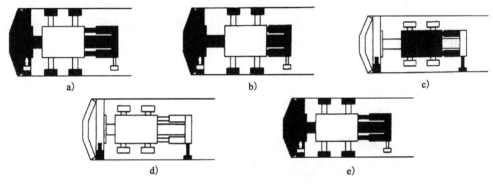

图 4-3　敞开式 TBM 掘进工况工作原理示意图

(3)适用范围

敞开式 TBM 主要适用于岩体完整、有一定自稳性围岩中的隧道，特别是在硬岩、中硬岩掘进中，强大的支撑系统为刀盘提供了足够的推力。使用敞开式 TBM 施工，可以直接观测到被开挖的岩面，从而能方便地对已开挖的隧道进行地质描述。由于开挖和支护分开不同区域进行，使敞开式 TBM 刀盘附近有足够的空间来安装一些临时、初期支护的设备，如圈梁安装器、锚杆钻机、超前钻机、喷射混凝土设备等。如遇有局部不稳定的围岩，可以在 TBM 刀盘后进行临时支护，如打锚杆、喷射混凝土、挂钢筋网、架设钢架等，以保持洞壁稳定；或钻超前孔并进行注浆以固结前方围岩，然后再掘进。因此，敞开式 TBM 通过运用及时有效的支护措施，能够实现软弱围岩和不确定地质隧道的掘进功能。

在实际应用中，TBM 常会遇到复杂地质情况，如断层、破碎带、局部软岩或者溶洞等不良地层，仅采用这些临时支护可能难以稳定围岩。在较软的破碎岩层中，由于洞壁围岩的抗压强度低于 TBM 支撑撑靴的最小接触比压，以致 TBM 无法支撑而不得不停止掘进。

4.3.2　单护盾 TBM

(1)结构特点

单护盾 TBM 与敞开式 TBM 的区别是前者在刀盘后面带有一个护盾，在护盾的保护下有管片安装设备。刀盘也是敞开式的,刀盘上的盘形滚刀是适用于开挖较硬围岩的刀具。盘形滚刀在掌子面上滚动留下刻痕,将大块岩石切割成岩石碎片,切割下来的岩石碎片落入刀盘外侧的铲斗中。随着刀盘的转动,这些岩石碎片通过刀盘上的溜渣槽进入 TBM 的运输系统运出洞外。

单护盾 TBM 的推力是由推进液压缸作用于护盾内安装的管片反力提供。掘进时,推进液压缸的后部顶在已经衬砌好的管片上,推进液压缸伸出,推动刀盘前进。这一过程结束后,TBM 停止前进,推进液压缸回缩归位,新的混凝土管片在盾尾进行组装,开始进入下一循环。

(2)适用范围

单护盾 TBM 适用于开挖地层以软弱围岩为主,岩体抗压强度低至中硬的隧道围岩。

4.3.3 双护盾 TBM

(1)结构特点

双护盾 TBM(图 4-4)是在敞开式 TBM、单护盾 TBM 的基础上发展起来的,装备有两节盾构壳体,具有防止开挖面坍塌、曲线开挖,且能套筒式伸缩并进行作业的功能。双护盾 TBM 按照硬岩掘进机配上一个软岩盾构功能进行设计,既可用于硬岩,又可用于软岩,其地质适应性较广泛,尤其能安全快速地穿过断层破碎地带。

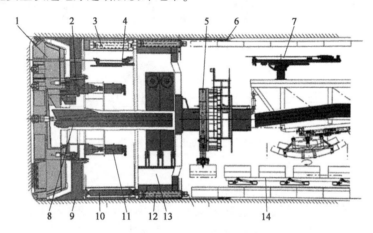

图 4-4 双护盾 TBM 结构示意图

1-刀盘;2-主轴承;3-主推进液压缸;4-多功能钻机;5-管片拼装机;6-盾尾密封;7-超前钻机;8-皮带输送机;9-前盾;10-伸缩液压缸;11-刀盘驱动;12-辅助推进液压缸;13-支撑盾;14-管片输送机

双护盾 TBM 按照隧道管片拼装作业与开挖掘进作业并行而连续开挖的概念进行设计。按快速施工的设计要求,管片拼装机具有管片储运和管片拼装双作业功能。

双护盾 TBM 与敞开式 TBM 不同之处是前者具有全圆的护盾,与单护盾 TBM 不同之处是双护盾 TBM 在地质良好时可以实现掘进与安装管片同时进行。伸缩护盾形式是双护盾 TBM 独有的结构特点,是实现软硬岩作业转换的关键。

(2)适用范围

双护盾 TBM 具有两种掘进模式,即双护盾掘进模式和单护盾掘进模式,分别适用于围岩稳定性好的地层、有小规模剥落且稳定性较好的地层和不良地质地段。若岩石软硬兼有,又有断层及破碎带,双护盾 TBM 能充分发挥其优势。

遇软岩时,软岩不能承受支撑靴的压应力即接触比压,TBM 不可能依靠支撑靴支撑,此时

TBM 工作原理同普通盾构，由位于盾尾的副推进液压缸支撑在已拼装的预制衬砌管片上以推进刀盘破岩前进。

遇硬岩时，岩石条件允许对洞壁进行适当的支撑，则靠支撑靴撑紧洞壁，由主推进液压缸推进刀盘破岩前进。在双护盾开挖模式时，前护盾和刀盘通过支撑靴被固定在岩面。后护盾向前推进，因此推进力和扭矩的反力都不传递到衬砌管片上。支撑盾后面，在尾盾壳的保护下，依靠管片安装机，安装预制的钢筋混凝土衬砌管片。在较好的岩层，双护盾 TBM 的管片拼装作业和开挖作业能同步进行，进而实现高速、连续的掘进。在良好的隧道围岩条件下，也可以省去隧道管片支护，而仅仅做一些简单的喷层或喷锚支护。

双护盾 TBM 对岩层具有较为广泛的适应性。既可以在非常坚硬的岩石中施工（目前有用这种 TBM 在南非金矿项目中成功地实施和完成了在 450MPa 超硬岩中掘进的工程实例），也有在软岩、破碎带地层等不稳定地层中施工的成功案例。

双护盾 TBM 常用于复杂岩层的长隧道开挖，一般适应于中~厚埋深、中~高强度、稳定性基本良好的隧道围岩，并能适应占部分隧道长度的各种不良地质，对岩石强度变化有较好适应性。

双护盾 TBM 在岩石单轴抗压强度为 30~120MPa 时可掘性较好，以 Ⅲ、Ⅳ 级围岩为主的岩石隧道较适合采用双护盾 TBM 施工。

4.4 制约 TBM 施工性能的典型因素分析

限制 TBM 性能的相对较为重要或较常见的不良地质情况包括可钻掘性极限、开挖面稳定性、断层和挤压/膨胀地层。同时，黏性土、造成 TBM 下沉的软弱地层、地下水和瓦斯大量涌入、岩爆、高温岩层、高温水和溶洞等，也是 TBM 开挖可能遇到的不良地质情况。

4.4.1 可钻掘性极限

如果 TBM 不能以充足的贯入度贯入掌子面岩层或开挖刀具的磨损超过可接受的极限，则认为这种岩层是不可钻掘的。不应以绝对方式来确定岩层的可钻掘性，而应从工程造价、工期等方面对 TBM 法和钻爆法进行对比，从而以相对方式确定岩层的可钻掘性。表示 TBM 开挖岩层能力的主要指标是该 TBM 在最大推力作用下的贯入度。

贯入度也称切深，是刀盘每转动一周刀具切入岩石的深度。贯入度指标与岩石特性有关，如岩石类别、单轴抗压强度、裂隙发育程度、耐磨性、孔隙率等。贯入度还受开挖岩层的耐磨性、隧道直径及岩层厚度的影响，如果岩石的耐磨性较高，贯入度较低，就会造成刀具更换频繁，这样除增加因更换刀具而占用的时间外，还会增加单位体积岩石的开挖成本。如果贯入度小于 2mm/r，就可认为 TBM 在岩石的可钻掘性方面存在问题；如果贯入度大于 3mm/r，那么 TBM 的开挖效率就会较高。

施工中常发生为了保持足够的贯入度而最大限度地加大推力的情况。如果 TBM 任何一部分的设计与制造不能在这种最大推力作用下工作，那么 TBM 将异常振动，刀盘和撑靴结构将逐渐出现裂缝,主轴承也容易损坏。由于在隧道内修理、更换刀盘或主轴承并不容易,因此这些事故对 TBM 施工造成的损失是很严重的。同样,向前推进刀盘的推力如果过大,主轴承和向 TBM 刀盘传送动力的齿轮箱有可能受损,这样造成的后果将更为严重。

4.4.2　开挖掌子面不稳定

如果拟开挖岩体破碎或风化严重,导致开挖面不稳定,大的岩块和粉碎石块从开挖面及其上部塌落,且这种不稳定现象一直持续不停,直至达到新的平衡,从而造成大的超挖,可能会影响 TBM 的正常工作,即使是护盾式 TBM 也会受到影响。在这种情况下,TBM 掘进可能由于以下两项基本原因而受阻:

①由于塌落、积聚的石块作用于刀盘或卡住了刀盘,造成刀盘不能旋转。

②因开挖面不稳定造成超挖严重,在 TBM 前方形成空洞,需要在空洞扩大、最终发展到不可控制之前停止 TBM 掘进,对空洞进行处理。

实际工程中对形成的空洞常用树脂和泡沫进行注浆回填,以形成一种人造固体,钻孔和注浆通常通过设在刀盘上的专用孔进行,通过开挖旁通隧道(最好在隧道顶部),把被石块卡住的刀盘解脱出来,对开挖面进行稳定加固;也可以采用传统的钻爆法开挖此段隧道,或采用注浆或管棚超前支护对围岩进行加固。

根据最近的工程经验,为了预防类似事故的发生,TBM 的设计有必要使刀盘凸出盾壳的长度尽可能短,从而使盾壳本身对隧道的支撑尽可能接近开挖面。由于这些影响 TBM 掘进的不利条件,TBM 应该配备足够大的刀盘扭矩尤其是启动扭矩,且能够调整刀盘的转速。另外,刀盘设计应取消可调节的刮刀。在对 TBM 进行了这些改进之后,虽然不能完全消除影响 TBM 正常掘进的因素,但可以把这些因素尽量减少。

4.4.3　开挖洞壁不稳定

开挖洞壁不稳定是影响开敞式硬岩 TBM 正常掘进的重要因素之一。如果开挖洞壁不稳定发生在紧靠刀盘支撑之后的位置,就会造成安设支护及撑靴定位困难。开挖洞壁不稳定对施工进度及采取的措施影响很大,它取决于以下因素:

①开挖洞壁不稳定现象的规模及类型。

②所用 TBM 的类型(单撑靴或双撑靴)。

③TBM 的设计、施工特征。

④隧道直径。

⑤TBM 具有的安设隧道支护的装置及所采用支护的类型。

对于开挖洞壁不稳定现象,无论是单护盾 TBM,还是双护盾 TBM,均不像敞开式 TBM 那么敏感,这是因为护盾式 TBM 可以在护盾的保护下安装预制混凝土管片,通过向管片施加推力,护盾式 TBM 可以向前掘进,无论开挖洞壁是否稳定。

开挖洞壁不稳定时,敞开式 TBM 的日进度可降至 1~2m,甚至无进度。敞开式 TBM 在开挖洞壁不稳定时,可采取以下措施:

①对开挖洞壁采取稳定加固施工措施,在紧接刀盘支撑位置之后安设钢拱架、撑板和喷射混凝土。

②在 TBM 前方用传统方法开挖，通常采用顶部导坑法。

③采取钻孔、注浆或在 TBM 上方安设伞形拱架等措施，对开挖面前方的地层进行预处理。

4.4.4　断层带

TBM 掘进中穿越大断层带时，如果刀盘被卡住，一般情况下会影响 TBM 的正常掘进，这常常会导致 TBM 掘进速度和效率下降，对工期造成大的影响。尽管断层带沿隧道长度呈局部分布，但由于在开挖期间预报不准确，或事先对困难估计不足或了解不够，仍可能造成意外事故。

在断层带内，如果地层完全风化且存在高压地下水，那么开挖掌子面有可能像流体一样活动，且有可能像河水一样淹没隧道。

如果 TBM 遇到超前钻探未发现的上述断层带，那么 TBM 将会因地层滑塌而严重受阻，甚至被滑塌石块淹埋，造成后退困难的灾难性局面。另外，遇到断层带时，对地层进行简单、快速的注浆处理，注入的水泥浆液也有可能会造成 TBM 刀盘被卡。

由于采用护盾式 TBM 掘进的隧道已施作管片衬砌，从而形成盾壳的自然延伸体，因此，可以从盾壳内对断层带进行处理，同时还可以防止隧道完全被水淹没。

4.4.5　挤压地层

如果在 4~8h 之内，在距开挖面较短距离（几米距离）处发生严重的隧道收敛现象，不论这些收敛是什么原因产生的，都将导致 TBM 卡住，这对 TBM 施工将产生严重的影响。对设计和施工人员来说，挤压地层是影响 TBM 正常掘进的重要因素之一。

护盾式 TBM 对隧道快速收敛十分敏感，极有可能被收敛的地层卡住。对于敞开式 TBM，如果隧道在短时间内发生严重的收敛，将会影响隧道支护的施作，而且 TBM 撑靴的支撑可能也会出现问题，从而影响隧道的掘进速度。

为了克服上述问题，大多数 TBM 可以根据地层的挤压情况来进行适当的超挖，把盾壳与开挖轮廓面之间的间隙从通常的 6~8cm 调整到 14~20cm。然而，敞开式 TBM 在收敛严重的不稳定地层中掘进的主要问题在于施作钢支撑、钢筋网和喷射混凝土等支护工作困难重重，且刚施作的支护不能立即有效抵抗地层的变形。

对于护盾式 TBM，可以提高其纵向千斤顶的最大推力，确保 TBM 在较高地层压力（2~5MPa）作用下仍然可以向前推进，但是隧道的管片衬砌要足够坚固，可以给 TBM 推进千斤顶提供必要的反作用力，否则隧道衬砌本身将出现挤压破坏。

采取这些方法、措施之后，再加上超挖，护盾式 TBM 可以在许多条件（包括所谓的特殊条件）下进行隧道掘进开挖。但是如果由于机械故障等原因，TBM 在挤压地层区段停机时间长，将增加 TBM 被卡的可能性。

双护盾 TBM 的脱困作业相对较为容易，可以在距开挖面 4~5m 处通过 TBM 伸缩区的开口进行。然而，单护盾 TBM 的脱困作业必须从 TBM 的盾尾处开始，需在距开挖面 8~9m 处拆去一环或两环管片。

思考题

1. 简述 TBM 的概念及施工特点。
2. 简述 TBM 的分类,并分析各类型 TBM 的特点及适用性。
3. 简述 TBM 滚刀破岩的机理。
4. 简述敞开式 TBM、单护盾 TBM、双护盾 TBM 施工的原理。
5. 阐述制约 TBM 施工性能的典型因素。
6. 某隧道工程地层为全断面岩层,岩性为中、微风化花岗岩,局部地层且不间断含有强风化花岗岩及闪长岩地层,地层软硬强度差异较大。请问工程选用双护盾 TBM 施工是否合理?如果不合理,请说明理由;如果合理,请阐明在什么样的地段应该采用单护盾模式?什么样的地段应该采用双护盾模式?
7. 盾构和 TBM 有一个明显的区别是:盾构带有盾尾密封注浆系统,而 TBM 没有。请结合地层因素及围岩特性谈谈为什么 TBM 不需要设置盾尾密封注浆系统?

第 5 章
CHAPTER 5
盾构选型

5.1 概述

5.1.1 盾构选型的原则和依据

(1)原则

盾构选型是盾构法隧道能否安全、环保、优质、经济、快速建成的关键工作之一,盾构选型应从安全适应性(也称可靠性)、技术先进性、经济合理性等方面综合考虑,所选择的盾构类型要能尽量减少辅助工法并确保开挖面稳定和适应围岩条件,同时还要综合考虑以下因素:

①满足隧道施工长度和线形的要求。
②后配套设备、始发设施等能与盾构的开挖能力配套。
③盾构的工作环境。

盾构选型主要遵循下列原则:

①对工程地质条件、水文地质条件有较强的适应性,满足施工安全性的要求。
②安全适应性、技术先进性、经济合理性相统一,在安全可靠的前提下,考虑技术先进性和经济合理性。
③满足隧道外径、长度、埋深、施工场地、周围环境等条件的要求。
④满足安全、质量、工期、造价及环保等要求。
⑤后配套设备的能力与主机相适应,满足生产能力与主机掘进速度相匹配,同时具有施工安全、结构简单、布置合理和易于维护保养等特点。
⑥盾构制造商的知名度、业绩、信誉和技术服务也是重要的考虑因素。

(2)依据

盾构选型应以工程地质与水文地质条件为主要依据,综合考虑周围环境条件、隧道断面尺寸、施工长度、埋深、线路的曲率半径、沿线地形、地面及地下构筑物等环境条件,周围环境对地面变形的控制要求以及工期、环保等因素,同时参考国内外已有盾构工程实例及相关盾构技术规范、施工规范,对盾构类型、驱动方式、功能要求、主要技术参数,辅助设备的配置等进行综合分析。选型时的主要依据如下:

①地层参数,主要包括岩土体颗粒分析及粒度分布,单轴抗压强度,含水率,砾石直径,液限及塑限,黏聚力 c,内摩擦角 φ,密度,孔隙率及孔隙比,地层反力系数,标准贯入度,弹性波速度,孔隙水压,渗透系数,地下水位(最高、最低、平均),地下水的流速、流向,河床变迁情况等。

②隧道长度、隧道平纵断面及横断面形状和尺寸等设计参数。

③周围环境条件及地下建(构)筑物分布,地下管线埋深及分布,沿线河流、湖泊、海洋的分布,沿线交通情况、施工场地条件,气候条件,水电供应情况等。

④隧道施工工程筹划及节点工期要求。

⑤宜用的辅助工法。

⑥技术经济比较。

5.1.2 选型的主要步骤及方法

(1) 主要步骤

①在对工程地质、水文地质条件、周围环境、工期要求、经济性等分析研究的基础上选定盾构的类型;对敞开式、闭胸式盾构进行比选。

②如确定选用闭胸式盾构,应根据地层的渗透系数、颗粒级配、地下水压、辅助施工方法、施工环境、环保、安全等因素对土压平衡盾构、泥水平衡盾构、双模盾构或多模盾构进行比选。

③根据详细地质勘探资料,对盾构各主要功能部件进行选择和设计(如刀盘驱动形式、刀盘结构形式、开口率、刀具种类与配置、螺旋输送机的类型与尺寸、沉浸墙的结构设计与泥浆门的形式、破碎机的布置与类型、送排泥管的直径等),并根据地质条件等确定盾构的主要技术参数。盾构的主要技术参数在选型时应进行详细计算,主要包括刀盘直径,刀盘开口率,刀盘转速,刀盘扭矩,刀盘驱动功率,推力,掘进速度,螺旋输送机功率、直径、长度,送排泥管直径,送排泥泵功率、扬程等。

④根据地质条件选择与盾构掘进速度相匹配的后配套施工设备。

(2) 主要方法

①依据地层渗透系数进行选型。

地层渗透系数对于盾构选型是一个很重要的考虑因素。当地层的渗透系数小于 1×10^{-7} m/s 时,可以选用土压平衡盾构;当地层的渗透系数在 $1\times10^{-7}\sim1\times10^{-4}$ m/s 之间时,既可以选用土压平衡盾构也可以选用泥水平衡盾构(富水地层);当地层的透水系数大于 1×10^{-4} m/s 且地层富水时,宜选用泥水平衡盾构。根据地层渗透系数与盾构类型的关系,若地层以各种级配富水的砂层、砂砾层为主时,宜选用泥水平衡盾构;其他地层宜选用土压平衡盾构。地层渗透性与盾构选型的关系如图 5-1 所示。

②依据地层的颗粒级配进行选型

土压平衡盾构主要适用于粉土、粉质黏土、淤泥质粉土、粉砂层等土层的施工,在黏性土层中掘进时,由刀盘切削下来的土体进入土仓后由螺旋输送机输出,在螺旋输送机内形成压力梯降,保持土仓压力稳定,使开挖面土层稳定。一般来说,细颗粒含量多,渣土易形成不透水的流塑体,容易充满土仓的每个部位,在土仓中可以建立压力来平衡开挖面的土体。

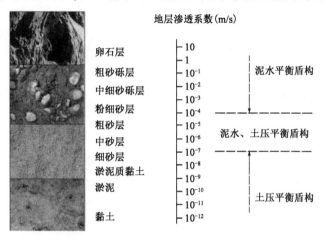

图 5-1　地层渗透性与盾构选型的关系

黏土、淤泥质土为土压平衡盾构适用的颗粒级配范围;砾石、粗砂为泥水平衡盾构适用的颗粒级配范围;粗砂、细砂可使用泥水平衡盾构,也可经土质改良后使用土压平衡盾构。一般来说,当岩土中的粉粒和黏粒的总量达到40%以上时,通常可选用土压平衡盾构,反之,则可选择泥水平衡盾构。粉粒的粒径通常以 0.075mm 为界。

③依据地下水压进行选型

当水压大于 0.3MPa 时,适宜采用泥水平衡盾构。如果采用土压平衡盾构,螺旋输送机难以形成有效的土塞效应,在螺旋输送机排土闸门处易发生渣土喷涌现象,引起土仓中土压力下降,导致开挖面坍塌。当水压大于 0.3MPa 时,如因地质原因需采用土压平衡盾构,则需增大螺旋输送机的长度或采用二级螺旋输送机,或采用保压泵,或采用特殊的渣土改良技术。

(3) 考虑因素

在实际实施盾构选型时,还需解决理论的合理性与实际的可能性之间的矛盾。必须考虑环保、工程地质和安全因素。

①环保因素

对泥水平衡盾构而言,虽然经过过筛、旋流、沉淀等程序,可以将弃土浆液中的一些粗颗粒分离出来,并通过汽车、船等工具运输弃渣,但泥浆中的悬浮或半悬浮状态的细土颗粒仍不能完全分离出来,而这些物质又不能随意处理,如何处理这些泥浆就成为使用泥水平衡盾构的一大困难。

具体包括:处理设备贵,增加了工程投资;安装这些处理设备需要的场地较大;处理时间较长。

②工程地质因素

盾构施工段工程地质的复杂性主要反映在基础地质(主要是围岩岩性)和工程地质特性的多变方面。在一个盾构施工段或一个盾构合同标段中,某些地段的施工环境适合选用土压平衡盾构,但另一些地段又适合选用泥水平衡盾构。因此,盾构选型时应综合考虑并对不同选择进行风险分析后择其优者。

③安全因素

从保持工作面稳定、控制地面沉降的角度来看,当隧道断面较大时,使用泥水平衡盾构比使用土压平衡盾构的效果好一些,特别是在河湖等水体下、密集的建(构)筑物下及上软下硬的地层中施工时。在这些特殊的施工环境中,需要着重考虑施工过程的安全性,如北京铁路地下直径线,在复杂的地下环境和地面前三门大街环境下,最终选择了泥水平衡盾构。

5.2 盾构类型的选择

近年来,由竖井或渣土处理而影响盾构选型的实例不断增加,其施工经验也会成为盾构选型的重要因素。因此,在选型时,有必要邀请具有制造同类盾构经验的国内外知名盾构制造商进行技术交流;可邀请国内盾构隧道设计、科研、施工方面的专家进行选型论证和研究,并应参照类似工程的盾构选型及施工情况进行有效选择。

各种盾构所对应的土质及与辅助工法的关系见表5-1。

5.2.1 土压平衡盾构

土压平衡盾构主要分为两种:一种是适用于含水率和粒度组成比较适中,开挖面土砂可直接流入土仓及螺旋输送机内,从而维持开挖面稳定的土压平衡盾构;另一种是对应于砂粒含量较多而不具有流动性的土质,需通过水、泡沫、泥浆等添加材料使泥土压力可以很好地传递到开挖面的加泥式土压平衡盾构。

土压平衡盾构根据土压力状况进行开挖和推进,通过监控土仓压力不但可以控制开挖面的稳定性,还可以减少对周围土体的影响。

加泥式土压平衡盾构可以适用于冲积砂砾、砂、粉土等固结度比较低的地层,洪积地层以及软硬不均地层;在土质方面的适用性最为广泛。但在高水压下(大于0.3MPa),仅用螺旋输送机排土难以保持开挖面的稳定性时,还需安装保压泵或对渣土进行改良(图5-2)。

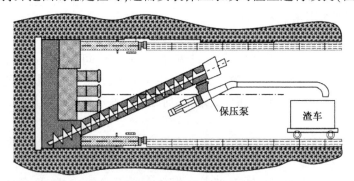

图5-2 在高水压地层防喷涌的保压泵

5.2.2 泥水平衡盾构

泥水平衡盾构通过施加略高于开挖面水土压力的泥浆压力作用于掌子面有效泥膜上来维持开挖面的稳定。除泥浆压力外,合理地选择泥浆并形成有效泥膜可提高开挖面的稳定性。泥水平衡盾构比较适合于河底、江底、海底等高水压条件下的隧道施工。

盾构与土质及辅助工法的关系

表 5-1

分类	土质	标准贯入度N	含水率(%)	手掘式盾构 无	手掘式盾构 有	手掘式盾构 种类	半机械式盾构 无	半机械式盾构 有	半机械式盾构 种类	机械式盾构 无	机械式盾构 有	机械式盾构 种类	挤压式盾构 无	挤压式盾构 有	挤压式盾构 种类	泥水平衡盾构 无	泥水平衡盾构 有	泥水平衡盾构 种类	土压平衡盾构 土压式 无	土压平衡盾构 土压式 有	土压平衡盾构 土压式 种类	土压平衡盾构 加泥式 无	土压平衡盾构 加泥式 有	土压平衡盾构 加泥式 种类
冲积黏土	腐殖土	0	>300	×	×		×	×		×	×		×	×	—	×	—	—	×	—	—	×	—	—
冲积黏土	淤泥黏土	0~2	100~300	×	△	A	×	×		×	×		○	△	—	○	—	—	○	—	—	○	—	—
冲积黏土	砂质粉土	0~5	>80	×	△	A	×	×		×	×		○	—	—	○	—	—	○	—	—	○	—	—
冲积黏土	砂质黏土	5~10	>50	△	○	A	×	△	—	△	○	A	△	—	—	○	—	—	○	—	—	○	—	—
洪积黏土	壤土黏土	10~20	>50	○	—		○	—	—	△	△	—	×	×	—	○	—	—	△	—	—	△	—	—
洪积黏土	粉砂质黏土	15~25	>50	△	—	—	○	—	—	○	○	—	×	×	—	△	—	—	△	—	—	○	—	—
洪积黏土	砂质黏土	>20	>20	×	—	—	○	—	—	○	○	—	×	×	—	—	—	—	△	—	—	—	—	—
软岩	风化页岩 泥岩	>50	<20	△	△	A	△	—	—	△	△	A	×	×	—	○	—	A	△	—	—	○	—	—
砂质土	含粉砂黏土的砂	10~15	<20	△	○	A·B	△	○	—	△	○	A·B	×	×	—	△	○	—	△	△	A	○	—	—
砂质土	松散砂	10~30	<20	×	△	A·B	×	○	A·B	×	△	A·B	×	×	—	○	—	A	△	△	A	○	—	—
砂质土	压实砂	>30	<20	△	△	A·B	△	○	A·B	○	△	A·B	×	×	—	△	○	A	△	△	A	○	—	—
砂砾	松散砾砂	10~40	10~40	△	△	A·B	△	○	A·B	△	△	A·B	×	×	—	△	△	A	△	△	A	○	—	—
砂砾	固结砾砂	10~40	10~40	○	△	A·B	○	○	A·B	△	×		×	×	—	○	—	—	△	△	A	○	—	—
砾石	含砾石砂粒	>40	10~40	×	△	A·B	△	△	A·B	×	×	—	×	×	—	△	△	A	△	△	A	○	—	—
砾石	砾石层	>40		×	△	A·B	△	△	A·B	×	×	—	×	×	—	△	△	A	△	△	A	○	—	—

注: 1. 手掘式盾构、半机械式盾构、机械式盾构,原则上采用辅助工法。
2. 无: 表示不采用辅助工法; 有: 表示采用辅助工法。
3. ○: 表示原则上符合条件; △: 表示应用时须进行研究; ×: 表示原则上不符合条件; —: 表示特别不宜使用。
4. A: 表示注浆法; B: 表示降水法。

泥水平衡盾构使用送泥泵通过管道从地面直接向开挖面进行泵送泥浆,使用排泥泵通过管道从泥水仓直接排出含有开挖土体的泥浆至地面泥水分离工厂。开挖面完全封闭,具有高安全性和良好的施工环境,对周围土体或岩体影响较小,一般不需辅助工法。特别是在隧道开挖断面较大时,控制地表沉降方面优于土压平衡盾构。

泥水平衡盾构适用于冲积形成的富水砂砾、砂、粉砂、弱固结的黏土互层等含水率高开挖面不稳定的地层;洪积形成的富水砂砾、砂、粉砂等含水率很高固结松散易于发生涌水破坏的地层。但对于难以维持开挖面稳定的高透水地层,如砾石地层,有时也要考虑采用辅助工法。

隧道开挖过程中,直接控制型泥水盾构开挖仓内的泥水压力波动较大,一般在 $\pm(0.5\sim1.0)\times10^5$ Pa 之间变化。间接控制型泥水平衡盾构的气垫调压仓通过压缩空气系统精确地进行压力控制和调节,开挖仓内的压力波动较小,一般为 $\pm(1\sim2)\times10^4$ Pa,泥浆管路内的浮动变化将被精确、迅速平衡,减少了外界压力的变化对开挖面的稳定造成的影响。

5.2.3 双模式盾构

土压—泥水双模式盾构是基于土压平衡盾构和泥水平衡盾构两种机型工作原理所制造的复合盾构。当隧道所面临的地层复杂,依靠单模式盾构无法进行安全高效施工时,可考虑采用土压—泥水双模式盾构,其可根据地层类型的变化随时切换土压平衡模式和泥水平衡模式,具有适应环境能力强、工期快等优势。

5.2.4 手掘式盾构

手掘式盾构由于前端敞开,比较适用于软硬不均以及砾石、卵石等掌子面能够完全自稳的地层。手掘式盾构是以开挖面能够长时间自稳为基本条件,在开挖面不够稳定时、需通过注浆进行地层加固;在地下水位较高会有涌水而影响开挖面稳定时需采取降水或地层加固等辅助措施。

一般来说,洪积形成的砂砾、砂、固结粉砂、黏土层等易于自稳,适于采用手掘式盾构施工。冲积形成的松散砂、粉砂、黏土层,开挖面不能自稳,如选用手掘式盾构需采用辅助措施。

手掘式盾构直到20世纪70年代末期一直得到较广泛应用,由于目前闭胸式盾构具有不依靠辅助工法的优势,手掘式盾构已基本被淘汰了。

5.2.5 半机械式盾构

半机械式盾构适用于开挖面可以自稳的围岩条件。适合的土质主要是洪积形成的砂砾、砂、固结粉土及黏土,对于软弱的冲积层是不适用的。在使用辅助工法方面同手掘式盾构,目前已基本淘汰。

5.2.6 挤压式盾构

适用于非常软弱的地层,最适合冲积形成的粉质砂土层或淤泥质地层。由于是从开口部排出渣土,所以不能用于硬质地层。另外,砂粒含量如果太大的话会出现土砂压缩而造成堵塞现象;如果地层的液性指数太高则很难控制土砂的流入,会出现过量取土现象。由于适用地层有限,现已不采用。

5.3 刀盘结构形式及驱动方式选择

5.3.1 刀盘结构形式的选择

依照地层的软硬程度及地质特点,可以将面板式刀盘、辐条式刀盘和辐条面板式刀盘的选型原则进行整理分类,见表 5-2,同时还列举了国内部分具有代表性的城市及典型工程。

刀盘选型原则(按地层类型划分)　　　　表 5-2

地层类型	地质特性	工程主要问题	刀盘选用参数	建议刀盘形式	代表城市或工程
黏性土、淤泥质土、软黏土	渗透性低、流塑性好、无自立性	刀盘开口堵塞、刀盘刀具结泥饼	合适的开口率分布和渣土改良系统,冲刷管路配置	辐板式	上海、天津、合肥、郑州、杭州等
砂类土、粉细砂、中粗砂	渗透性高、振动易液化、自稳性差	水土喷涌、刀盘刀具磨损、开挖面稳定	合适的开口率和渣土改良系统,刀具的选型和布置	辐条式或辐条面板式	哈尔滨、武汉、南昌、西安、太原等
砂卵石、圆砾、漂石、碎石	(卵)漂石粒径大、石英含量高、流塑性差、自稳性差	水土喷涌、刀盘刀具磨损、开挖面稳定	合适的刀具选型及渣土改良系统	辐条式或辐条面板式	北京、广州、成都、长沙等
风化类岩层、土岩复合地层、软硬不均地层	地质类型复杂、断裂带丰富	刀具破岩及磨损、喷涌、开挖面稳定	坚固型带滚刀刀盘、完善的渣土改良系统	面板式	青岛、深圳、厦门、东莞等
硬岩	岩石强度高	刀具破岩效率、刀盘刀具磨损	坚固型滚刀刀盘	面板式(TBM)	狮子洋隧道、冬奥综合管廊等

5.3.2 刀盘驱动方式的选择

刀盘的驱动方式有三种:变频电机驱动、液压驱动、定速电机驱动。鉴于定速电机驱动方式的刀盘转速不能调节,目前一般不采用。我们在第 2 章的表 2-1 中已经对变频电机驱动和液压驱动进行了初步的介绍,本节不再赘述。

总体而言,液压驱动具有调速灵活,控制简单、液压马达体积小、安装方便等特点,但液压驱动效率低、发热量大;变频驱动具有发热量小、效率高、控制精确等优点,在工业领域应用较广。目前中小型盾构的刀盘驱动较常采用液压驱动,大直径盾构常采用变频电机驱动。由于变频电机驱动效率高,从节能方面及技术发展趋势看,变频电机驱动方式是刀盘驱动今后的发展方向。

5.4 刀具种类及破岩机理

5.4.1 刀具的种类

刀具按照图 5-3 所示进行分类。

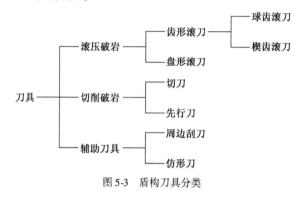

图 5-3 盾构刀具分类

(1) 滚刀

滚刀分为齿形滚刀和盘形滚刀。齿形滚刀主要有球齿滚刀和楔齿滚刀两种,常用于软岩;盾构/TBM 上应用较广的是盘形滚刀。盘形滚刀按刀圈的数量分为单刃、双刃、多刃三种形式(图 5-4)。

图 5-4 单刃、双刃、三刃滚刀

盘形滚刀按刀圈材质分为耐磨层表面刀圈、标准钢刀圈、重型钢刀圈、镶齿硬质合金刀圈滚刀等,并分别适应于不同的地层。

①耐磨层表面刀圈:适用于掘进强度(单轴抗压强度)40MPa 的致密地层,强度 80~100MPa 的断裂砾岩、砂岩等地层。

②标准钢刀圈:适用于掘进强度 50~150MPa 的砾岩、大理石、砂岩、灰岩地层。

③重型钢刀圈:适用于掘进强度 120~200MPa 的硬岩,强度 80~150MPa 的高磨损岩层,如花岗岩、闪长岩、斑岩、蛇纹石及玄武岩等地层。

④镶齿硬质合金刀圈:适用于掘进强度高达 150~250MPa 的花岗岩、玄武岩、斑岩及石英岩等地层。

(2) 切刀

切刀安装在刀盘开口槽的两侧,也称刮刀。切刀是用来切削土层,并把切削后的渣土刮入土仓中的刀具;刀具的形状和位置按便于切削地层和便于将渣土刮入土仓来设计;在同一个轨迹上一般有多把切刀同时开挖。切刀的宽度使得每把刀的切削轨迹之间有一定的重叠。目前最有效的切刀为双层耐磨设计的切刀,如图 5-5 所示。双层耐磨切刀配有双层碳钨合金刀齿以提高刀具的耐磨性,在第一排刀齿磨损后,第二排刀齿可以代替第一排刀齿继续发挥作用,同时在刀具的背部设有双排碳钨合金柱齿。切刀在刀盘上的安装一般采用背装式,可以从土仓内拆卸和更换。

(3) 先行刀

先行刀一般安装在面板式刀盘上的刀箱中,或者安装在辐条式刀盘的辐条上,对于面板式刀盘先行刀一般采用背装式,可从土仓进行更换,辐条式刀盘先行刀一般是焊接在辐条上。先行刀高度比切刀要高,使得先行刀超前切削与松散地层,从而起到保护切刀的作用,避免其先切削到砾石或卵石。先行刀主要有贝壳刀、撕裂刀、齿刀三种。日本盾构较常采用贝壳刀,如图 5-6 所示;德国海瑞克公司盾构较常采用齿刀;加拿大拉瓦特公司和法国 NFM 公司盾构较常采用撕裂刀。

 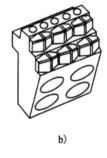 

图 5-5 双层耐磨切刀　　　　图 5-6 先行贝壳刀

先行刀在切刀接触地层之前(特别是较硬的地层之前)先松动地层,一般切削松散宽度较窄,从而使得先行刀在砾石地层等较硬的地层中有更高的切削效率。先行刀除先行将致密的土层松动外,同时还起着保护切刀的作用,延长切刀的寿命。

先行刀也可采用双层耐磨设计,配有双层碳钨合金刀齿以提高刀具的耐磨性,在第一排刀具磨损后,第二排刀具可以代替第一排刀具继续发挥作用。同时在刀具的背部设有双排碳钨合金柱齿。

先行刀按刀盘双向转动设计,齿刀和撕裂刀可安装在一个特殊设计的刀箱中,允许根据刀盘的转动方向做适当的微动,这种微动的设计主要用来减少先行刀侧面的磨损。必要时,齿刀和撕裂刀的刀座可设计成与滚刀可互换的结构。

(4) 周边刮刀

也称铲刀,安装在周边弧形刀盘的外圈,用于清除边缘部分的开挖渣土,防止渣土沉积、确保刀盘的开挖直径以及防止刀盘外缘的磨损。该刀的切削面上设有一排连续的碳钨合金齿和一个双排碳钨合金柱齿,用于增强刀具的耐磨性。确保即使在掘进几公里之后,刀盘开挖直径仍大于盾壳直径。周边刮刀采用背装式,可从土仓内进行更换。对周边刮刀而言,单排连续碳钨合金刀齿是足够的,因为周边刮刀仅其端部切削地层,而切刀在整个宽度范围切削地层。不同类型的周边刮刀如图 5-7 所示。

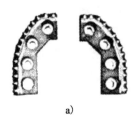 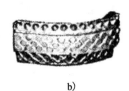 

图 5-7　不同类型的周边刮刀

图 5-8　仿形刀

（5）仿形刀

仿形刀（图 5-8）安装在刀盘的外周，径向布置，通过液压缸动作，采用可编程控制，通过刀盘回转传感器来实现。盾构操作手可以控制仿形刀开挖深度（即超挖深度），以及超挖位置。例如：决定要对左侧进行扩挖以便盾构向右转弯时，那么仿形刀只需在左侧伸出，扩挖左侧水平直径线上下 45°的范围即可。

5.4.2　刀具的破岩机理

（1）滚刀破岩机理

当滚刀受载，刀刃切入岩体时，岩石表面首先产生局部变形并出现微观裂纹，此过程为岩石的初期破碎；当载荷继续增加，滚刀切入岩石深度也相应加深，在滚刀刃端的岩石粉末状破碎，并且又重新被碾压，微观裂纹在刀刃两侧较快发展，一些裂纹开始延伸到岩石表面，最后形成几道主要裂纹并迅速发展，形成体积较大的岩石碎块，继而崩落，如图 5-9 所示。

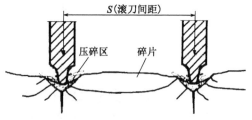

图 5-9　滚刀破岩机理示意图

（2）切刀破岩机理

软土的切削主要是切刀直接对土层进行剪切破坏。切刀呈靴状，其基本结构如图 5-10 所示。切刀是软土刀具，切刀的切削原理主要是盾构向前推进的同时，切刀随刀盘旋转对开挖面土体产生轴向（沿隧道前进方向）剪切力和径向（刀盘旋转切线方向）切削力，在刀盘的转动下，通过刀刃和刀头部分插入到地层内部，像犁子犁地一样切削地层。切刀的前后角等斜面结构利于软土切削时的导渣作用，同时可用于在硬岩掘进中的刮渣，因此在盾构掘进硬岩时也必须配置切刀，此时也称为刮刀。

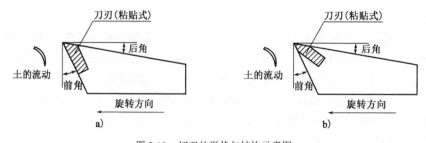

图 5-10　切刀的形状与结构示意图

在硬岩中掘进时,切刀有利于渣土及时顺利地流入土仓中。考虑到在硬岩掘进时破碎下来的岩石可能撞坏切刀,在刀具的布置上做了以下的考虑:把切刀背向布置,并拉近两切刀之间的距离,在硬岩掘进时能够对切刀有一定的保护作用。掘进时渣土的流动轨迹如图 5-11 所示,这样在掘进时渣土不能到达切刀的下部,避免了在硬岩掘进时打坏切刀。刀具离刀盘的中心越远,其线速度也就越大,则渣土流动的轨迹线越缓,两个切刀的背向布置间距就可以适当地加大。

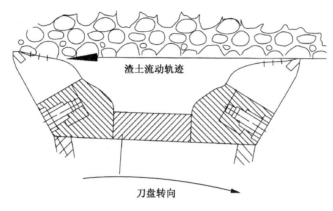

图 5-11　硬岩掘进时保护切刀示意图

(3) 先行刀(撕裂刀)破岩机理

在砂卵石地层宜采用先行刀(重型撕裂刀)进行破岩,利用撕裂刀随刀盘高速旋转产生的冲击惯性能量,对卵石、砾石和漂石等进行"锤击"破碎。由于在砂卵石地层,卵石属松散体,地层对卵石缺少约束力,不能提供给滚刀足够的转动力矩和滚刀破岩的支撑力,导致滚刀破岩无效,因此,此类地层不宜采用滚刀破岩,如果此时的滚刀是用于保径开挖,保护其他刀具,则另当别论。

需要注意的是,在砂卵石地层,如果刀盘转速偏低或扭矩不足,撕裂刀只能起到松土器的作用,还不能有效击碎卵石等大粒径石块。掘进期间刀盘驱动所需要的扭矩应大于克服刀盘旋转的摩擦力需要的扭矩、克服刀盘切削力需要的扭矩、克服旋转部件惯力需要的扭矩之和。

5.4.3　刀具的选择与装配

盾构设备刀具的选型原则主要是针对地层的特性,特别是硬岩分布的位置,结合各种刀具的破岩特点,在刀盘面板上装配不同的刀具。

(1) 滚刀的选择与装配

盾构在掘进硬岩时一般应安装滚刀,滚刀的选择应针对硬岩的强度和整体性、掘进距离、磨蚀性等特点,确定需要安装滚刀的位置、超前量、数量(间距)、类型。并根据有关资料或统计预估出正常情况下滚刀的磨损量,滚刀超前量宜为 120~180mm。

滚刀刀圈和刀座的材质以及其连接的形式、工艺等是滚刀能否"胜任"的关键,应根据硬岩分布的位置、所占刀盘的面积、岩石强度和整体性等慎重考虑和选择。为防止硬岩卡在双刀滚刀两个刀刃之间使滚刀不能正常工作或偏磨,应正常选择双刀之间的间距和刀刃的形状。

(2) 切刀的选择与装配

切刀一般不垂直于刀盘安装。切刀是软土刀具,在软硬不均地层中选用时,应尽量在软岩部位安装切刀,根据经验,切刀与刀盘之间的角度在 55°~60°比较适合,同时根据围岩地层的强度,适当选择刀刃的前角和后角。一般情况下,对于胶结性黏土,需加大前、后角,对于砾石或全风化和强风化岩石,则减小角度。为了防止在黏性较大的地层中掘进时形成泥饼,即使在硬岩部位安装的滚刀中也应安装适当数量的切刀,以利于渣土及时顺利地流入土仓中。

(3)先行刀的选择与装配

先行刀种类较多,如齿刀、贝壳刀、撕裂刀等,应根据地层特性合理选择。卵石地层中为避免大粒径卵石把先行刀"磕坏"可选择贝壳刀,如果盾构配备足够的刀盘扭矩和转速可选择重型撕裂刀锤击破碎大粒径卵石。对于磨蚀性较强但不存在大粒径卵石的地层(如:中粗砂层、圆砾地层),可选用贝壳刀或者齿刀作为先行刀。

5.5 其他施工设备选择

5.5.1 推进系统

盾构在掘进过程中,按指定的路线沿轴向前进,由于地层条件的复杂性和施工过程中诸多不可预见因素的作用,使盾构推进控制变得非常复杂。整个盾构体受到的地层阻力不均,从而使盾构掘进时方向发生偏离,而且盾构掘进有时需要转弯和曲线行进,此时应通过合理调节推进系统各液压缸的推进压力,以得到所需扭矩和推力来完成盾构姿态的调整,控制液压缸协调运动来实现。

(1)推进液压缸

推进液压缸的作用是依靠尾部装有的撑靴,顶推管片的反作用力使盾构机前进,可分为单缸布置和双缸布置,布置数量和结构形式主要由隧道的管片分度决定。

(2)铰接液压缸

铰接系统是盾构掘进机的重要组成部分之一,盾构机机体被分为前体和后体两部分,前后体由铰接液压缸连接,形成一个铰接装置,承担着盾构曲线掘进的重要任务。通过铰接系统进行盾构姿态调整,可以提高工程质量,保证盾构严格按照隧道设计中心线进行施工,也提高了施工速度。铰接液压缸按铰接形式可分为直筒式、铰接式,其中铰接式又分为主动铰接和被动铰接,如图 5-12 所示。

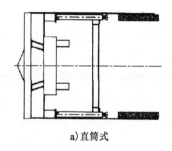
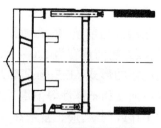

a)直筒式　　b)主动铰接(前铰接式)　　c)被动铰接(后铰接式)

图 5-12　不同的铰接方式

①主动铰接:推进液压缸安装在盾壳后体,前体和后体通过铰接液压缸连接,盾构推进时,推进液压缸推力作用在后体上,然后通过铰接液压缸把推力传递给前体和刀盘。主动铰接方式下,铰接液压缸和推进液压缸均有调向功能,铰接液压缸在推进液压缸前面,可通过设置铰接液压缸的伸长量和角度,直接控制刀盘调向。调向时可采用主动转向方式也可采用被动转向方式(不控制铰接液压缸,直接通过推进液压缸压力大小控制刀盘调向)。主动铰接方式盾构调向性能好,硬岩层换刀方便;铰接与推进依次动作,利于脱困;但不利于人舱在顶部布置。

②被动铰接:推进液压缸安装在盾壳前体,前体和后体通过铰接液压缸连接,盾构推进时,推进液压缸推力作用在前体上,然后通过铰接液压缸拉着后体走。被动铰接拉力相对较小,脱困能力弱;但操作相对简单且尺寸小,空间上利于人舱布置。

5.5.2 螺旋输送机

螺旋输送机的选型应该遵循以下原则:

①螺旋输送机配置的排土能力应满足盾构最大推进速度的要求,且可满足100mm/min 推进速度的排土量。

②螺旋输送机最大排土粒径应根据刀盘最大进土粒径来确定。

③对于有水地层,螺旋输送机在土仓进土口设置可开闭闸门,并且螺旋输送机具有伸缩功能,可回缩螺旋输送叶片。

④螺旋输送机底部(渣土入口)应设置土压力计,观察螺旋输送机内的排土压力。

⑤对于磨损较大的地层(如砂卵石层、砂层)螺旋输送机叶片和筒壁应做耐磨处理。

按构造型式的不同,螺旋输送机可分为有轴和无轴两种,如图5-13所示。二者的机械原理和作用基本一致,均是用于物料运输的设备,但对于不同类型物料的使用效果却差别较大,如有轴式螺旋输送机具有中间轴,可高效输送无黏性颗粒物质,且不受输送机角度影响,但在输送黏性散料(如黏土)时易产生堵塞;而无轴式螺旋输送机无中间轴,因此具有更大的输送路径空间,可输送碎石子等稍大粒径土颗粒,同时也有利于输送黏稠物料而不易堵塞,但当输送无黏性散料时效率会降低。因此,当土压平衡盾构采用无轴式螺旋输送机时,需要更完善的渣土改良方案,以使渣土具有更好的流塑性。

a)有轴式　　　　　　　　b)无轴式

图 5-13　螺旋输送机按构造分类

5.5.3 皮带输送机

皮带输送机用于将螺旋输送机输出的渣土传送到盾构后配套的渣车里。驱动方式采用电动驱动或液压驱动；由皮带输送机支架、前随动轮、后主动轮、上下托轮、输送带、输送带张紧装置、刮渣装置和带减速器的驱动电机等组成；安装布置在后配套连接桥和拖车的上面。皮带输送机的选择应遵循以下原则：

① 皮带输送机的出渣能力应与盾构掘进速度相匹配。
② 皮带输送机长度和出土位置应满足一次性出土列车编组要求。

5.5.4 同步注浆系统

盾构同步注浆系统就是在盾构推进的同时，通过盾尾的注浆管路将配合比好的浆液按一定的注浆压力和注浆量注入盾尾的开挖间隙内，从而使盾构周围土体及时获得支撑，可有效地防止地层的沉降变形。同步注浆管路的结构形式众多，目前主要分为外置式、内置式和盾尾内嵌式三种。

(1) 外置式

外置式注浆管路安装在盾尾壳体外壁的弧形凸台内，弧形凸台的盖板周边与盾尾壳体外壁焊接为一体，如图5-14a) 所示。此种形式的优点是能够有效减少地层的开挖和同步注浆量、保证施工安全、降低施工成本；缺点是在砂砾地层、硬岩地层及复合地层中，由于地层与盾壳间的摩擦，很容易使管路磨损，同时，由于外置式注浆管凸出于壳体之外，掘进时需要一定范围的超挖。

(2) 内置式

内置式注浆管路为嵌入至盾尾壳体上的卡槽结构，如图5-14b) 所示。注浆管为一根整体式的管路，一般嵌入盾尾壳体内的部分设计成扁圆形，且注浆管路浆液出口位置与盾尾壳体进行严密焊接，以防止浆液漏入壳体内。此种形式的优点是结构简单、安装方便；缺点是管路长，发生堵塞时不便于疏通，管路拆卸或更换比较困难。

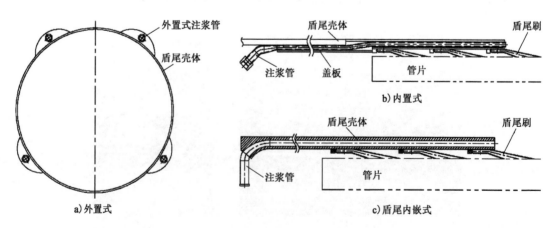

图 5-14 同步注浆管路布置形式

(3) 盾尾内嵌式

盾尾内嵌式注浆管路是通过在盾尾壳体内加工出的通道从而实现浆液的注入,如图 5-14c)所示。此种形式是在盾尾壳内加工成型,其优点是结构简单、管路安装方便,增大了管片与盾尾的间隙,有利于盾构转弯阶段的管片拼装;缺点是一旦发生堵塞时不便于疏通和清洗,且注浆管与盾尾壳体为一个整体,出现极端情况时注浆管无法拆卸和更换。

此外,同步注浆系统设备的选择应遵循以下原则:
①同步注浆能力与最大推进速度相匹配,确保掘进速度为 10cm/min 时注入率为 150%。
②盾尾同步注浆口不少于 2 个。
③应安装相应传感器,确保能监测到每个注浆口的压力、注浆量和总注浆量。
④配备洗净装置,在注浆完成后对注浆管进行清洗。
⑤后配套台车上储浆罐的容量至少满足盾构掘进 1 环的要求。

对于浆液性能的选择也是盾构同步注浆过程中必须重视的问题,目前,一般采用水泥砂浆作为同步注浆的材料。因不同地层环境的差异,所选用的浆液特性也大不相同,例如,在高渗透性富水地层(如砂层)中,需要采用抗析水能力强的浆液;而在不透水层(如黏土层)中,则需要采用流动性较好的浆液。总之,不同的浆液原材料配合比会导致浆液的特性千变万化。一般情况下浆液的质量通过强度、初凝时间、结石率这三个指标来评价。有时也采用双液同步注浆方式,其浆液为水泥—水玻璃双液浆,其配合比按照凝固时间和凝固强度的需要确定。

5.6 施工辅助设备的选择

5.6.1 管片运输及拼装系统

(1) 管片运输系统

管片运输系统是通过管片运输车来完成,如图 5-15 所示。管片被运送至盾构连接桥的下方,然后通过双轨梁上的吊机将管片吊起来输送到管片拼装机下方可抓取的范围,再由管片拼装机安装。隧道内双轨梁应满足隧道最小转弯半径要求。

(2) 管片拼装机

管片拼装机一般分为中心轴式拼装机和环式拼装机。

中心轴式拼装机具有 4~6 个自由度,回转速度 0~2r/min,并可实现微调,所有动作可遥控。管片拼装机各动作采用比例阀控制,对于管片拼装的控制精度高、速度快,且拼装管片质量好。回转架旋转限位包括旋转编码器限位及接近开关双层保护设计,安装在盾尾内部,可以旋转、提升、纵向移动及 X、Y、Z 三个轴向的摆动。管片抓取有两种方式,一种为机械抓取式(图 5-16),另一种为真空吸盘式(图 5-17)。

环式拼装机在支承环后部或在盾构液压缸压力垫附近的盾尾设置支承滚轴,在滚轴上安装中空形的圆环,其中设有可自由伸缩的臂,如图 5-18 所示。采用此种形式时,可得到较大的作业空间,便于布置出土设备。

管片拼装机可按照系统排版将管片安全、迅速、准确地拼装完成。拼装机应满足以下要求：一是要能够实现管片运动的自由度，即拼装机需要有锁紧机构、升降机构、平移机构、回转机构和微调机构；二是要满足一定的功率要求，管片的重量一般比较大，拼装机在重载情况下也要能够安全可靠地完成6自由度的拼装。具体性能要求如下：

①需要完成6自由度运动，并且要有锁紧管片的功能。

②需要充足的动力来实现各个环节的运行。

③回转机构需要有较高的控制精度，并且回转液压马达需要有优异的制动功能。

④主要的电控系统、液压系统元器件都要有较高的可靠性。

图 5-15　管片运输车

图 5-16　机械抓取式

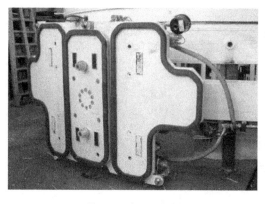

图 5-17　真空吸盘式

图 5-18　环式拼装机

综上所述，进行管片拼装机选择时需要考虑的主要参数如下：

①不同隧道的管片建环形式不同，因此管片的重量也不同，需确定该拼装机所能够抓取的最大管片重量。

②拼装机在进行位置、姿态调整时各个力的大小，比如轴向平移的推力、回转力矩等。

③拼装机的尺寸根据每个地段的不同，整条线路的最大曲率也有所不同，管片的长度也有所不同，因此拼装机的整体尺寸需要根据具体的管片类型来决定。

5.6.2　人舱系统

人舱作为盾构的重要设备，其功能是帮助工作人员在合适的时机进舱对刀具进行检查和更换,一般分为双舱和单舱两种。

双舱(图 5-19):包括主舱和副舱,副舱也称为材料舱,可独立降压升压,控制与主舱的隔断和连接,提高作业效率。

单舱(图 5-20):结构简单,但带压进舱作业的有效时间短、效率低。

图 5-19 双舱

图 5-20 单舱

5.6.3 数据采集及监控系统

数据采集及监控系统的功能是采集、处理、储存、显示、评估与所构有关的数据。此系统可输出环报、日报、周报等数据,且有各种参数的设定、测量、掘进、报警以及历史曲线和动态曲线,所有采集数据均能保存下来,供日后分析、判断和参考。

5.7 主要技术参数计算

5.7.1 盾构外径

盾构外径 D 取决于管片外径、保证管片安装的富余量、盾构结构形式、盾构壳体厚度及修正蛇行时的最小余量等。

盾构外径 D 为:

$$D = D_s + 2(\delta + t) \tag{5-1}$$

式中:D_s——管片外径,m;
$\quad t$——盾构壳体厚度,mm;
$\quad \delta$——盾尾间隙,mm。

盾尾间隙 δ 主要考虑保证管片安装和修正蛇行时的最小余量。盾尾间隙 δ 在施工时既可以满足管片安装,又可以满足修正蛇行的需要,同时应考虑盾构施工中一些不可预见的因素,一般为 25~40mm。

盾构壳体厚度一般包括前盾、中盾和盾尾三部分壳体厚度,在满足盾构整体刚度和强度的基础上,计算得出具体数值。一般先计算并设计盾尾壳体厚度,再确定中盾壳体厚度,最后确定前盾壳体厚度。

5.7.2 刀盘开挖直径

刀盘开挖直径应考虑刀盘外圈耐磨板磨损后仍能保证盾构的开挖直径。在软土地层施工时,刀盘开挖直径一般大于前盾外径 0~10mm;在砂卵石地层或硬岩地层施工时,刀盘的磨损较严重,刀盘开挖直径一般应大于前盾外径 30mm。

5.7.3 盾壳长度

盾壳长度 L 由前盾(切口环)、中盾(支承环)、尾盾三部分组成。盾壳长度主要取决于地质条件、隧道的平纵面形状、开挖方式、运转操作、衬砌形式及封顶块的插入方式,一般采用如下经验公式:

$$L = \xi D \tag{5-2}$$

式中:ξ——盾构灵敏度;

D——盾构外径,m。

根据国外盾构设计经验,一般在盾构外径确定后,盾构灵敏度值 ξ(即盾壳总长 L 与盾构外径 D 之比)的参考值如下:

①小型盾构($D \leq 3.5\mathrm{m}$):$\xi = 1.2 \sim 1.5$。
②中型盾构($3.5\mathrm{m} < D \leq 9\mathrm{m}$):$\xi = 0.8 \sim 1.2$。
③大型盾构($D > 9\mathrm{m}$):$\xi = 0.7 \sim 0.8$。

5.7.4 盾构重量

盾构的重量是盾壳、刀盘、推进液压缸、铰接液压缸、管片拼装机、人舱、螺旋输送机(泥水平衡盾构为碎石机及送排泥管路)等安装在盾壳内所有设备重量的总和。

一般盾构重量(W)与盾构外径(D)的关系如下:

①手掘式盾构或半机械式盾构:$W = (25 \sim 40)D^2$;
②机械式盾构:$W = (45 \sim 55)D^2$;
③泥水平衡盾构:$W = (45 \sim 65)D^2$;
④土压平衡盾构:$W = (55 \sim 70)D^2$。

5.7.5 盾构推力

在设计盾构推进装置时,必须考虑的主要阻力有 6 项:盾构推进时盾壳与周围地层的摩擦阻力 F_1;刀盘面板的推进阻力 F_2;管片与盾尾间的摩擦阻力 F_3;切口环贯入地层的贯入阻力 F_4;转向阻力(曲线施工和纠偏)F_5;牵引后配套拖车的牵引阻力 F_6。推力必须留有足够的余量,总推力一般为总阻力的 1.5~2 倍。

盾构推进总阻力 F_d 按下式计算:

$$F_d = F_1 + F_2 + F_3 + F_4 + F_5 + F_6 \tag{5-3}$$

有时也可按下式估算:

$$F_d = 0.25\pi D^2 P_J \tag{5-4}$$

式中:D——盾构外径,m;
P_J——单位切削面上的经验推力,kN/m²,也称比推力,敞开式盾构为 700~1100kN/m²,闭胸式盾构为 1000~1500kN/m²。

盾构装备总推力 F_e 按下式计算:

$$F_e = AF_d \tag{5-5}$$

式中:A——安全储备系数,一般为 1.5~2。

(1)盾构推进时盾壳与周围地层的摩擦阻力 F_1
① 对砂性土而言:

$$F_1 = 0.25\pi DL(2P_e + 2KP_e + K\gamma D)\mu_1 + W\mu_1 \tag{5-6}$$

式中:D——盾构外径,m;
L——盾构总长度,m;
P_e——作用在盾构顶部的竖直土压力,kPa;
K——开挖面上土体的静止土压系数;
γ——开挖面上土体的浮重度,kN/m³;
μ_1——地层与地壳的摩擦系数,通常取 $\mu_1 = 0.5/\tan\varphi$,φ 为土体的内摩擦角;
W——盾构主机的重力,kN。

② 对黏性土而言:

$$F_1 = \pi DLc \tag{5-7}$$

式中:c——开挖面土体的黏聚力,kPa;
其余符号含义同上。

(2)刀盘面板的推进阻力 F_2
手掘式、半机械式盾构上为开挖面支护反力;机械式盾构上为作用于刀盘上的推进阻力;闭胸式盾构上为土仓内压力。

$$F_2 = 0.25\pi D^2 P_f \tag{5-8}$$

式中:D——盾构外径,m;
P_f——开挖面前方的压力,kPa,泥水平衡盾构为土仓内的设计泥水压力,土压平衡盾构为土仓内的设计土压力。

(3)管片与盾尾间的摩擦阻力 F_3

$$F_3 = n_1 W_s \mu_2 + \pi D_s b P_T n_2 \mu_2 \tag{5-9}$$

式中:n_1——盾尾内管片环数;
W_s——单环管片重力,kN;
μ_2——盾尾刷与管片摩擦系数,通常为 0.3~0.5;
D_s——管片外径,m;
b——每道盾尾刷与管片的接触长度,m;
P_T——盾尾刷内的油脂压力,kPa;
n_2——盾尾刷的层数。

(4)切口环贯入地层的贯入阻力 F_4
①对砂性土而言：
$$F_4 = \pi(D_2 - D_i^2)P_3 + \pi D_t K_p P_m \tag{5-10}$$

式中：D_2——前盾外径，m；
D_i——前盾内径，m；
P_3——切口环插入处的地层平均压力，kPa；
D_t——切口环插入地层的深度，m；
K_p——被动土压系数；
P_m——作用在盾构上的平均土压力，kPa。

②对黏性土而言：
$$F_4 = \pi(D^2 - D_i^2)P_3 + \pi Dtc \tag{5-11}$$

式中：c——开挖面上土体的黏聚力，kPa；
其余符号意义同上。

(5)转向阻力 F_5
$$F_5 = RS \tag{5-12}$$

式中：R——抗力土压（被动土压力），kPa；
S——抗力板在掘进方向上的投影面积，m^2。

转向阻力仅在曲线施工中或者盾构推进中出现蛇行时存在。由于抗力板在掘进方向上的投影面积的计算复杂，因此，一般不计算转向阻力，在确定总推力时考虑盾构施工中的上坡、曲线施工、蛇形及纠偏等因素，留出必要的富余量即可。

(6)牵引后配套拖车的牵引阻力 F_6
$$F_6 = W_b \mu_3 \tag{5-13}$$

式中：W_b——后配套拖车及拖车上设备的总重力，kN；
μ_3——后配套拖车与运行轨道间的摩擦系数。

5.7.6 刀盘扭矩

刀盘扭矩是盾构选型和施工过程中的控制性参数，刀盘扭矩与盾构刀盘形式、地层情况、渣土改良情况、土仓压力、盾构推力等因素相关性较大。对于盾构施工来说，应该尽可能地将刀盘扭矩降至一定范围内。刀盘扭矩过大或过小都不正常，刀盘扭矩过大会导致刀具、刀盘磨损严重，影响盾构正常掘进，而一味地减小刀盘扭矩会增加渣土改良的费用，降低推进速度，因此刀盘扭矩必须根据现场施工条件来设定一个合理的范围。

刀盘总扭矩的主要包括刀盘上刀具的切削扭矩、刀盘面板与土体的摩阻扭矩、与刀盘支撑梁搅拌土体引起的搅拌扭矩等，计算公式如下：
$$T = T_1 + T_2 + T_3 + T_4 + T_5 + T_6 \tag{5-14}$$

式中：T——刀盘总扭矩，kN·m；
T_1——刀盘上刀具切削阻力扭矩，kN·m；
T_2——刀盘开口处剪切渣土所需扭矩，kN·m；
T_3——刀盘正面与土体摩阻扭矩，kN·m；

T_4——刀盘周边与土体摩阻扭矩,kN·m;

T_5——刀盘背面与土体摩阻扭矩,kN·m;

T_6——刀盘土仓内的搅拌扭矩,kN·m。

(1) 刀盘上刀具切削阻力扭矩 T_1

盾构推进过程中,因刀具切削土体所产生的阻力扭矩为:

$$T_1 = \int_0^{R_0} q_u h_{max} r \mathrm{d}r = 0.5 q_u h_{max} R_0^2 \tag{5-15}$$

式中:q_u——土体无侧限抗压强度,MPa;

h_{max}——刀盘每转的最大切削深度,m,可直接采用刀盘的贯入度数值;

R_0——最外圈刀具的半径,m。

(2) 刀盘开口处剪切渣土所需扭矩 T_2

盾构掘进时,刀盘切削下来的渣土从刀盘开口处进入土仓,随着刀盘的转动,开挖面土体被剪坏破坏,剪切渣土所需扭矩为:

$$T_2 = \xi \int_0^{2\pi} \int_0^{\frac{D_c}{2}} Q_u r^2 \mathrm{d}r \mathrm{d}\theta = \frac{\xi Q_u \pi D_c^3}{12} \tag{5-16}$$

式中:ξ——刀盘开口率;

D_c——刀盘直径,m;

Q_u——渣土的抗剪强度,MPa,$Q_u = c + p_0 \tan\varphi$。

(3) 刀盘正面与土体摩阻扭矩 T_3

盾构掘进时,刀盘正面与土体之间发生摩擦,产生的摩阻扭矩为:

$$T_3 = (1-\xi)\int_0^{2\pi}\int_0^{\frac{D_c}{2}} \mu p_0 r^2 \mathrm{d}r \mathrm{d}\theta = (1-\xi)\mu p_0 \frac{\pi D_c^3}{12} \tag{5-17}$$

式中:μ——土体与刀盘间的摩擦系数;

p_0——刀盘中心处土体的静止土压力,kPa。

(4) 刀盘周边与土体摩阻扭矩 T_4

刀盘转动过程中,其外周与土体发生摩擦,刀盘侧面的摩阻扭矩为:

$$T_4 = 2\pi R_c^2 t P_r \mu \tag{5-18}$$

式中:R_c——刀盘半径,m;

t——刀盘轴向宽度,m;

P_r——作用在刀盘周边的平均压力,kPa。

(5) 刀盘背面与土体摩阻扭矩 T_5

盾构掘进时,随着刀盘的旋转,刀盘背面与渣土相互摩擦,产生摩阻扭矩,假定土仓内渣土压力为刀盘正面侧向压力的 80%,则刀盘背面与土体摩阻扭矩为:

$$T_5 = 0.8(1-\xi)\int_0^{2\pi}\int_0^{\frac{D_c}{2}} \mu p_0 r^2 \mathrm{d}r \mathrm{d}\theta = 0.8(1-\xi)\mu p_0 \frac{\pi D_c^3}{12} \tag{5-19}$$

(6)刀盘土仓内的搅拌扭矩 T_6

盾构掘进时,刀盘切削下来的渣土通过刀盘的开口处进入土仓,再通过刀盘支撑梁搅拌,成为均匀的流塑性土体,产生的搅拌阻力扭矩为:

$$T_6 = 2\pi(R_1^2 + R_2^2)LQ_u \tag{5-20}$$

式中:R_1——刀盘支撑梁外径,m;
R_2——刀盘支撑梁内径,m;
L——刀盘支撑梁长度,m。

5.7.7 主驱动及推进系统

(1)主驱动功率 W_0

$$W_0 = \frac{A_w T\omega}{\eta} \tag{5-21}$$

式中:A_w——功率储备系数,一般为 1.2~1.5;
T——刀盘额定扭矩,kN·m;
ω——刀盘角速度,$\omega = 2\pi n/60$,n 为刀盘转速,r/min;
η——主驱动系统的效率。

(2)推进系统功率 W_f

$$W_f = \frac{A_w F v}{\eta_w} \tag{5-22}$$

式中:A_w——功率储备系数,一般为 1.2~1.5;
F——最大推力,kN;
v——最大推进速度,m/h;
η_w——推进系统的效率。

5.7.8 同步注浆系统

(1)每环管片的理论注浆量 Q

$$Q = 0.25\pi(D^2 - D_s^2)L \tag{5-23}$$

式中:D——刀盘开挖直径,m;
D_s——管片外径,m;
L——管片宽度,m。

(2)每推进一环的最短时间 t

$$t = \frac{L}{v} \tag{5-24}$$

式中:L——管片宽度,m;
v——最大推进速度,m/h。

(3)理论注浆能力 q

$$q = \frac{Q}{t} = 0.25\pi v(D^2 - D_s^2) \tag{5-25}$$

式中:D——刀盘开挖直径,m;
   D_s——管片外径,m;
   v——最大推进速度,m/h。

(4)额定注浆能力 q_p

同步注浆泵需要的额定注浆能力 q_p,主要考虑地层注入系数 λ 和注浆泵的效率 η 两个因素,即:

$$q_p = \frac{\lambda q}{\eta} = \frac{0.25\pi\lambda v(D^2 - D_s^2)}{\eta} \tag{5-26}$$

式中:λ——地层的注入系数,根据地层而异,一般为 1.5~1.8;
   D——刀盘开挖直径,m;
   D_s——管片外径,m;
   v——最大推进速度,m/h;
   η——注浆泵效率。

5.7.9 泥水输送系统

(1)送排泥流量的计算

① 开挖土体流量 Q_E:

$$Q_E = 0.25\pi D^2 v \tag{5-27}$$

式中:D——刀盘开挖直径,m;
   v——最大推进速度,m/h。

② 排泥流量 Q_2:

$$Q_2 = \frac{Q_E(\rho_E - \rho_1)}{\rho_2 - \rho_1} \tag{5-28}$$

式中:ρ_E——开挖土体密度,t/m³;
   ρ_1——送泥密度,t/m³;
   ρ_2——排泥密度,t/m³。

③ 送泥流量 Q_1:

$$Q_1 = Q_2 - Q_E \tag{5-29}$$

在以上计算的基础上,送、排泥流量应考虑一定的富余量,储备系数一般为 1.2~1.5。同时考虑到送排泥系统在旁通模式时,送、排泥流量相等的特点,在进行送泥泵选型时,其排量值的选取应不小于排泥流量的计算值。

(2)送排泥流速的计算

① 送泥管内流速 v_1:

$$v_1 = \frac{4Q_1}{\pi D_1^2} \tag{5-30}$$

式中:Q_1——送泥流量,m³/h;
   D_1——送泥管内径,m。

② 排泥管内流速 v_2:

$$v_2 = \frac{4Q_2}{\pi D_2^2} \tag{5-31}$$

式中：Q_2——送泥流量，m^3/h；

D_2——送泥管内径，m。

5.7.10 螺旋输送机出土系统

盾构开挖环的理论出土体积 V：

$$V = kL\pi \left(\frac{D}{2}\right)^2 \tag{5-32}$$

式中：D——盾构刀盘直径，m；

k——土体松散系数；

L——盾构单环开挖长度，m。

? 思考题

1. 简述盾构选型的原则和依据，并说明选型的主要步骤和方法。
2. 分别描述土压平衡盾构和泥水平衡盾构适用的地层类型。
3. 简述刀盘结构形式的分类，并描述各类型刀盘的特点及适用性。
4. 盾构刀具主要分为哪几类？简述每种刀具的作用机理及适用地层。
5. 盾构同步注浆系统分为哪几种结构形式？评价每种形式的适用性及优缺点。
6. 某无水地层隧道区间工程采用土压平衡盾构施工，刀盘外径 6.28m，前盾外径 6.25m，盾壳长度 8.625m，管片内径 5400mm，外径 6000mm，环宽 1.2m。地层的物理力学参数见表 5-A，盾构与地层的位置关系如图 5-A 所示。假设不考虑盾构转弯的过程和后配套拖车的牵引力，请计算：

(1) 盾构推力。

(2) 每环的同步注浆量。

地层物理力学参数 表 5-A

地层	埋深(m)	天然密度(g/cm^3)	静止侧压力系数 K_0	黏聚力(kPa)	内摩擦角(°)	承载力特征值 f_0 (kPa)
填土	0~1.5	1.7	0.48	0	12	—
细砂—中砂	1.5~7.5	2.05	0.3	0	30	300
卵石—圆砾	7.5~15.0	2.25	0.28	0	40	420
粉质黏土	15.0~20.5	1.93	0.382	59	11	200

7. 某城市地铁隧道地层以无水砂卵石地层为主，地层埋深较浅，地表重要建筑物及地下管线较少，试选择合适的盾构类型、刀盘形式、驱动方式、刀具配置，说明原因并简要分析盾构施工过程中的控制因素。

8. 某隧道区间以土岩复合地层为主，断面地层富水，地下水压最高可达 0.1MPa，采用土压平衡盾构施工，试选择合适的刀盘形式及刀具类型，说明每种刀具的选用原因，并分析工程施工中可能面临的问题。

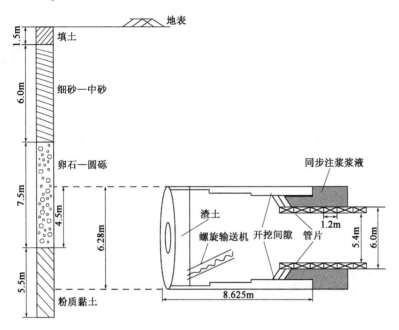

图 5-A　盾构所处地层位置示意图

第 6 章
CHAPTER 6
盾构隧道衬砌与管片结构

6.1 隧道衬砌结构

6.1.1 隧道断面形式

根据隧道使用要求、施工技术可能、围岩土体特性、隧道受力等因素,其横断面一般有圆形、矩形、半圆形、马蹄形、眼镜形等多种形式,最常用的横断面为圆形与矩形,其中圆形断面最为常见,也特别适合于盾构隧道。

圆形隧道断面具有以下优点:

①可以较好地承受各方向外部压力。尤其是在饱和含水软土地层中修建地下隧道,由于顶压、侧压较为接近,更可凸显出圆形隧道断面的优越性。

②易于盾构推进。

③便于管片的制作、拼装。

④盾构在施工中即使发生转动,对断面的利用也无妨碍。

6.1.2 隧道衬砌构成

隧道衬砌是承受隧道周围围岩等荷载,以确保隧道结构净空和安全的地下结构,属永久性构造物。盾构隧道的一般衬砌结构如图 6-1 所示。衬砌的双层构造通常由一次衬砌和二次衬砌构成。外层称为一次衬砌(亦称初期支护),内层称为二次衬砌。一般来说一次衬砌是将称作管片的预制件用螺栓等连接物拼装起来而构成,二次衬砌是在一次衬砌的内侧现浇混凝土构成。

一次衬砌的作用是支撑来自地层的土压力、水压力,亦即围岩压力,承受盾构的推进力及各种施工设备构成的隧道内部荷载。二次衬砌除进一步加强一次衬砌的作用外,还应具备良好的防渗、防蚀、抗震、修正轴线起伏及内装饰的作用。因设计目的的不同,二次衬砌的作用也略有差异。

盾构法隧道的一次衬砌一般有多种形式,最常用的是拼装式衬砌,也有采用钢拱架和背板支护法、现场浇筑混凝土法(挤压混凝土衬砌)的施工实例。采用拼装式衬砌时,一次衬砌为沿隧道轴向(纵向)一定长度的环状物,被称为管环;把管环沿轴向分割成 n 块弧状板块,该弧状板块即称为管片,管环由多片管片组成。为了提高盾构隧道的构筑速度,管片是事先在工厂采用钢筋混凝土或球墨铸铁材料制作好的预制件,构筑隧道时运至现场拼装为管环,进而串接成一次衬砌,如图 6-2 所示。

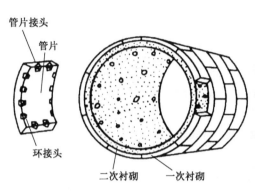 

图 6-1　隧道双层衬砌示意图　　　　图 6-2　采用管片拼装的单层衬砌

盾构法隧道一般无须设置二次衬砌,如遇特殊情况需补强、防渗或外部压力较大时,可设计二次衬砌。二次衬砌采用模筑混凝土,根据不同的地质情况,可设计为混凝土、钢筋混凝土或钢纤维混凝土衬砌。二次衬砌结构应根据其作用进行设计,如南水北调中线一期工程穿黄引水隧洞采用的双层衬砌结构,外层为装配式钢筋混凝土管片,厚 0.4m,内层衬砌为现浇钢筋混凝土整体结构,厚 0.45m。内外衬砌由弹性防水层相隔,其设计理念是外层首先衬砌(一次衬砌),抵抗隧道外部的水土压力,内层现浇钢筋混凝土衬砌(二次衬砌)承受隧道内水压力(运营期)。

6.1.3　一次衬砌

1)拼装式管片衬砌

管片作为盾构开挖后的一次衬砌,它承受作用于隧道上的土压和水压(亦称围岩压力),防止隧道围岩坍塌、变形及渗漏水,是隧道永久性结构物,并且要承受盾构推进时的推力以及其他荷载。管片分类如下。

(1)按断面形式分类

管片按断面形式的不同可分为箱形、平板形等,如图 6-3 所示。

箱形管片是指因手孔较大而呈肋板形结构的管片。手孔大不仅方便螺栓的穿入和拧紧,而且也节省了大量的材料,并使单块管片重量减轻。箱形管片通常使用在大直径隧道中,但若设计不当,在盾构推进液压缸的作用下容易开裂。

平板形管片是指手孔较小而呈现曲板形结构的管片,由于管片截面削弱小,对盾构推进液压缸具有较大的抵抗能力,正常运营时对隧道通风阻力也小。

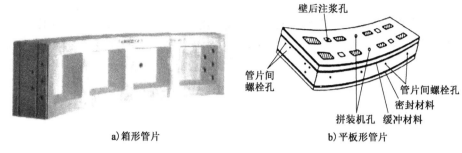

图 6-3　不同断面形式的管片

(2) 按材质分类

管片按材质不同,主要可分为钢筋混凝土管片、铁制管片(铸铁管片、球墨铸铁管片)、钢管片、复合管片。此外,还有使用特殊接头抗震的可绕性管片及背面附有注浆袋和尿烷泡沫剂的特殊管片。目前较常使用的管片主要有钢管片、球墨铸铁管片和钢筋混凝土管片。

管片材质、断面形式及接头方式对应见表 6-1。

表 6-1　管片材质、断面形式及接头方式对应表

材　质	断面形式	接头方式
钢筋混凝土管片	箱形	直螺栓
	平板形	直螺栓
		弯螺栓
		榫接头
		铰接头
		楔接头
铁制管片（铸铁、球墨铸铁）	波纹形	直螺栓
	箱形	直螺栓
钢管片	箱形	直螺栓
复合管片(钢板+钢筋混凝土)	平板形	直螺栓
		榫接头

① 钢筋混凝土管片

由于施工条件和设计方法的不同,钢筋混凝土管片具有不同的形式,按管片手孔成型大小区分,可大致分为箱形和平板形两类。

钢筋混凝土管片具有成本低、使用最多、耐久性好等特点,可构建实用、无障碍衬砌。

② 铁制管片

a. 铸铁管片:国外在饱和含水不稳定地层中修建隧道时较多采用铸铁管片,其优点是延性和强度接近于钢材,管片相对较轻,安装运输方便,耐蚀性好,机械加工后管片精度高,能有效地防渗抗漏;缺点是金属消耗量大、机械加工量大、价格昂贵,同时具有脆性破坏特性,不宜用作承受冲击荷载的隧道衬砌结构,近年来已逐步被球墨铸铁管片或钢筋混凝土管片代替。

b. 球墨铸铁管片:球墨铸铁管片的特点是强度好、耐久性好、制作精度高;与混凝土管片相比隧道掘削面小,承受特殊荷载的地点可选用特殊构造。缺点是成本较高,焊接困难。

③钢管片

钢管片的优点是重量轻、强度高、组装运输容易;可任意安装加固材料、加工容易。缺点是耐锈蚀性差、成本昂贵、金属消耗量大。钢管片比钢筋混凝土管片具有更大的承受不均匀荷载和变形的能力,常用于隧道通过高层建筑或桥梁等局部高荷载环境条件以及地层不均匀的地段。

④复合管片

复合管片常用于区间隧道的特殊段,如隧道与工作井交界处、旁通道连接处、变形缝处、垂直顶升段以及有特殊要求的泵房交界和通风井交界处等,有时也用于高压水条件下的输水隧道中。它的构造型式是外周、内弧面或外弧面采用钢板焊接,在钢壳内部用钢筋混凝土(或素混凝土)浇灌,形成由钢板和钢筋混凝土(或素混凝土)复合的管片。

复合管片与钢筋混凝土管片相比厚度小、管片轻,但强度比钢筋混凝土管片大、抗渗性能好;与铁制管片相比,它具有抗压性、韧性高等优点;与钢管片相比,金属消耗量小。

复合管片是混凝土和钢板的有效复合构造。其耐腐蚀性差,造价较高,无特殊要求时不宜大量采用。

(3)按适用线形分类

①楔形管片

具有一定锥度的管片称为楔形管片。楔形管片主要用于曲线施工和修正轴向起伏。

管片拼装时,根据隧道线路的不同,直线段采用标准环管片,曲线段施工时采用楔形管片(左转弯环、右转弯环)。由楔形管片组成的楔形环有最大宽度和最小宽度,用于隧道的转弯或纠偏。用于隧道转弯的楔形管片由管片的外径和相应的施工曲线半径而定。楔形环的楔形角由标准管片的宽度、外径和施工曲线的半径而定。

采用这类管片时,至少需三种管模,即标准环管模、左转弯环管模、右转弯环管模。

②通用管片

通用管片是针对同一条等直径隧道而言的。该管片既能适用于直线段隧道,也能适用于不同曲率半径的曲线段隧道。

通用管片就是由楔形管片拼装而成的楔形管环,所谓通用就是把楔形管环实施组合优化,使得楔形管环能适用于不同曲率半径的隧道。

理论上,通用管片可适用于所有单圆盾构施工的隧道工程,通过通用管片的有序旋转可完成直线段和不同曲率半径的平曲线段以及纵曲线段隧道施工。在隧道实际设计过程中,通用管片更适用于轴线存在较多平曲线段以及纵曲线段的隧道。采用通用管片的优点在于:设计图纸简捷、施工方便,同时可减少模具的数量、降低工程造价和方便管片制作;缺点在于:K 块管片必须做纵向插入时,要求盾构推进液压缸的行程增大,盾构的机身长度大、管环的每块管片必须等强度设计。分析通用管片的优缺点条件,可以认为隧道轴线为直线时,采用通用管片无特别的优势。另外,隧道存在较多曲线段,并且其中某一曲线段的曲率半径 $R \le 40D$(隧道外径)时,因管环宽度会受到限制而无法体现通用管片的优势。

2)挤压混凝土衬砌

挤压混凝土衬砌(Extruded Concrete Lining,ECL)是 1982 年日本开发的工法,即以现浇灌注的混凝土代替传统的管片衬砌。挤压混凝土衬砌施工时,掘进与衬砌同时施工,不使用常规的管片,而是在掘进的同时将混凝土压入围岩与内模板之间,构筑成与围岩紧密结合的混凝土衬砌。由于用现浇混凝土直接衬砌,所以不需要进行常规盾构法的管片安装和壁后同步注浆等施工工序。

挤压混凝土衬砌是在盾构尾部安装有可现浇混凝土的装置形成挤压混凝土衬砌,类似于地面高层建筑的现场浇筑混凝土的滑升模板结构,随着盾构推进,现浇混凝土通过自动混凝土供应管路送到盾尾的作业面,直接在盾构尾部浇捣成所需要的衬砌结构。该施工方法自动化程度高,在施工时必须掌握好盾构推进速度与盾尾内现浇混凝土的施工速度及混凝土衬砌凝固快慢的关系。挤压混凝土衬砌施工方法具有以下特点:自动化程度高,施工速度快,衬砌结构为现场浇筑的整体式混凝土或钢筋混凝土结构,可达到理想的受力、防水要求,建成的隧道使用效果较好。

6.1.4 二次衬砌

二次衬砌的设计参数应根据一次衬砌的类型和特征、衬砌的接触面情况、围岩和环境条件、防水与抗震要求、施工方法等确定。

盾构隧道多采用现场浇筑混凝土的方法修筑二次衬砌。一般有下列三种设计:

(1)以一次衬砌为隧道的主体结构

以一次衬砌为隧道的主体结构,二次衬砌一般用来进行防蚀、修正蛇行、防水、装饰和抗震等,并对一次衬砌的管片起到加固效果,多采用素混凝土,但为了能适应将来荷载的变化,有时也进行一些配筋,因此二次衬砌厚度较小,日本大多为 150~300mm。

(2)将二次衬砌和一次衬砌合并作为隧道的主体结构

在局部有大荷载作用、因周边地层开挖引起荷载发生变化、土压等荷载的时效变化明显、隧道轴向刚度需要提高等情况下,二次衬砌可与一次衬砌合并作为主体结构。此时的设计可分为全部考虑从临时结构到最终状态的荷载变化的设计方法和只考虑最终状态的荷载设计的方法。

(3)单独以二次衬砌为隧道的主体结构

在良好的围岩条件下,可将一次衬砌的管片作为临时结构,二次衬砌作为主体结构,这种设计在经济上显得更为有利。

将二次衬砌与一次衬砌合并作为隧道的主体结构和单独以二次衬砌作为主体结构时,二次衬砌厚度和配筋应根据受力情况结合防蚀、防水等其他功能确定。为减小二次衬砌厚度,采用钢纤维加强混凝土,减小隧道外径的做法在国外也有应用。

二次衬砌多采用现浇混凝土,在一次衬砌内侧浇筑,但也有使用内插管(钢管、铸铁管等),在其与一次衬砌之间使用填充材料而形成二次衬砌的施工实例。

6.2 管片构造

6.2.1 管环构成

盾构隧道衬砌的主体是由管片拼装组成的管环。如图 6-4 所示,管环通常由 A 型管片(标准块)、B 型管片(邻接块)和 K 型管片(封顶块)构成,管片之间一般采用螺栓连接。封顶块 K

型管片根据管片拼装方式的不同,分为从隧道内侧向半径方向插入的径向插入型(图6-5)和从隧道轴向插入的轴向插入型(图6-6)以及两者并用的类型。径向插入型为传统插入型,早期的施工实例很多,但在 B-K 管片之间的连接部,除了由弯曲引起的剪切力作用其上外,由于半径方向呈锥形,作用于连接部轴向力的分力也起剪切力的作用,从而使得 K 管片很容易落入隧道内侧。因此,不易脱落的轴向插入型 K 管片被越来越多地使用。这也与近来盾构隧道埋深加大,作用于管片上的轴向力比力矩作用更显著有关。使用轴向插入型 K 管片的情况下,推进液压缸的行程要长些,因而盾尾长度需要加长。有时在轴向和径向均使用锥形管片,两种插入型 K 管片同时使用。径向插入型 K 管片为了缩小锥度系数,通常其弧长为 A、B 管片的 1/3 ~ 1/4;而轴向插入型 K 管片,其弧长可与 A、B 管片相等。

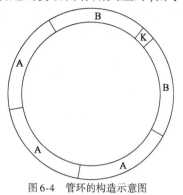

图 6-4 管环的构造示意图

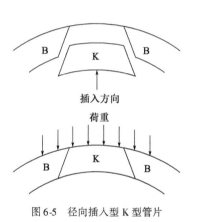

图 6-5 径向插入型 K 型管片　　图 6-6 轴向插入型 K 型管片

6.2.2 管环分块

从降低制作费用、加快拼装进度、提高防水性能角度看,管环的分块数是越少越好,但如果分块过少,单块管片的重量增加,从而导致管片在制作、运输、洞内操作及拼装过程中出现各种各样的问题。因此在决定管环分块数时一定要经过充分研究。管环的分块数应根据隧道的直径大小、螺栓安装位置的互换性(错缝拼装时)而定。

管环的分块数即管片数 $n = x + 2 + 1$。其中,x 为标准块的数量,衬砌中有 2 块邻接块和 1 块封顶块。x 与管片外径有关,外径大则 x 大,外径小则 x 小。

铁路隧道 x 一般取 3 ~ 5 块,电力和通信电缆隧道 x 一般取 2 ~ 4 块。

一般情况下,软土地层中小直径隧道管片以 4 ~ 6 块为宜(也有采用 3 块的,如内径 900 ~ 2000mm 的微型盾构隧道的管片,一般每环采用 3 块圆心角为 120°的管片),大直径隧道管片以 8 ~ 10 块为多。地铁隧道常用的分块数为 6 块(3A + 2B + K)和 7 块(4A + 2B + K)。

封顶块有大、小两种,小封顶块的弧长 S 以 600 ~ 900mm 为宜。封顶块的楔形量宜取 1/5 弧长左右,径向插入的封顶块楔形量可适当取大一些。此外每块管片的环向螺栓数量不得少于2根。

管环分块时需考虑相邻环纵缝和纵向螺栓的互换性,同时尽可能地考虑让管片的接缝安排在弯矩较小的位置。一般情况下,管片的最大弧长宜控制在4m左右为宜。管环的最小分块数为3块,小于3块的管片无法在盾构内实施拼装。

管环的最大分块数虽无限制,但从造价以及防水角度考虑,分块过多也是不可取的。

6.2.3 管片宽度及厚度

盾构法隧道的管片不仅要承受长期作用于隧道的所有荷载,防止地下涌水,而且在施工过程中还必须承受盾构前进中推进液压缸的推力及衬砌背后注浆时的压力。管片的厚度要根据盾构外径、围岩条件、上覆荷载等决定。管片厚度过薄,极易在施工过程中损伤及引起结构不稳定,所以必须加以注意。

从拼装性、弯道施工性方面讲,管片的宽度越小越好;从降低管片制作成本、提高施工速度、增强止水性能方面讲,则是越大越有利。在确定管片宽度时,必须考虑以上这些条件和盾构的长度。从以往实例看,早期的管片宽度以750～900mm为主。但最近管片宽度有增大的趋势,使用1000～2000mm管片的工程在不断增加。管片宽度增加后,如不能确保管片的抗扭刚性,那么应力集中等的影响就会增大,在管片宽度方向的应力分布就不能保持一致,从而起不到梁构件的作用。因此,设计时必须充分注意。

在实际工程中,应对各种条件加以分析后再确定管片的宽度。在日本,钢筋混凝土管片宽度多在900～1000mm之间,钢管片宽度以750～1000mm为多。国内地铁隧道的钢筋混凝土管片最常用的宽度是1000mm、1200mm、1500mm三种。近年来,随着生产及吊运水平的提高,以及为节约防水材料、减少连接件等要求,国内大直径(ϕ11.0m级)的钢筋混凝土管片宽度已扩大到2000mm。但是需要说明的是管片宽度加大后,推进液压缸的行程需相应增长,从而造成盾尾增长,会直接影响盾构的灵敏度,因此管片也不完全是越宽越好。

管片的厚度一般需根据计算或工程类比而定。根据工程实践经验,管片厚度可取隧道外径的4%～6%,大直径隧道取小值,小直径隧道取大值。

$$h_s = (0.04 \sim 0.06)D \tag{6-1}$$

式中:D——盾构的外径,m;

h_s——管片的厚度,m,对钢筋混凝土管片,一般取$0.05D$。

实际上,管片厚度的确定,还需经过不同力学模型的力学计算并进行校验。

6.2.4 管片接头

管片接头处作用着弯矩、轴力和剪力,但其结构性能根据接面的对接状态和紧固方法有较大的不同。有的拼接方法即使是不设紧固装置,也能抵抗一定的剪力。传统上多使用全面拼对方式,但近年来部分对接、楔式对接及转向对接的使用频率日趋增长。

为了提高管片环的整体刚度,管片接头多用金属紧固件连接。为了达到管片拼装高效化、快速化的目的,开发了多种金属紧固件。

管片有环向接头和纵向接头。接头的构造形式有直螺栓、弯螺栓、斜直螺栓、榫槽加销轴等,如图6-7所示。

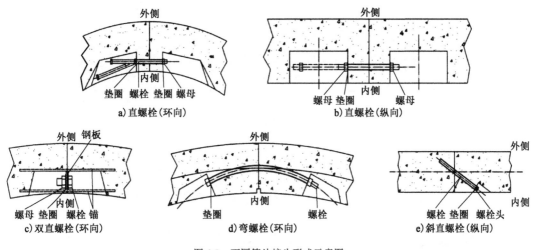

图 6-7　不同管片接头形式示意图

①直螺栓接头是最普通常用的接头形式,不仅用于箱形管片,也广泛用于平板形管片。直螺栓连接条件最为优越,在施工方面,该形式的螺栓就位、紧固等最能让施工人员接受。

②弯螺栓接头是在管片的必要位置上预留一定弧度的螺孔,拼装管片时把弯螺栓穿入弯孔,将管片连接起来。

③为了避免管片采用弯螺栓导致大面积开孔,近年来开发使用了斜直螺栓的形式。斜直螺栓在欧洲是最常用的接头形式。因相邻环之间采用有效的榫槽错缝拼装形式,在隧道掘进到 200 环以后,一般多是拆除所有的环向、纵向螺栓。研究认为:拆除螺栓以后的隧道,能适应普通的荷载以及一定烈度(7 度)的地震荷载。环向的隧道接缝弯矩主要由相邻环的管片承担,另一部分由接头偏心受压条件负担,斜直螺栓预埋螺母(螺栓套)的设计至关重要,其直接影响管片的拼装速度及施工质量。

④国内目前用于管片连接的斜直螺栓接头是一种改良型接头,该接头可避免管片大面积开孔,还可相应减少螺栓的用钢量。

环向接头的螺栓是把相邻分散的管片进行连接的主体结构,螺栓的数量与位置直接影响管片与隧道的整体刚度,我国环向接头多采用单排螺栓,布置在管片厚度 1/3 左右的位置(偏于内弧侧),每处螺栓的接头数量不少于 2 根。

6.3 管片设计

6.3.1 设计思路

管片设计需要考虑隧道横断面和纵断面两方面的因素。通常管片的断面设计取决于横断面方向的设计,而地震、地基沉降带来的影响等,一般根据需要在纵断面方向的设计中进行考虑,图 6-8 为管片设计流程。

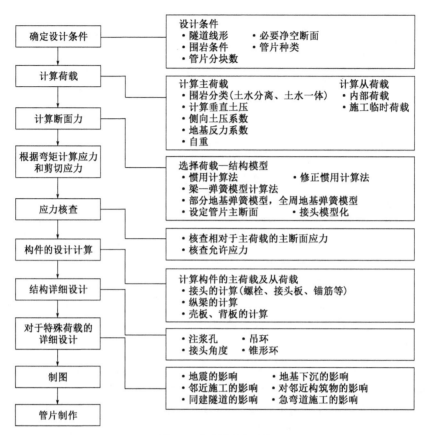

图 6-8　管片设计流程图

6.3.2　设计原则

管片从隧道施工开始到施工完毕后的很长时间内,都要担负着承受各种荷载和确保隧道安全的使命。管片衬砌设计计算的目的,就是确保整个隧道施工与运用全过程的安全性,同时找出最合理、最经济的衬砌结构。

隧道结构受力由于地质条件、施工条件、环境条件等因素的不同,复杂多变,并且作用荷载也是一个不确定的因素,所以准确把握这些现象是非常困难的。在设计衬砌时,首先应对各种条件充分调查,然后再从经验和理论两个方面去设定荷载以及选择计算方法。管片设计时需要考虑的主要因素如下:

(1)确保隧道结构构造的安全

必须保证能够承受从开工到竣工后长期使用阶段的全周期内作用于隧道上的各种荷载(静、动荷载)作用。

(2)降低成本

就盾构法隧道而言,管片制作成本通常占盾构法隧道总造价的 30% ~ 50%,合理地设计管片是降低盾构隧道造价的关键环节。

(3)制作及施工方便

管片设计时,还应考虑管片制造(制作工艺、养护方法与管片运输)、管片拼装成管环,直至串接成一次衬砌施工的方便性,并考虑对其他施工工序影响小等因素。

管片在设计过程中还应遵循以下原则:

(1) 设计荷载及边界条件的确定

按施工工艺及工程水文地质特点确定设计荷载及边界条件,从结构和非结构两方面做出符合技术标准的设计。

(2) 构造型式的选择

根据隧道的用途、围岩条件及施工方法等因素选择管片的种类、构造形式及强度。

中小直径的上、下水隧道,电力、电信隧道多采用钢筋混凝土管片和钢管片;对铁路、公路等大直径隧道而言,以选择钢筋混凝土管片为主,当然,偶尔也会使用铸铁管片和钢管片。无论什么地层都应先对钢筋混凝土箱形和平板形管片的适应性进行论证,当存在特殊荷载作用时也可考虑铸铁管片和钢管片的适用性。

应根据管片的种类、接头方式、接头的位置组合产生的接头效应等因素确切地评价衬砌构造特征。计算管环断面应力时,是把管环看作具有均质刚度的环,还是看作具有多个铰支环,或是看作具有转动弹簧和剪切弹簧环,应根据隧道的用途、地层条件、衬砌构造特征决定。

(3) 按允许应力法设计计算

管片设计须在充分满足与用途相对应的结构构造安全性的基础上,在选用合格材料、合理施工方法的前提下,按允许应力法进行设计计算。

(4) 技术经济性比较

全面考虑工程造价、使用年限、长期维修费用及运营中的经济效益,对设计进行经济技术性的全面比选。

6.3.3 荷载计算

衬砌设计所考虑的各种荷载,应根据不同的条件和计算方法确定,并根据隧道的用途组合这些荷载。管片设计时应考虑的荷载种类较多,具体设计时根据隧道用途的不同,这些荷载的作用组合也不同。衬砌所承受的荷载应根据施工和使用阶段可能出现的最不利情况进行组合。

作用在衬砌结构上的荷载,存在许多不确定的因素,必须根据每个施工阶段的变化及使用阶段荷载的变动,选择使衬砌结构的荷载效应为最大、工作状态为最不利的荷载组合进行设计。

表 6-2 列出了管片设计所采用的荷载种类。表中主要荷载是管片设计时通常必须考虑的基本荷载。附加荷载是施工过程中和隧道完工后所承受的荷载,这是必须根据隧道用途加以考虑的荷载。特殊荷载则是根据地层条件、隧道的使用条件等必须予以特别考虑的荷载。

荷载种类 表 6-2

荷载分类	荷载名称
主要荷载	垂直和水平土压力
	水压力
	自重
	上覆荷载
	地基抗力

续上表

荷 载 分 类	荷 载 名 称
附加荷载	内部荷载
	施工荷载
	地震荷载
特殊荷载	平行配置隧道的影响
	近接施工的影响
	其他

图 6-9 给出了盾构隧道主要荷载的设计状况。

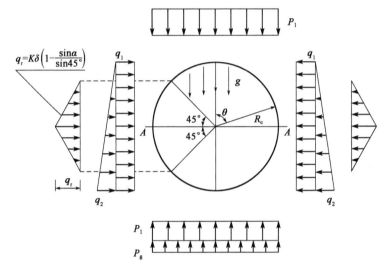

图 6-9 自由变形圆环法的荷载

图中相关计算公式如下：

$$P_1 = P_e + P_w \tag{6-2}$$

$$q_1 = q_{e1} + q_{w1} \tag{6-3}$$

$$q_2 = q_{e2} + q_{w2} - q_1 \tag{6-4}$$

$$q_r = K\delta\left(1 - \frac{\sin\alpha}{\sin 45°}\right) \tag{6-5}$$

$$P_g = \pi g = \frac{\pi \cdot W}{2\pi \ R_c} = \frac{W}{2R_c} \tag{6-6}$$

式中：P_e、P_w——分别为垂直土压和水压，kPa；

q_{e1}、q_{e2}——水平土压，kPa；

q_{w1}、q_{w2}——水平水压，kPa；

q_r——水平向土体抗力，kPa，分布在水平直径上下各45°范围内；

K——水平土体抗力系数；

δ——A 点的水平位移，m；

P_g——结构自重反力,kPa;

W——管环单位长度的重量,kN/m

R_c——衬砌环半径,m。

1) 土压力

作用于隧道结构上的土压力中,垂直土压力和水平土压力是确定设计计算用的土压力,与隧道的变形无关。此外,隧道底部的土压力可看作是反向土压力,作为地基反力处理。

计算土压力有两种方法:一种是将水压力作为土压力的一部分来考虑;另一种是将水压力与土压力分开计算,通常前者适用于黏性土,后者适用于砂质土。对于中间土来说,目前还没有明确的判断标准,但可以将渗透系数 $10^{-4} \sim 10^{-3}$ cm/s 作为分界值。土的重度,在水压和土压合算时,地下水位以上用天然重度,地下水位以下用饱和重度;在水压和土压分算时地下水位以上用天然重度,地下水位以下用有效重度(浮重度)。

(1) 垂直土压力

根据隧道位置和地层条件,垂直土压力有时采用总覆土压力,有时采用松动土压力。通常覆土厚度都大于隧道外径,在砂质土或硬黏土情况下,用松动土压力;在其他地层,因不能获得土的成拱效果,采用总覆土压力。计算松动土压力时,通常采用太沙基公式:

$$h_0 = \frac{B_1\left(1 - \dfrac{c}{B_1\gamma}\right)}{K_0\tan\varphi}\left(1 - e^{-k_0\tan\varphi\frac{H}{B_1}}\right) + \frac{P_0}{\gamma}e^{-K_0\tan\varphi}\frac{H}{B_1} \quad (6\text{-}7)$$

$$B_1 = R_0\cot\frac{\dfrac{\pi}{4} + \dfrac{\varphi}{2}}{2} \quad (6\text{-}8)$$

式中:h_0——土的松弛高度,m;

　　　K_0——水平土压与垂直土压的比,常取 $K_0 = 1$;

　　　φ——土中的内摩擦角,°;

　　　P_0——上覆荷重,kPa;

　　　γ——土的重度,kN/m³;

　　　c——土的黏聚力,kPa。

其计算模型如图 6-10 所示。

在 P_0/γ 小于 H 时,用下式计算:

$$h_0 = \frac{B_1\left(1 - \dfrac{c}{B_1\gamma}\right)}{K_0\tan\varphi}\left(1 - e^{-k_0\tan\varphi\frac{H}{B_1}}\right) + \frac{P_0}{\gamma}e^{-K_0\tan\varphi}\frac{H_1}{B_1}$$

$$(6\text{-}9)$$

式中:H_1——换算覆盖层厚度,m,$H_1 = H + P_0/\gamma$。

(2) 水平土压力

日本土木学会的《隧道标准规范(盾构篇)及解说》中对水平土压力的计算规定,水平土压力考

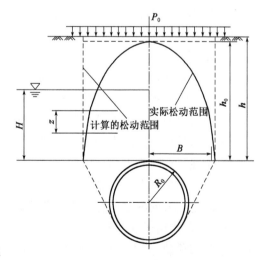

图 6-10　太沙基松动土压力计算模型

虑为作用在衬砌两侧，沿其横断面圆的直径水平作用的分布荷载。其大小根据垂直土压力与侧向土压力系数来计算，必须注意的是，此处与侧向土压力系数相乘的垂直土压力并不是开挖隧道之前原来地基的垂直土压力，而是作用在隧道顶点水平面上的太沙基松动土压力，并加上以隧道顶点为基点计算的土体自重作为垂直土压力。水平土压力与垂直土压力的情况相同，要准确地进行推算比较困难。设计中水平土压力值一般采用计算垂直土压力与侧向土压力系数相乘。

在难以得到地基抗力的条件下，可以选择静止土压力系数作为侧向土压力系数。在可以得到地基抗力的条件下，使用主动土压力系数作为侧向土压力系数，或者以上述静止土压力系数为基础，考虑适当地减少计算都是常用的方法。侧向土压力系数不仅要考虑土的性质，也要考虑设计方法和施工方法。但是要进行恰如其分的设定是非常困难的，一般可参考表6-3，根据地基抗力系数进行确定。

侧向土压力系数(λ)与地基抗力系数(k)　　　　表6-3

水平土压力计算	土 的 种 类	λ	$k(kN/m^3)$	标准贯入度 N 的范围
水土分算	密实砂性土	0.35~0.45	30~50	$30 < N$
	中密砂性土	0.45~0.55	10~30	$15 < N \leq 30$
	松散、稍密砂性土	0.50~0.60	0~10	$N \leq 15$
	固结黏性土	0.35~0.45	30~50	$25 \leq N$
	坚硬、硬塑黏性土	0.45~0.55	10~30	$8 \leq N < 25$
	可塑黏性土	0.50~0.65	0~10	$4 \leq N < 8$
水土合算	可塑黏性土	0.55~0.65	5~10	$4 \leq N < 8$
	软塑黏性土	0.65~0.75	0~5	$2 \leq N < 4$
	流塑黏性土	0.70~0.85	0	$N < 2$

管片的设计断面应力会由于垂直方向荷载和水平方向荷载之间微妙的平衡关系而发生变化，侧向土压力系数(λ)、地基抗力系数(k)要在充分考虑地基条件和隧道的用途之后，慎重地确定。

2）水压力

水压力是计算土压力时，考虑将水土分算的情况下给定的，竖向水压力之差是作为浮力作用的，此时，需要根据其他荷载和衬砌顶部地基的状况，对隆起加以研究。

水压力可根据施工阶段以及长期使用过程中地下水位的变化确定，区分不同的地层条件，按静水压力计算或把水作为土的一部分计入土压力。

作用在隧道衬砌上的水压力，原则上采用孔隙水压力，但孔隙水压力的确定非常困难，从实用及安全的角度考虑，水压力一般都按静水压力确定。

一般垂直方向的水压力按均布荷载计算，作用在衬砌顶部的水压力等于作用在其顶点的静水压力值，作用于底部的水压力等于作用在衬砌最低点上的静水压力；水平方向的水压力作为梯形分布荷载，其大小与静水压力相同。

另外，在隧道长期使用过程中，由于自然或人为等因素的影响会使地下水位发生变动，准确确定地下水位也非常困难。在圆形盾构隧道的设计计算中,采用较高的地下水位并不等于一定是偏于安全的设计,相反采用较低的地下水位可能会是最不利的荷载组合工况。因此,在确定地下水位时,应分别按最高水位和最低水位进行计算。

3) 土体抗力

土体抗力也称地层抗力或地基反力。地层抗力的确定一般有两种方法:一种认为地层抗力与地层变形(位移)无关,是一种与作用荷载相平衡的反作用力;另一种认为地层抗力与地层变形(位移)有关,从属于地基的位移,在荷载作用下,衬砌结构的一部分会发生向着围岩方向的变形,由于隧道周边围岩具有一定的刚度,必然会对衬砌结构产生反作用力来限制它的变形,这种反作用力即为地层抗力,目前多以"温克尔假定"为基础的局部变形理论确定。

地层抗力会随着所采用的计算模型及计算方法的不同而不同,常采用以下计算方法:

(1) 日本惯用计算法

垂直方向的地基抗力按与地基位移无关考虑,取与垂直荷载相平衡的均布反力作为地基抗力。水平方向的地基抗力考虑衬砌向围岩方向的变形,作用在衬砌水平直径上下各 45° 中心角的范围内,假定以水平直径处为顶点,呈三角形分布,其中水平直径处的地层抗力最大,其大小可根据与衬砌向着围岩方向的水平变形成正比关系进行计算确定,见式(6-5)。地基抗力系数可根据地层条件,参考表 6-3 进行取值。

(2) 弹簧模型法

假定地层抗力沿衬砌环、径向分布,将衬砌与地层间的相互作用通过弹簧来模拟,地基抗力考虑为管片向地基方向变形时所产生的反力。在欧美多采用全周地基弹簧模型,日本多采用部分地基弹簧模型,而且多不考虑切线方向弹簧,只将半径方向弹簧作为有效弹簧,地基弹簧系数大多参考惯用计算法的地基抗力系数进行确定。

对于管片自重变形所产生的地基抗力,宜根据施工方式确定是否考虑。若壁后注浆材料有较好的早期强度,或管片脱出盾尾后真圆度保持较好(盾构采用真圆器或推进液压缸推力控制较好),可以考虑由管片内自重引起变形所产生的地基抗力。尤其是隧道外径较大时,与土水压力所产生的断面应力相比,自重所引起的断面应力要大得多($D \geq 12m$ 时,占 60%~80%)。

4) 管片自重

管片自重是沿衬砌轴线分布的竖向荷载,一般可参考式(6-6)计算。

5) 内部荷载

内部荷载包括施工过程中作用的荷载和隧道完工后作用的荷载。

① 作为施工过程中作用的内部荷载,来源于盾构的后配套拖车和出渣车等与施工有关的各种机械设备。当这些荷载作用于壁后注浆材料尚未硬化的管片环上时,必须检查管片环的稳定性,但是,在壁后注浆材料充分硬化之后,一般可以认为这些荷载是由周围地基支持的,实践中并不对这些内部荷载进行研究,而是采取不将这些设备放置在壁后注浆材料尚未硬化的管片环上的方法。

② 隧道完工后产生作用的内部荷载,因隧道使用目的不同而异,例如铁路车辆、公路路基的反力、隧道内的悬挂设施和内水压力等。其中,类似于铁路车辆作用于隧道底部的荷载,可以认为与施工过程中的内部荷载一样是由隧道周围地基直接承受的;但其他内部荷载对衬砌

有影响,所以必须根据实际情况进行适当研究确定荷载。

6)施工荷载

盾构施工荷载是指从管片组装开始到盾尾建筑空隙中的壁后注浆材料硬化为止,作用在隧道衬砌上临时荷载的总称。盾构施工荷载包括推进液压缸推力、壁后注浆压力、管片拼装机的操作荷载和其他施工荷载等。

施工荷载因围岩条件和施工条件的不同而异,须将施工荷载对管片的影响控制到最低程度,并合理地将施工荷载反映到设计中;另外,施工技术水平的高低对隧道衬砌的设计也是一个重要的影响因素。

(1)推进液压缸的推力

盾构掘进过程中作用于隧道衬砌上的盾构推进液压缸的推进反力,在所有施工荷载中,该荷载对衬砌影响最大。

推进液压缸推力的偏心量应根据盾构非常规掘进状态(平曲线掘进、竖曲线掘进、蛇行修正等)进行确定,并考虑适当的富余量,偏心量在设计上一般考虑为 10mm;但是,对于外径为 2~3m 的中小直径盾构,实际上 30~40mm 偏心量的实例很多。如果推进液压缸的偏心量过大,由推进液压缸推力所形成的偏心弯矩会使管片衬砌环部分结构产生拉应力,管片非常容易开裂。另外,盾构在曲线段掘进时,由于盾构推进液压缸产生的偏心荷载,会使隧道两侧的压力出现暂时性的不平衡,从而形成复杂的纵向弯曲状态;环与环之间承受弯曲应力的连接螺栓容易发生剪切破坏;作用在管片衬砌上的过大压应力,会使管片发生局部破坏。对上述施工荷载在设计时需慎重考虑。

由于管片单片的推力试验很难反映管片环整体的工作情况,当推进液压缸的设计推力与盾构实际装备的推力不同时要特别注意。

(2)壁后注浆压力

在向盾尾建筑空隙进行注浆时,会在管片注浆孔周边形成一个临时性的偏心荷载,此荷载容易使管片发生变形甚至破坏,如径向插入型封顶块(K 块)的错台、接头螺栓的破坏、衬砌环的变形等。

注浆压力一般是根据开挖面的围岩及埋深情况计算的水、土压力来确定,根据盾构施工的实际条件来确定注浆压力,并在这一注浆压力作用下,对管片结构进行验算。

施工时的注浆压力一般为 0.1~0.3MPa,一般不超过 0.5MPa(地下水压力除外)。有时为了减少地表沉降,采取较高的注浆压力,对此要特别加以注意,并应考虑对隧道周边的软弱围岩扰动从而产生的二次固结沉降对总体沉降的影响。

(3)管片拼装机的操作荷载

管片拼装过程中,除起吊环承受吊装荷载外,管片承受拼装夹具的反作用力。设计中应根据拼装夹具的额定能力与动态效应对管片装配过程中的结构受力进行计算分析。对于混凝土类管片,常将螺栓孔或注浆孔预埋件作为管片起吊环使用,其抗拔承载力应根据装配器的性能而定,一般达到 3 倍管片环重量以上,施工中必须对起吊环的抗拔承载力进行验证。另外,若螺栓孔或注浆孔内安装拉杆作为反力座,在施工时进行设备材料吊装或防止管片环变形用,应对预埋件和其抗拔承载力进行分析验证。

(4) 其他施工荷载

除上述内容外，还有部分其他施工荷载应予以考虑，例如后配套拖车自重、真圆保持器等千斤顶荷载(如果有的话)、刀盘旋转力矩、盾构型式及开挖面的各种设备的荷载等，有时渣车及管片运输车的荷载也会对管片产生影响。另外在软黏土及松散的砂层中，随着管片从盾尾脱出，如果同步注浆不及时或压力太小，上部围岩塌落至管片环顶部也会形成偏心荷载。如果这些荷载对结构影响较大时，应根据施工情况设定合适的荷载，对结构受力进行分析。

7) 特殊荷载

特殊荷载是根据周围地层条件、施工条件和隧道使用条件等必须特别考虑的荷载，其主要受地震、平行或交叉隧道设计、近接施工、地基沉降等因素的影响。

当隧道近距离平行设置时，应根据相互间的位置关系、地质条件、隧道外径、盾构型式、施工时序等条件，对施工和运营期间的相互干扰和相互影响进行论证，必要时应采取保护措施。

(1) 平行或交叉隧道设置的影响

近年来，多条隧道平行小间距设置的实例越来越多，其在横断面方向或纵断面方向的位移及应力与单条隧道存在显著不同。必须对多条隧道相互干扰而产生的地基松弛或施工荷载的影响进行分析，必要时采取衬砌或地基加固，或防止隧道变形等额外措施。

①隧道之间的相互位置关系。平行设置隧道的位置无论是在水平方向还是垂直方向，只要其相隔距离小于后续隧道外径(1D)就有必要进行分析，而且相隔距离越小其影响就会越大，尤其是相隔距离小于0.5D时，必须进行单独论证。

隧道在上下方向平行设置时，后续盾构的施工荷载、土体开挖所伴随的卸载对先行隧道影响较大，尤其是后续隧道在下部施工时，上部的隧道会由于开挖时的地基松弛导致垂直荷载的增加，并产生不均匀沉降。这时有必要对先行隧道横向和纵向受力及变形进行单独论证。

②地质条件。平行设置隧道的相互干扰以及施工荷载的影响随围岩条件不同而不同。

在敏感性高的黏性地层或自立性差的松散砂性地层中，其影响最为显著。这时有必要对地基松弛引起荷载变化进行慎重地研究。

即使地层比较好或已经过地层加固处理，若隧道间的相隔间距较小，施工荷载的影响也是很大的，采用闭胸式盾构时影响更为显著。

③隧道外径。平行设置隧道施工时，与先期施工隧道的外径相比，后续施工隧道的外径的影响是支配性的，后续施工隧道的外径越大其影响也越大。

④后续隧道的施工时序。一般后续隧道宜等到先行施工隧道围岩稳定后再行施工，但实际施工时很难做到。在先期施工隧道的影响还未消失就进行后续隧道的施工时，隧道施工相互间的影响更为显著，此时有必要对隧道相互间的施工时序进行充分的研究。

⑤施工时的荷载。对先期施工隧道产生影响的因素主要为后续隧道施工时的荷载，包括推力、壁后注浆压力、泥水压力及泥土压力等，这些荷载通过隧道间土体作用于先行隧道上。在偏心压力作用下，先行隧道横断面及纵断面方向上将产生变形。

(2) 近接施工的影响

在已施工完成的隧道附近兴建其他结构物时会对隧道周边的围岩产生扰动，作用于隧道上的荷载也会发生变化，因此根据需要采取相应的衬砌加固、地基加固等适当的防护措施。若具备条件，应尽可能根据规划情况在进行隧道设计时加以考虑，采取相应措施。并且在合理评价与取值荷载的同时,有必要使用能够考虑荷载随时间变化的计算方法(荷载历史及衬砌的应力历史)。另外,如果对于将来发生的荷载变化将二次衬砌作为结构组成部分来考虑的话,有必要对结构模型进行充分的论证。在以下4种情况下近接施工的影响较大:

①隧道的顶部或顶部附近建造新的结构物,上部荷载发生大的变化。

②隧道的下部或下部附近进行开挖工程,垂直土压力和水平土压力等荷载条件以及地基抗力系数等围岩的性质发生大的变化。

③隧道的侧向地基受到扰动,侧向土压力及地基抗力发生大的变化。

④作用于隧道的水压力发生大的变化。

上述情况中其影响有暂时性的和长期性之分,进行论证时必须对此进行慎重区分。

(3)地基沉降的影响

在软弱地层或变化较大的地层修建隧道时,除考虑隧道施工原因造成的地基下沉外,还须考虑原有地层自身原因产生的沉降。地基沉降主要表现为对隧道本身及隧道与其他结构物连接部位的影响,因此必须对其影响充分研究。

①隧道本身的影响。在正在固结过程中的地基中修筑隧道,隧道所在位置与周围的地基相比,相当于隧道断面高度部分土的固结沉降不同,因此隧道会发生相当于这一差异沉降的强制位移。隧道纵向的刚度变化部位、地基软硬界限部位,甚至在正处于固结沉降过程中或将来会发生固结沉降的软弱地基中,隧道下部软弱地基层厚变化较大的部位,不均匀沉降对隧道的影响皆应加以考虑。

在上述情况下,隧道变形的力学机理尚不明确,一般采用隧道横向结构模型,通过增加垂直土压或对地基弹簧强制位移来加以考虑,对衬砌的强度进行验证。对于隧道纵向不均匀沉降,将隧道所在位置的地基沉降量通过地基弹簧进行考虑,模拟地基不均匀沉降时隧道的变形过程,并根据需要采取降低隧道纵向刚度、通过地基加固减少沉降量、扩大隧道净空断面等措施。

②隧道和竖井连接部分的影响。在隧道与竖井连接处,由于是两种不同的结构相接,所以易于产生相对位移,应根据需要将连接部做成可挠性结构,以防止应力集中,或者对竖井基础进行处理,以减少不均匀沉降的影响。另外,为保证净空,将断面加大也是有效方法。

(4)地震影响

当考虑地震影响时,应根据隧道重要程度,考虑隧道周围环境、围岩条件、所在地区的地震烈度、隧道结构和形状等进行慎重研究,采取必要抗震措施。

地下结构由于受到地层约束,因此震害明显低于地上结构,当隧道的覆土厚度达到一定程度时,可以认为隧道和地基基本产生相同的振动,而且盾构隧道与其他隧道相比,由于管片接头的存在使隧道的刚度有所减小,有利于抗震。但是,在以下条件下,地震对隧道的影响较大,需慎重研究:

①地下连接部位以及隧道与竖井的连接部位等衬砌结构发生变化处隧道结构发生变化,在结构变化部位发生应力集中。

②隧道位于软土地基中,在地震或其他反复荷载作用下可能会因其强度降低和基底土的侧向流动产生显著的沉降,即"震陷",须结合具体的场地条件对震陷问题进行专门分析。

③地质、覆盖层厚度、基岩深度等地基条件发生突变时,由于隧道纵向地基的变形不同在隧道纵向上发生应力集中。

④急转弯的曲线部,地震波的入射方向与隧道轴向之间的方向急剧变化而在隧道轴线方向上发生应力集中。

⑤在松散饱和砂质地基,有发生液化的可能性时,液化会引起隧道的上浮,此时地震的影响不能忽视。

尤其隧道结构与竖井结构的连接部位,地震时,由于结构完全不同,相对于隧道的其他部位,难以避免会产生较大的应力集中。为了降低这一部分隧道纵向的刚度,最好设置可挠性管片或在管片环间使用橡胶垫片或弹性垫片使其成为柔性接头。

6.3.4 管片结构设计计算

目前盾构管片结构的设计最常用的方法为荷载结构法和地层结构法。荷载结构法将盾构管片视为埋置于土层中的混凝土结构,周围土体对管片的作用力为施加于结构上的荷载;而地层结构法认为盾构管片与埋置地层一起构成受力变形的整体,并可按连续介质力学原理来计算管片和周围土体的内力和位移,其特点是在计算盾构衬砌结构内力的同时也得到周边土层的应力。地层结构法的力学本构模型复杂,土性参数较难确定,计算过程中影响因素多,并且目前工程界还无太多可靠经验来评定其结果的准确性,因此对具体工程的盾构管片结构设计仍主要采用荷载结构法,本节也主要采用荷载结构法对管片结构进行计算。

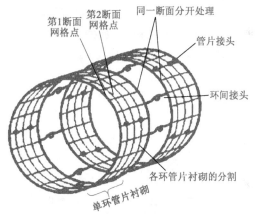

图6-11 管片环间连接等效示意图

1) 管片内力计算

管片环是由预制管片用螺栓连接拼装而成,这种构造特点使管片连接处(即接头)的受力与变形特点都和管片本体的受力变形特点有很大不同,如图6-11所示。

在盾构隧道衬砌结构设计中,可将整环管片视为单独承受弯矩、轴力及剪力的线性梁来处理。按照6.3.3节衬砌荷载组合形式,可以将整环管片的弯矩和剪力大致表示成如图6-12所示的分布形式。然而,在荷载结构法的基础上,每种成环管片的计算假定略有差异,本节列举了工程设计计算中常用的4种内力计算模型。

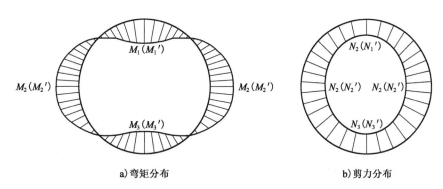

a) 弯矩分布　　　　　　b) 剪力分布

图6-12 均质圆环整环管片的内力分布情况示意图

①均质圆环模型(惯用计算法):该模型不考虑管片接头的影响,假定管片环为自由变形的弹性均质圆环,其接头具有和管片主截面同等的刚度 EI 如图6-13a)所示。

②等效刚度圆环模型(修正惯用计算方法):该模型考虑管片接头的影响使得整环管片的刚度降低,折减系数为 $\eta(\eta<1)$,即赋予了管片新的等效刚度 ηEI。进一步考虑到管片错缝拼装的影响,在由折减的等效刚度计算得到的内力基础上,将弯矩考虑一个增大系数 $\zeta(\zeta<1)$,则管片主截面的弯矩为 $(1+\zeta)M$。根据国内外大量的管片荷载工程实测和试验结果,参数 η 可取 $0.6\sim0.8$,ζ 取值为 $0.2\sim0.3$。同理,当 $\eta=1$、$\zeta=0$ 时,该模型即成为均质圆环模型,因此,该模型实际上是对均质圆环模型的修正,如图6-13b)所示。

③自由铰圆环模型:该模型认为管片间接头是一个可自由转动的铰,不能传递弯矩。整个管片环是由各块间的自由铰链接而成的,其本身为非静定结构,但在地层抗力和围岩应力的作用下形成静定结构,如图6-13c)所示。

④弹性铰圆环模型:由于管片环间采用高强度螺栓连接,在地层荷载作用下能产生一定的弯矩,故该模型认为管片接头是具有一定弯曲刚度的弹性铰,其承担的弯矩与其刚度成正比。计算过程中通常将弹性铰用旋转弹簧模拟,同时为了考虑管片错缝拼装的影响,管片环间剪切刚度 K_t 用剪切弹簧模拟,如何确定旋转弹簧的刚度 K_θ 是本模型的关键。同样的,若将该模型的旋转弹簧和剪切弹簧刚度均取0,则该模型便简化为自由铰圆环模型;若将旋转弹簧刚度取无穷大、剪切弹簧刚度取0,则模型可简化为均质圆环模型。所以,该模型也是对均质圆环模型的修正,如图6-13d)所示。

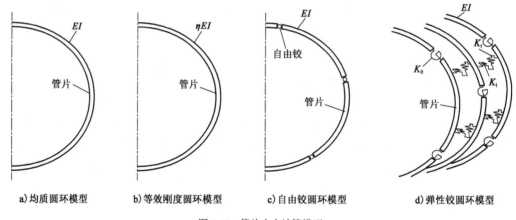

a) 均质圆环模型　　b) 等效刚度圆环模型　　c) 自由铰圆环模型　　d) 弹性铰圆环模型

图6-13　管片内力计算模型

2)管片结构配筋

根据地层荷载及简化计算模型可以计算出管片的内力,从而可以判断出最不利的截面(偏心最大位置通常最不利),然后在该截面按内力极限状态法进行矩形截面对称双筋结构配筋。由于管片基本都是错缝拼装,各节管片的位置不固定,因此所有管片的配筋都应按最不利截面的内力进行计算,即各管片配筋相同。单节管片的现场预制钢筋情况如图6-14所示。在设计好初步的配筋后,应分别进行承载力极限状态计算和裂缝宽度验算。为此节提供了一个管片结构设计的算例,如**附录一**所示,该算例详细介绍了管片衬砌从在地层荷载作用下的内力计算到配筋的验算过程。

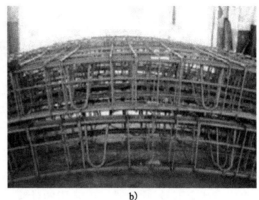

图 6-14 单节管片钢筋的预制

6.3.5 抗震性能

盾构隧道的抗震性论证一般分为三个方面,对中小直径的隧道来说以下述(1)和(3)为中心进行论证,而对于大直径隧道除此之外还应根据需要对下述(2)进行论证。以下就这几种论证方法的概要进行说明。

(1) 隧道以及隧道周围地基的稳定性论证

隧道若位于有发生液化危险的地基中,液化后土体失去强度,或由瞬时性超静孔隙水压力形成由下向上的渗流场,使得隧道上方的土荷载急剧减小,隧道对于所承受的浮力失去抵抗力,产生隧道上浮的可能性。

判别土层液化的方法很多,如我国《建筑抗震设计规范》(GB 50011—2010)和日本港口设计规范基于标准贯入试验和颗粒粒径累加的方法,我国《岩土工程勘察规范》((GB 50021—2018)推荐使用静力触探判别的方法以及国外依据土层的剪切波速或剪应力比较的判别方法等。由于液化处理费用高昂,所以对其周边土层的液化判别必须谨慎,应采用多种方法相互印证,并结合室内动三轴试验和区域工程经验进行专门分析,对于所采用措施的可靠性,也宜通过室内试验加以确认。

(2) 隧道横断面方向的力学论证

当前我国地下隧道横断面的抗震分析多按地震系数法进行,这一方法的基本出发点认为地震对地下结构的作用主要包括两部分:一是结构及其覆盖层重量产生的与地表地震加速度成比例的惯性力;二是地震引起的主动侧压力增量。

由于隧道的表观重度(隧道 1m 延长的重量与隧道断面积之比)与围岩的重度都比较小,或者基本相同,伴随地震在周围地基中产生的变形、位移等均很重要,惯性力的影响则可忽略不计。以这一概念建立起来的抗震分析方法称为"反应位移法"或"地震变形法",其特点是以地下结构所在位置的地层位移作为地震对结构作用的输入。反应位移法是对隧道位置的地基位移量进行计算,将所有的位移或部分位移作用于隧道,对隧道的断面应力和变形量进行计算的方法。关于隧道位置的地基位移量的计算方法,主要如下:

① 假定地基表层发生剪切振动,只根据其一次形态求出位移振幅,这也是最简单也最常用

的方法。

②假定地基表层发生剪切振动,通过最坏分析求出位移振幅。

③从基底入射的地震波在地基的各层面重复反射,考虑由此所产生的增幅现象求出位移振幅(重复反射法)。

④将地基转换为弹簧—质点模型,计算求出位移振幅。

⑤通过有限元法(FEM)反应分析求出位移振幅。

(3)隧道纵断面方向的力学论证

隧道纵断面方向的抗震计算多采用反应位移法。计算时,根据隧道所在位置地基的情况确定波长,假定通过反应位移法所得到的地基位移为正弦波,将其作用于隧道而求得隧道纵向断面应力和变形量,这也是一般常用的计算方法。

对于隧道的刚度,要考虑一次衬砌的接头引起的刚度降低,有二次衬砌时也要考虑其影响,并充分考虑隧道结构之后决定。必须验算的项目主要有一次衬砌的接头部位以及接头部位的二次衬砌的断面应力和变形量,隧道与竖井接合部位的断面应力和位移量。

(4)动力计算法

地震变形法或反应位移法都是将随时间变化的地震作用通过等代的静力荷载或静位移代替,然后再用静力计算模型求解结构的反应。

近年来,使用结构物和地基共同作用的计算模型进行动力计算的例子逐渐增多。如果能够准确地假定结构材料和结构杆件的非线性特性,可以用动力计算求出结构物各部分在地震时的动态。但由于计算模型、输入的地震波的合理性及对计算结果的解释等都较复杂,因此目前还没有一个定论的计算方法,故尚未达到全面采用的程度。

由于动力计算法是捕捉地震时的自然现象的有力手段,故对于大型地下结构,用动力计算法与静力法的计算结果相互对照印证也是必要的。当然,在隧道规划阶段就应进行详细周密的工程地质勘探,作为抗震措施在抗震问题得到考虑的前提下进行线路选择也是一种方法。更进一步,为了在进行某种程度的修补后仍能确保必需的断面,将净空断面扩大一些也是有效的方法。

6.4 管片防水

6.4.1 管片防水措施

1)管片结构防水

管片从早期的整环生产到单块生产是一大技术进步。管片接缝防水从全部缝面黏结防水到接缝面压密防水也是一大技术发展,而这发展正是建立在用高精度钢模单块生产高精度管片的基础上。表6-4和表6-5是《盾构法隧道施工与验收规范》(GB 50446—2017)对高精度钢模、高精度管片的精度要求。

钢模制作允许偏差 表6-4

序号	检查项目	允许偏差或允许值	检查数量		检验方法
			范围	点数	
1	宽度(mm)	±0.4	每块	6	专用量具
2	弧弦长(mm)	±0.4	每块	2	专用量具
3	底座夹角(°)	±1	每块	4	专用量具
4	纵环向芯棒中心距(mm)	±0.5	每块	全数	专用量具
5	内腔高度(mm)	±1	每块	3	专用量具

单块钢筋混凝土管片尺寸允许偏差 表6-5

序号	检验项目		允许偏差或允许值	检查数量		检验方法
				范围	点数	
1	外形尺寸	宽度(mm)	符合设计要求	每块	内外侧各3	尺量
		弧弦长(mm)			两端面各1	
		厚度(mm)	+3 −2		3	
2	螺栓孔直径(mm)		±1		3	

例如,上海延安东路隧道是国内20世纪80年代盾构法隧道防水技术进步的一个典型实例。该隧道中采用合理的混凝土级配,加高效减水剂SN-2、活性骨料硅粉等增强、抗渗的外加剂。同时,又有严格的制作工艺和检测措施,确保了管片结构的自防水。管片采用了强度等级不小于C50的高强度混凝土制成,不仅试块抗渗等级达P8,管片直接抗渗漏等级也超过了P8。该工程以高精度管片配以弹性密封垫解决单层衬砌防水问题,因此管片的高精度与防水有直接的关系。高精度管片是由高精度钢模单块制作,其精度要求为:钢模为±0.5mm,管片为±1.0mm。

2)管片外防水涂层

(1)采用衬砌外防水涂层的目的

由于在软土含水地层常含有 Cl^-、SO_4^{2-} 等侵蚀性物质,它们通过毛细管作用渗入混凝土结构内部,并积聚在外排钢筋的周围,其高浓度致使钢筋纯化层破坏、锈蚀发生与加剧。而在有管片裂缝的渗漏处,随含侵蚀性介质的水漏入、水分蒸发,靠近内壁面露点区钢筋周围的盐分最多,从而在有氧条件下形成钢筋锈蚀膨胀,裂缝扩大,表面混凝土受膨胀剥离。因此,在提高混凝土结构自防水能力的前提下,根据地层中侵蚀性介质的情况及隧道埋深,对防腐蚀、防泥流等要求高的公路隧道、地铁区间隧道等衬砌宜考虑外防水涂层。

(2)衬砌外防水涂层的技术要求

①涂层应能在盾尾密封用钢丝刷与钢板刷挤压磨损条件下不损伤、抗渗水。

②在管片弧面的混凝土裂缝宽度达到0.3mm时仍能抗0.8MPa水压,长期不渗漏。

③涂层的耐化学腐蚀性、抗微生物侵蚀良好,且无毒或低毒。

④涂层具有防杂散电流的功能,其体积电阻率、表面电阻率高。

⑤施工简便,冬季能操作。

⑥成本较低,经济合理。

3)接缝防水

(1)接缝防水原理

管片环宽越大,在同等里程内的隧道环向接缝就越少,漏水概率越小。一环管片的分块越少,纵缝就越少,漏水概率越小。

(2)接缝防水方式及其发展

早期的盾构法隧道管片(主要是钢管片、铸铁管片等金属管片)很多是只采用嵌缝密封,而不在环面、纵面设密封材料。嵌缝密封材料有铅条、铝粉、铁粉、石棉水泥、膨胀水泥、沥青水泥等。

早期的钢筋混凝土管片防水是根据黏结密封的原理(如采用环氧主煤焦油涂料、糠醛树脂涂料、焦油聚氨酯),以全断面密封、用电加热(模板)固化、常温固化与现场浇涂等施工方法。显然这样的材料及其密封机理难以满足管片接缝张开量较大情况下的防水。

20世纪60年代,我国衬砌接缝防水技术受苏联的影响,进行了环氧—糠醛衬砌接缝防水涂料试验,根据先柔后刚的要求,对用电热丝固化环氧煤焦油砂浆制备成衬砌接缝涂料进行研究,底涂料承载千斤顶推力,面涂料填平补齐防水,以先柔后刚的原理,通过现拌、现浇、现涂的施工工序,满足衬砌的防水要求。1966—1967年,上海地铁某试验工程盾构区间隧道,采用了上面试验的结果,之后固化工艺从电热固化进步到常温固化,由模制改为涂抹。由于确立的是"黏结密封"的防水原则,采用了先柔后刚、填平补齐的环氧防水材料,在基本满足防水要求的同时,也出现一些弊端:有水、泥环境下,黏结欠牢,夹在涂料上的泥、砂形成渗水通道;由于涂料是现场拌制、浇抹而成,其质量受气温、湿度、工艺与人员的影响大,质量不稳。

后来,开始用塑性或弹塑性防水材料如聚氯乙烯(PVC)油膏、浸渍沥青(或树脂改性沥青)海绵、泡沫橡胶、焦油聚氨酯涂料等作为钢筋混凝土管片的接缝密封材料,采用全断面密封、间隔式密封(即防水密封材料在衬砌接缝面呈带状或块状分隔排布密封)方式,根据黏结和塑性防水的原理,通过现场浇制、抹涂、粘贴的施工工序,满足衬砌的防水要求。缺点是它们在巨大的千斤顶推力下会塑化,进而减弱防水性。

再后来,也有密封橡胶复合丁基橡胶的使用,粘贴到对拼管片的接缝面上,如图6-15所示。

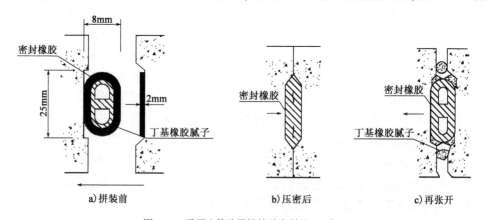

图6-15 混凝土管片柔性接缝密封垫(日本)

如前所述,近几十年来,在使用高精度管片的基础上,采用弹性密封的原理、线状密封方式,密封材料预制成型的盾构衬砌接缝防水施工方法,经实践证明是合理的、成功的。如今,几乎成为盾构法隧道衬砌接缝防水唯一的方法,即以材质性能优异的氯丁橡胶或氯丁胶与天然橡胶等混合胶、三元乙丙胶等制成特殊构造断面形式的弹性密封垫,或者遇水膨胀胶的遇水膨胀密封垫防水。

这种密封垫通常加工成框型,套裹在管片预留的密封垫槽内,形成线状防水,由于是预制成型的密封垫,易保证质量,简化现场施工,减少施工场地。

(3) 接缝防水的主要防线——密封垫防水

① 弹性密封垫

氯丁橡胶或氯丁胶与天然橡胶等混合胶、三元乙丙胶等制成特殊断面构造型式的弹性密封垫,如图6-16所示。

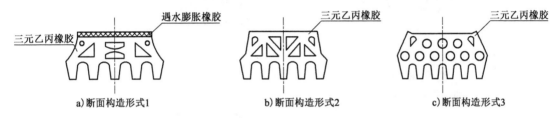

图6-16 几种典型的多孔型弹性橡胶密封垫断面示意图

德国、英国开发的梳形与多孔弹性橡胶密封垫(图6-17),其结构断面上开设多个圆孔(一般呈中心对称),以增高密封垫高度改善密封垫受力性为特征。在压密特性上,当压缩量在适中的区段,压应力与压缩变形的特性曲线较平坦。这样,在压应力较低时(即接缝张开相对较大时),抗水压能力仍较强,而密封垫完全压密时,压应力也不至于过大,不会造成管片的损害。梳形弹性橡胶密封垫多为模压成型,多孔形采用挤出成型、微波硫化。这种加工工艺方式制造的密封垫,断面尺寸精确,加工速度快、质量稳定,尤其在断面复杂的密封垫加工上较模压方式有很大的优势。

在材质上,采用多种性能优异的橡胶密封垫,进而制成普通橡胶与遇水膨胀橡胶复合型密封垫。在构造型式上也从单孔槽、抓斗形、梳形直至中孔形。各种形式的弹性密封垫弹性复原能力强,即使接头有一定的张开量,仍处于压密状态(即密封垫接触面有足够的压应力以抵抗水压力),有效地阻挡了水的渗漏。又由于它们被设计成不同的形状,不同的开孔率和各种宽度、高度,以及适应水密性要求的压缩率和压缩均匀度,所以当拼装稍有误差时,密封垫仍然可以保证有足够的接触面积与压应力防水。

弹性密封垫的构造型式主要是通过一字缝、十字缝抗水压性试验及其受压时断面形式解析确定的。如上海市延安东路隧道,其迎千斤顶顶面的弹性密封垫断面为梳形,其孔的大小、数量、断面的幅度都做了充分的对比和筛选,并充分考虑了隧道相邻衬砌环环肋面错开的因素;背千斤顶顶面的弹性密封垫断面为爪形,其角度与厚薄也经反复核算、试验使之最利于密封垫的回弹、压密。这在当时来说,也是技术上的一大进步。

早期的密封垫断面形式主要是从力学概念对它进行受力分析,再结合有限的水密性试验进行验证、调整,与近年的系列水密性试验与系统的有限元数值模型计算还是有一定差距。

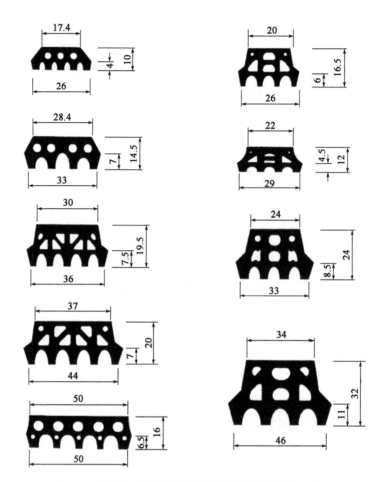

图 6-17 多孔弹性密封垫断面形式（尺寸单位：mm）

②遇水膨胀橡胶密封垫

a. 遇水膨胀橡胶密封垫的发展。

遇水膨胀橡胶作为隧道衬砌密封材料是日本率先发明的，由于它靠膨胀密封止水，故有断面尺寸小的特点，不仅节省材料，而且有助于安装、拼装等施工。而令人担心的耐久性问题，通过试验也有很大改善，故近年来上海、深圳、广州等地的大直径过江、过海盾构隧道工程采用遇水膨胀橡胶类密封垫，或者是与弹性橡胶相复合的密封垫。

b. 遇水膨胀橡胶的分类。

遇水膨胀橡胶分为吸水性聚氨酯类和高吸水性树脂类两种。

吸水性聚氨酯系密封材料：作为橡胶基材的聚氨酯本身就是遇水膨胀成分，具有良好的耐久性，树脂膨胀后浸渍在水里也不会溶出。

高吸水性树脂系密封材料：除了橡胶基材之外，把高吸水性树脂揉搓进去，易于高吸水性树脂在浸渍水里溶解，但经过一段时间后出现密封材料的收缩。

c. 处于各种水质中的遇水膨胀橡胶膨胀性。

密封材料吸水力计算方法为吸水力 = 树脂的亲水性成分与浸渍水的亲和力 + 树脂的离子性成分和浸渍水的渗透压。吸水性聚氨酯密封材料：吸水性聚氨酯不具有离子性成分，以亲水成分吸水,因此不易于受浸渍水离子浓度的影响,水质变化后也不出现吸水力的变化;高吸水性树脂系密封材料:高吸水性树脂是离子性树脂,以与浸渍水的渗透压吸水,按浸渍水的离子(碱、盐)浓度吸水性会变化。

不同材质的遇水膨胀材料膨胀倍率与速率关系如图6-18所示,吸水性聚氨酯在各种水质下稳定的遇水膨胀性如图6-19所示。

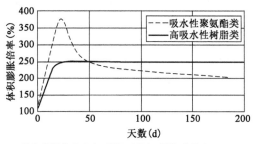 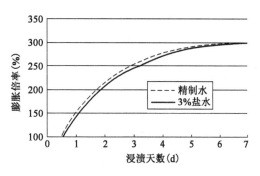

图6-18 不同材质的遇水膨胀材料膨胀倍率与速率关系　　图6-19 吸水性聚氨酯类材料在不同水中的膨胀特性

对比图6-17和图6-18可知:吸水性聚氨酯一旦达到膨胀终点后,膨胀率几近不变;而高吸水性树脂则达到膨胀率峰值后又会逐渐下降,半年后只有原先的70%;吸水性聚氨酯不论在纯净水中还是盐水中,其吸水膨胀率几乎无异,而高吸水树脂则大不同,在盐水中吸水性明显下降。这证实了上述吸水力的分析。因此,吸水性聚氨酯为膨胀材料的遇水膨胀橡胶。

d. 日本遇水膨胀密封垫等管片防水材料的变迁。

日本管片密封材料的使用变迁:日本管片密封材料的使用机理,在20世纪60—70年代为黏结与塑性防水,采用未硫化丁基橡胶;20世纪70—80年代用海绵橡胶与丁基橡胶腻子复合止水材料防水,如日本开发空心的钱丁橡胶密封垫,这种密封垫常配合丁基橡胶密封带使用,粘贴到对拼管片的接缝面上。海绵橡胶密封带配合丁基橡胶密封带也是常用的。日本在弹塑性材料与黏结材料相结合的技术上徘徊了7~8年,在这之前,不良地层中盾构法建造道路隧道多采用双层衬砌。防水材料的耐久性问题往往为内衬所掩盖。密封垫遇水膨胀材料的膨胀率,自开始的高膨胀率转为中低膨胀率,见表6-6。其原因是高膨胀率树脂在克服质量变化率等方面存在缺陷。

日本若干隧道用的密封垫的遇水膨胀率　　表6-6

工程名称	体积膨胀率	抗水压值(MPa)
东京地下铁	200%左右	0.4~0.6
东京湾横断道路	200%~300%	1.0
外廊输水管路	200%~300%	0.7
首都高速公路	200%~300%	0.7~0.8

日本三洋化工公司(Sanyo Chemical Industries Ltd)早在东京湾横贯道路隧道建设前,就致力于长期浸水树脂低析出率的聚醚聚氨酯(Aquaprene)弹性体的研制,并从事材料耐久性试验。日本的其他企业如旭电化(Adeka)公司、西亚化成(C. I. Kasei)公司则对遇水膨胀橡胶的浸水析出率与膨胀后的材料物理性能加以改进。英国富士乐(Focrok)公司也引进并供应过遇水膨胀类聚醚聚氨酯弹性体材料。

20世纪90年代,日本曾尝试采用欧洲流行的多孔即蜂窝状弹性橡胶密封垫(如东京地铁12号线某区间隧道),但日本工程技术人员认为难以处理角部止水,对耐久性也有质疑,因而未获推广。

值得注意的是,日本管片密封垫的体积膨胀率的概念与我国有异。从上述可见它包括了本体,而我国的相关规范则只计增加部分,即要减去本体。

遇水膨胀橡胶虽然主要靠膨胀树脂的特性来体现防水性,但其断面形状对止水功效有一定的影响。有的是梯形,凹穴利于压密;有的有凸肋,适应较大的接缝张开量;有的是矩形,便于粘贴固定;有的边缘呈圆角,既利于控制膨胀方向、增大压密性,也可以避免应力集中。

另外,遇水膨胀胶中夹有金属丝、尼龙线、帆布等都可用以控制膨胀方向。这类材料主要用于现浇混凝土结构接缝中,但在管片接缝密封垫中也偶有使用。

6.4.2 控制标准

管片隧道的轴线和高程偏差、管片拼装允许的偏差都对管片隧道的防水产生重要影响,因此相关规范对这些偏差也做了相应的规定,表6-7和表6-8就是这些规定的具体内容,这些规定也是根据我国和国际上盾构管片隧道的施工经验而制订的。

隧道轴线和高程允许偏差及检验方法(mm)   表6-7

检验项目	允许偏差						检验方法
	地铁隧道	公路隧道	铁路隧道	水工隧道	市政隧道	油气隧道	
隧道轴线平面位置	±50	±75	±70	±100	±100	±100	用全站仪测中线
隧道轴线高程	±50	±75	±70	±100(隧道底高程)	±100		用水准仪测高程

管片拼装允许偏差和检验方法   表6-8

检验项目	允许偏差						检验方法
	地铁隧道	公路隧道	铁路隧道	水工隧道	市政隧道	油气隧道	
衬砌环椭圆度(‰)	±5	±6	±6	±8	±5	±6	断面仪、全站仪测量
衬砌环内错台(‰)	5	6	6	8	5	8	尺量
衬砌环间错台(mm)	6	7	7	9	6	9	尺量

思考题

1. 简述管片的构成及分块。
2. 简述管片的设计思路及原则。
3. 描述管片衬砌承受的荷载类型,并简要叙述荷载计算的常用方法。
4. 简述管片接缝防水的原理及措施。
5. 请分别从设计和施工两个角度分析影响管片接缝防水效果的影响因素。
6. 请结合施工的角度分析小曲率转弯环管片接缝防水应注意哪些问题?

第 7 章 CHAPTER 7
盾构隧道施工技术

7.1 盾构施工准备

7.1.1 施工场地规划

合理地规划盾构施工场能加快盾构施工进度,降低施工风险,节省工程成本。总体而言,盾构施工场地的规划应遵循如下原则:

①施工场地不超出规定的施工用地范围,并满足施工现场生产需要。
②尽量减少对道路、交通等公用设施的干扰。
③方便施工组织;生活、生产区域分开。
④经济合理、简洁美观,有利于安全生产;合理布置临时建筑,避免重复建设。
⑤严格遵守业主及有关部门的要求、规定。
⑥大门的开设,应以渣土外运与管片进场方便为原则,前者更为重要。
⑦场地布置顺畅,避免施工的相互干扰。
⑧集土坑、管片堆放场地、门式起重机系统、浆液拌和站、排水系统、通风系统、电力系统、油脂/泡沫等材料堆放场地、沉淀池、洗车槽、防洪措施等主要设施及布置应齐全合理,且相关材料及存储应至少满足 24h 盾构掘进需求。
⑨井下轨道、循环水池、沉淀池、电力/水/通信管线等应布置齐全合理。

7.1.2 盾构的现场组装与调试

盾构组装调试流程如图 7-1 所示。
盾构的组装场地一般分成三个区,即后配套拖车存放区、主机及配件存放区、起重机活动区。

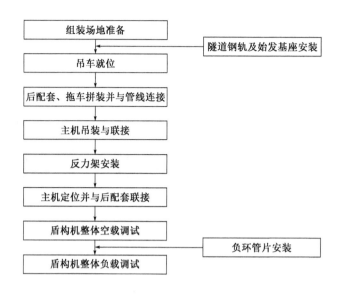

图 7-1 盾构组装调试流程图

吊装设备一般采用履带起重机 1 台、汽车起重机 1 台、液压千斤顶 2 台以及相应的吊具，它们的吨位和能力取决于盾构最大部件的重量和尺寸。

在组装前安装调试好门式起重机和相关汽车起重机等吊装设备，使组装安排更加灵活，有利于缩短组装时间。组装盾构所需工具设备可按下述项目准备：拉伸预紧扳手、液压扭力扳手、风动扳手、扭力扳手、棘轮扳手、重型套筒扳手、内六角扳手、开口扳手、管钳、普通台虎钳、导链、吊带、液压千斤顶、弯轨器、轨道小车、液压小推车等，其规格型号根据盾构型号及制造厂家的要求而定。

1) 始发基座的安装

盾构始发基座（也称始发架）根据盾构设备尺寸的不同而不同，图 7-2 所示为某一直盾构的始发基座。盾构组装前，在组装井内精确放置始发基座并定位固定，然后铺设轨道。

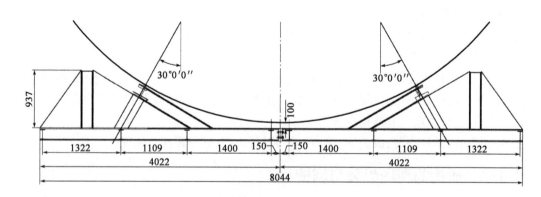

图 7-2 始发基座构造示意图（尺寸单位：mm）

盾构始发基座一般采用钢结构，预制成品。始发基座的水平位置按设计轴线准确进行放样。将基座与工作井底板预埋钢板焊接牢固，防止基座在盾构向前推进时产生位移。盾构始发基座的安装如图7-3所示。

盾构基座安装时应使盾构就位后的高程比隧道设计轴线高程高约30mm,以利于调整盾构初始掘进的姿态。盾构在吊入始发井组装前,须对盾构始发基座安装进行准确测量,确保盾构始发时姿态正确。

(1) 始发基座轴线测量

始发基座的轴线在吊入始发井前必须进行标记,当基座吊入始发井后,先对照始发井底部测量准确的轴线及始发井两端端墙上的中心标记,采用投点仪辅以钢丝的投点方法对基座进

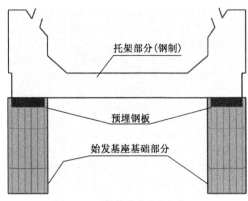

图7-3 盾构始发基座的安装

行初步安放;然后在始发井圈梁上的轴线标记点同时架设经纬仪,将轴线标记点投入始发井底部,调节基座,使基座的轴线标记点与设计轴线点位于同一竖平面内。安装完成后,须对盘左及盘右进行检测,确保盾构始发基座轴线标记点的误差均在3mm以内,达到相应规范的要求。

(2) 始发基座高程测量

根据始发基座的结构尺寸,需计算出基座上表面的设计高程值。在始发基座轴线位置安装完成后,进行基座的高程测量。用水准仪将所需要的高度放样于始发井两侧侧墙上,并做上明显的标记。所放样的高程点要有足够的密度,盾构工作井共需标设6个高程标记点并均匀分布在始发井侧墙上。标记完成后,对标记点进行复核,任意两个标记点间的高程互差不超过2mm,且与绝对高程的差值不超过1mm,为始发基座的精确安装提供保障。始发基座安装时,在对应的高程标记点间拉小线,进行基座的初步安装,完成后,用水准仪进行精测,对基座的高程进行微调,达到设计高程的精度要求(允许偏差为0~3mm)。考虑到在进行轴线及高程微调时两者之间会相互影响,在完成整个基座的安装后,须进行全面细致的复核,以确保盾构始发基座的准确安装。

2) 盾构顺序组装

(1) 后配套拖车下井

各节后配套拖车下井顺序为从后到前,如盾构有4节拖车,其下井顺序为:4号拖车→3号拖车→2号拖车→1号拖车。拖车下井后,组装连接拖车内的设备及其相应管线,由电瓶车牵引至指定的区域,各节拖车由连接杆连接在一起,如图7-4所示。

(2) 设备桥下井

设备桥(也称连接桥)长度较长,下井时需由汽车起重机与履带起重机配合着倾斜下井。下井后其一端与1号拖车通过销子连接,另一端支撑在现场施焊的钢结构上,然后待上端的吊机缓缓放下后移走吊具。用电机车将1号拖车与设备桥向后拖动,将设备桥移出盾构组装竖井,1号拖车与2号拖车连接,如图7-5所示。

(3) 螺旋输送机下井

螺旋输送机长度较长,下井时须由汽车起重机与履带起重机配合着倾斜下井。2台吊机通过起、落臂杆和旋转臂杆使螺旋输送机就位。螺旋输送机下井后,摆放在矿车底盘上,用手动葫芦拖至指定区域,如图7-6所示。

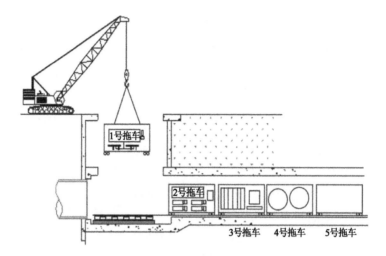

图 7-4　后配套拖车下井

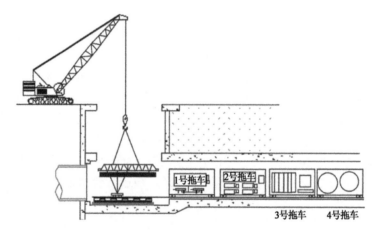

图 7-5　设备桥下井

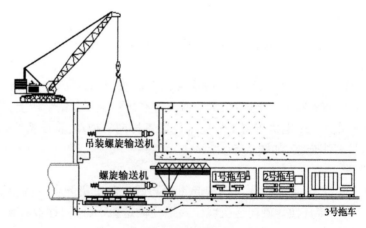

图 7-6　螺旋输送机下井

(4) 中盾下井

中盾在下井前将两根软绳系在其两侧,向下吊运时,由人工缓慢拖着,防止中盾扭动,吊机缓慢下钩,使中盾自然下垂,由平放翻转至立放状态送到始发基座上。

(5) 前盾下井

前盾翻转及下井同中盾,送到始发基座上后进行与中盾的对位,安装与中盾的连接螺栓。

(6) 安装刀盘

刀盘翻转及下井同中盾,送到始发基座上后安装密封圈及连接螺栓,如图 7-7 所示。

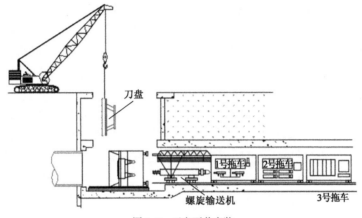

图 7-7　刀盘下井安装

(7) 主机前移

主机前移,使刀盘顶推至橡胶帘布外侧处。在始发基座两侧的盾构外壳上焊接顶推支座,前移一般由两个液压千斤顶完成。

(8) 安装管片拼装机

管片拼装机翻转及下井同中盾,待其下井安装后再进行两个端梁的安装。

(9) 盾尾下井

盾尾焊接完成后,在汽车起重机与履带起重机配合下,倾斜着将盾尾穿入管片安装机梁,并与中盾对接,也可以采用将盾尾分解成两个半圆筒体先后下井的方式,如图 7-8 所示。

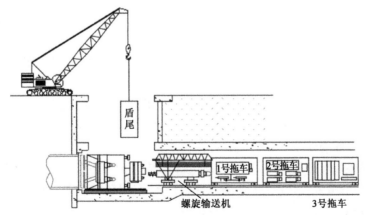

图 7-8　盾尾下井安装

（10）安装螺旋输送机

延伸铺设轨道至盾尾内部,将螺旋输送机与矿车底盘一起推进盾壳内。螺旋输送机前端用倒链拉起,使螺旋输送机前端通过管片安装机中空插到中盾内部,螺旋输送机与前盾连接处密封要装紧固,中体与螺旋输送机固定好。

（11）反力架及负环管片的安装

在盾构主机与后配套连接之前,开始进行反力架的安装。待反力架安装完毕后,方可进行始发掘进。

盾构反力架的作用是在盾构始发掘进时提供盾构向前推进所需的反作用力。进行盾构反力架设计时,应以盾构始发时的最大推力及盾构工作井轴线与隧道设计轴线的关系为设计依据。反力架设计完毕后,还需要进行受力验算,验算可人工或采用计算软件完成,对此,特在教材**附录二**中提供了某工程盾构始发时反力架的受力验算,为反力架的设计计算提供参考。反力架预制成型后,由吊车吊入竖井,由测量给出轴线位置及高程,进行安装,反力架要和端墙紧贴,形成一体,保证有足够的接触面积。如反力架和端墙间出现缝隙,在反力架和端墙之间补填钢板,钢板要分别和反力架与洞口圆环焊牢。安装完毕后要对反力架的垂直度进行测量,保证反力架垂直于盾构推进轴线。盾构反力架安装质量的好坏直接影响初始掘进时管片的质量,其中反力架的竖向垂直及与设计轴线的垂直是主要因素。反力架的吊装和负环管片的拼装位置情况分别如图 7-9 和图 7-10 所示。

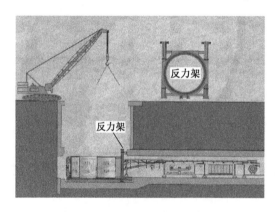

图 7-9 反力架吊装及作用示意图

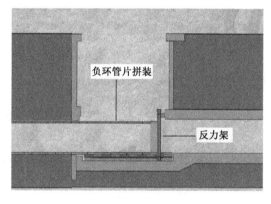

图 7-10 负环管片拼装位置示意图

反力架安装必须注意以下事项：

①反力架的安装在尾盾安装完成之后与连接桥连接之前进行,盾构始发反力架一般为拼装式全钢架结构,以确保足够刚度。

②反力架安装时,首先测量在反力架位置起始里程断面的中心线,并刻画在始发井侧墙上,以便反力架中心定位,反力架中心随始发托架抬高而同时抬高。定位的关键是反力架紧靠负环管片的定位平面与此处的隧洞轴线垂直。

③杆件的焊接强度必须具有保障,在满足双面焊接条件下必须进行双面焊接,在不能满足双面焊时,钢板的焊缝处应作成 30°的斜口并进行塞焊,焊缝的高度一般不能低于 12mm。

（12）管线连接

连接电器和液压管路,从后向前连接后配套与主机各部位的液压及电气管路。

3)盾构组装的总体要求

(1)盾构组装前必须制订详细的组装方案与计划,同时组织有经验的作业人员组成组装班组,并在组装施工前对组装人员进行技术和安全培训,盾构吊装由具有相关资质的专业队伍负责起吊。

(2)应根据履带起重机对地基承载力的要求,对其工作区域进行处理,如浇筑钢筋混凝土路面、铺设钢板等,防止地层不均匀沉陷。盾构运输必须由具有相关资质的专业大件运输公司运输进场。

(3)大件组装时应对盾构始发井端头墙进行严密的观测,掌握其变形与受力状态,保证始发井结构安全。

(4)高低压设备和电气元件的安装,应严格执行制造厂所提供的有关标准和我国电力电气安装的有关规定和标准。

4)盾构组装要点

(1)组装前必须熟知所组装部件的结构、连接方式及技术要求。

(2)组装工作必须本着由后向前、先下后上、先机械后液压、电气的原则。

(3)对每一拖车或部件进行拆包时必须做好标记,注意供应商工厂组装标记,如:VRT→表示隧道掘进方向,NL2 表示 2 号拖车,L 表示左侧,R 表示右侧等。

(4)液压管线的连接必须保证清洁,禁止使用棉纱等易脱落线头的物品擦拭。

(5)组装过程中严禁踩踏、扳动传感器、仪表、电磁阀等易损部件。

(6)组装场内的氧气、乙炔瓶必须定点存放、专人负责。

(7)组装工具必须由专人负责,专用工具必须严格按照操作规程进行使用。

(8)对盾构所有部件的起吊,必须保证安全、平稳、可靠。

5)盾构调试

盾构调试按阶段划分为工厂调试和施工现场调试。现场调试又分为井底空载调试和试掘进负载调试。工厂调试是对设计、制造质量及主要功能进行调试;井底空载调试是在盾构吊到始发井底后按照井底调试大纲对其总装质量及各种功能进行检查和调试;试掘进负载调试是在试掘进期间进行负载调试,经调试并验收合格后即可正式交付使用。

(1)井底空载调试

盾构组装完毕后,即可进行空载调试。空载调试的目的主要是检查盾构各系统和设备是否能正常运转,并与工厂组装时的空载调试记录进行比较,从而检查各系统运行是否按要求运转,速度是否满足要求,对不满足要求的,要查找原因。主要调试内容为:配电系统、液压系统、润滑系统、冷却系统、控制系统、注浆系统以及各种仪表的校正。以土压平衡盾构为例,空载调试的具体内容如下:

①确认每台电机的接线情况,各种管路、信号线路的连接情况。

②确认各种紧急按钮是否有效。

③确认液压油箱的油位和各个减速箱的油位。

④确认液压泵运转是否正常。

⑤在有危险的部位放置警示牌。

⑥排掉各活塞泵内的空气。

⑦接通电源,确认各个部分电压是否符合要求。
⑧确认各个漏电保护开关是否有效。
⑨检查各个电动机的转向是否正常。
⑩排掉润滑油管路内空气,并确认转换压力和各油路分配阀运行情况是否良好。
⑪依次对每台液压泵进行无负荷运转,直到泵内无空气混入的声音为止。
⑫通过控制室启动各个液压油泵和刀盘马达,检查运转是否正常。
⑬随时观察各种管路是否漏油。
⑭对推进和铰接系统,检查推进液压缸和铰接液压缸的伸缩情况,管路有无泄漏油现象,及其泵站的运转。
⑮对管片拼装机进行运行确认:对拼装机的控制系统即有线操作和无线操作进行确认,检查拼装机各机构运转及自由度情况对旋转马达进行运转,检查是否灵活可靠,并将其内的空气排净;对拼装伸缩、提升、支撑千斤顶的动作确认并排净其内的空气;检查拼装机上各种连接油管,检查是否有漏油现象及其泵站的运转情况。
⑯检查管片吊机和管片输送小车的操作遥控手柄,检查其运转情况。
⑰对螺旋输送机进行空载试车,检查螺旋输送机前后闸门伸开和关闭情况及螺旋杆伸缩情况,管路有无泄漏现象及其泵站的运转情况。
⑱在主控制室操作对刀盘进行旋转试验:在试验前,将刀盘位置处的盾构始发基座割去一块,以防止刀盘旋转时和始发基座发生碰撞;刀盘进行正、反方向旋转,检查是否正常。
⑲管片整圆器的调试:将整圆器液压油缸中的空气排净;检查其各个部分的油管是否漏油,滑道是否顺滑,行进是否灵活。
⑳皮带输送机的调试:在辊子摆放到位、输送带硫化完毕后,检查输送带运转情况,及时调整输送带跑偏和刮板调整程度,即检查皮带输送机的转向、检查各个滚轮转动是否灵活可靠、检查输送带有无裂纹和撬直、调整输送带在滚筒上的位置以及对盾构设备进行一次全面检查及局部调整。
㉑泡沫系统和刀盘加水:泡沫系统参数设定好后,启动泡沫泵和风水供应,查看泡沫发生器混合发生情况,刀盘前部泡沫喷射和混合效果。
㉒注浆系统检查注浆泵运转和管路连接情况:盾构设备须经现场空载试验调试,确认各项性能达到设计要求后,方可进行盾构试掘进施工。

(2)试掘进负载调试

通过井底空载调试证明盾构具有工作能力后,即可进行盾构的负载调试。负载调试的主要目的是检查各种管线及密封设备的负载能力,对井底空载调试不能完成的调试工作进一步完善,以使盾构的各个工作系统及其辅助系统达到满足正常施工要求的工作状态。通常试掘进时间即为设备负载调试时间。

7.1.3 盾构的现场验收

盾构设备在现场组装和调试完成且试掘进(一般为100~200m)后,应进行现场验收。验收组由盾构设备的买方、卖方及设备使用单位的技术人员以及有关专家联合组成。验收组按照技术文件、图纸以及合同,共同进行检查和试验。并由买方和卖方的双方代表签署盾构设备的组装证书,以及单机和系列机械及设备的调试证书。如果调试成功,盾构组装符合技术文件的要求,双方代表应签署竣工安装证书。验收合格后,进行盾构的始发与试掘进,试掘进长度按盾构采购合同的规定,试掘进完成后进行盾构设备的最终验收。最终验收的内容包括盾构的制造质量、设备性能、安全、环保等方面。最终验收合格后,由买方和卖方的双方代表签署最终验收证书。

盾构的最终验收是盾构管理责任由制造商向使用单位完全转移的标志,是盾构掘进管理的重要环节。

盾构验收前盾构制造商需提供主要部件出厂合格证书、盾构检验证书、工厂调试报告、工地验收文件清单及相关表格、合同中规定的图纸和技术资料、验收标准等文件。合同设备应在规定的考核期内,实现全部保证指标和相关条款,则表示最终验收合格。

验收中应认真记录验收数据,填写验收报告,验收要有专项表格,设备和系统的各项验收数据必须达到性能指标才能通过验收。

设备最终验收的主要依据如下:
① 盾构采购合同。
② 盾构技术文件及技术参数。
③ 合同附件的相关条款。
④ 对新机需提供设计联络、监造、安装调试过程中及随后掘进过程中所签署的文件、备忘录等。
⑤ 调试有关参数记录。
⑥ 试掘进有关参数记录。

7.2 盾构始发技术

7.2.1 盾构始发流程

盾构始发是指利用反力架和负环管片,将始发基座上的盾构,由始发竖井推入地层,开始沿隧道设计线路掘进的一系列作业。盾构工程中的始发施工,在施工中占有相当重要的位置。在 20 世纪 60 年代,手掘式盾构施工法鼎盛,始发施工方法是部分拆除竖井的临时墙,顺次建设挡土墙以防止地层崩塌,同时进行开挖。进入 20 世纪 70 年代,泥水式、土压式等闭胸式盾构得到广泛应用,这类盾构的前面为封闭结构,不能像手掘式盾构施工法那样施工,为此,必须全断面让盾构进入地层,通过泥浆循环或土体的塑性流动进行开挖。盾构法施工的进步,在对地层进行保护方面贡献很大,但始发施工并未简化,反而使施工方法变得更为复杂。目前,盾构隧道有埋深加大且大型化的趋势,施工周围的环境日趋复杂,在这种情况下,盾构的始发施工对辅助工法的依赖性越来越大,目前到了没有辅助工法几乎不能进行始发施工的地步。与此相应,辅助工法也进步显著,不但强度大、可靠性高,而且在大深度场所也能施工。以前是以化学注浆工法为主,目前逐渐采用了高压旋喷注浆、冻结法或钢套筒始发等更为安全的工法。

盾构始发是盾构施工的关键环节之一,其主要内容包括始发前端头地层加固、基座安装等。具体的始发流程如图 7-11 所示。

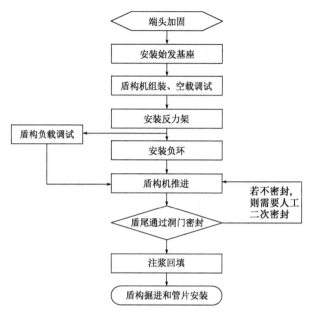

图 7-11 盾构始发流程图

7.2.2 端头加固

在始发掘进和到达掘进时,随着竖井挡土墙的拆除,端头土体的结构、作用荷载和应力将发生变化,须对始发掘进和到达掘进的竖井端头地层进行土体加固。端头土体加固的目的如下:防止拆除临时墙时的振动影响,在盾构进入开挖面前能使围岩自稳及防止地下水流失、防止开挖面坍塌、防止地层沉降。加固方法有化学注浆法、砂浆回填法、深层搅拌法、高压旋喷注浆法、冷冻法等。国内较常用的是深层搅拌法、高压旋喷注浆法、冷冻法等。

盾构法隧道施工中,端头土体加固是盾构始发、到达的一个重要组成部分,其成功与否直接关系到盾构能否安全始发、到达。因此,合理选择端头加固施工方法和必要的加固效果检测,是保证盾构法隧道顺利施工非常重要的环节。

端头土体加固与一般地基加固的不同之处是不仅要满足强度和变形要求,还要满足抗渗透性要求,在此基础上,还要考虑经济合理,这主要由加固长度、宽度和加固方法的决定,即加固方法是否风险性过大或过于保守,加固范围是否过大等。

端头土体加固最常见的问题有:一是加固效果不好(包括强度、变形和渗透性),造成破除洞门时地表坍塌或水土流失;二是加固范围不当,造成始发或到达施工时水土流失或地表塌陷。端头土体加固效果不好是在始发或到达施工过程中经常遇到的问题。采取的主要措施是必须根据端头土体设计选择合理的加固方法,而且要加强过程控制,特别是要严格控制一些基本参数。如始发过程中出现洞门失稳现象,须立即封闭洞门重新加固等。

对于普通 $\phi 6.0m$ 级的地铁盾构,始发与到达端地层加固范围一般为隧道衬砌轮廓线外左右两侧各 3.0m,顶板以上为 3.0m,底板以下 3.0m;对于其他直径的盾构隧道,其加固范围应根据地层情况具体计算确定;加固长度应根据地层情况和盾构设备的长度等因素确定,富水地层加固长度必须大于盾构主机长度(刀盘+盾壳)。加固后地层应具有良好的均匀性和整体性,在凿除洞门过程中或破除洞门后加固土体能够自稳,且具有低渗透性。端头加固完成后,应进行钻孔取芯以检查效果,取芯试件无侧限抗压强度和渗透系数须满足设计要求。除取芯检查外,现场施工还应在洞门钻水平孔检查渗水量,对于洞门处地层均一的情况,水平检查孔通常分布于盾构隧道上、下、左、右部和中心处各一个,孔深视加固长度而定,检查孔渗水量,检查孔使用后,采用低强度水泥砂浆封孔;对于洞门处存在复合地层的情况,应在高渗透性富水地层内和高低渗透性差异大的界面处,合理布置水平检查孔位置和数量,确保检查效果符合实际情况。

7.2.3 洞门密封

为了防止盾构始发或到达时土、地下水从盾壳和洞门的间隙处流失,以及盾尾通过洞门结构后同步注浆浆液的流失,在盾构始发或到达时需安装洞门密封。

洞门密封的施工分两步进行:第一步是在结构的施工过程中,做好洞门密封预埋件工作,预埋件必须与结构的钢筋连接在一起;第二步是在盾构正式始发或到达前,应先清理完洞口的渣土,然后进行洞门密封装置的安装。

洞门密封装置由帘布橡胶、扇形压板、防翻板、垫片和螺栓等组成。安装洞门密封之前,应对帘布橡胶的整体性、硬度、老化程度等进行检查,对圆环板的成圆螺孔位等进行检查,并提前把帘布橡胶的螺栓孔加工好;然后将洞门预埋件的螺栓孔清理干净,最后按照帘布橡胶板、圆环板、扇形压板、防翻板的顺序安装。

盾构始发时,为防止盾构进入洞门时刀盘损坏帘布橡胶,可在帘布橡胶板外侧涂抹一定量的油脂。随着盾构向前推进,需根据情况对洞门密封压板进行调整,以保证密封效果,如图7-12、图7-13所示。这里需要特别强调:盾构始发时帘布橡胶和反压板被盾构推入洞门内,其被推进导洞门内所能达到的最远位置到掌子面的距离要大于刀盘厚度+盾构切口环缝宽度,以免刀盘旋转切削加固土体时损坏橡胶帘布;待盾构到达,帘布橡胶接触到前盾盾壳时,须及时用钢丝绳紧固帘布橡胶和反压板,使之密贴到前盾盾壳上,并能承受一定的水土压力。

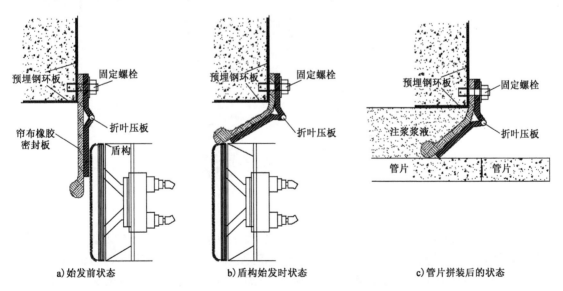

图7-12 土压平衡盾构始发过程洞门密封状态示意图

a) 止水帘幕安装　　　　　　　　　　b) 洞门密封情况

图 7-13　盾构始发洞门密封现场情况

泥水盾构始发时,除防止泥水盾构始发掘进时泥土、地下水从盾体和洞门的间隙处流失外,还要防止循环泥浆的流失,同时为建立一定的泥水压力,在泥水盾构始发时一般需安装由两道相同密封组成的洞门临时密封装置(俗称短套筒,其现场施工效果如图 7-14 所示)。

图 7-14　短套筒施工现场效果

盾构进入预留洞门前,在外围刀盘和帘布橡胶板外侧涂润滑油,当盾构刀盘全部通过两道密封后,开始向泥水仓内加压,压力仅满足泥浆充满泥水仓,然后在两道密封间用预留注脂孔向内注油脂,使油脂充满两道帘布橡胶密封间的空隙。当盾尾通过第一道密封且折叶压板下翻后,进一步加注油脂,使洞门临时密封起到很好的防水效果。当盾尾通过第二道密封且折叶压板下翻后,要及时利用注脂孔向内继续注油脂,使油脂压力始终高于泥水压力 0.01MPa 左右,从而使泥水平衡盾构顺利始发并减少始发时的地层损失。

7.2.4 洞门破除

洞门处临时围护结构破除前,端头加固的土体须达到设计所要求的强度、刚度(或变形)、渗透性、稳定性和长度等技术指标要求,方可开始洞口凿除工作。洞门破除方式根据盾构井围护结构来确定,以地下连续墙为例,洞门地连墙混凝土采取人工凿除,凿除工作分两次进行,第一次先凿除内层一定厚度(具体厚度视情况确定)的混凝土并割除钢筋及预埋件,保留最外层钢筋;内层凿除工作建议采用先下后上、先两边后中间的方式,钢筋及预埋件割除须彻底,保证预留洞门的直径。当盾构组装调试完成并推进至距离洞门 1.0~1.5m 时,凿除外层。外层凿除方法须根据断面大小的不同,将其分割成 9~20 块。如图 7-15 所示,均匀凿出三条水平槽,沿洞门周围凿一条环槽,然后开两条竖槽,破除顺序为图 7-15 中的分块数字。盾构到达时的洞门破除方式与始发一致。

7.2.5 负环管片拼装

当完成洞门凿除、洞门密封装置安装及盾构组装调试等工作后,组织相关人员再次对盾构设备、反力架、始发基座等进行迅速全面的检查与验收。验收合格后,开始将盾构向前推进,并安装负环管片。

①在盾尾壳体内安装管片支撑垫块,为管片在盾尾内的定位做好准备,如图 7-16 所示。

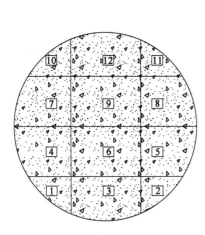

图 7-15 洞门凿除顺序

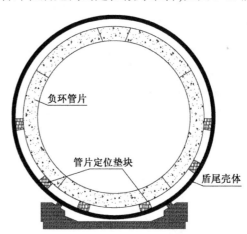

图 7-16 负环管片拼装示意图

②从下至上依次安装第一环管片,要注意管片的转动角度一定要符合设计,换算位置误差不能超过 10mm。

③完成安装拱部管片时,由于管片支撑不足,一定要及时用钢丝绳紧固。

④第一环负环管片拼装完成后,用推进液压缸把管片推出盾尾,并施加一定的推力把管片压紧在反力架上,用螺栓固定后即可开始下一环管片的安装。

⑤管片在被推出盾尾时,要及时支撑加固,防止管片下沉或失圆。同时也要考虑到盾构推进时可能产生的偏心力,支撑应尽可能稳固。

⑥当刀盘抵达掌子面时,推进液压缸已经可以产生足够的推力稳定管片,此时可以把管片定位垫块取掉。

7.2.6 始发试掘进

盾构始发试掘进过程中,盾构设备处于磨合阶段,要密切注意推力、扭矩、管片姿态的控制,同时也要注意反力架受力、洞门密封等的变化情况。

(1)扭矩控制

盾构始发试掘进时应确保刀盘扭矩小于始发基座和地层提供的反扭矩,根据盾构构造及受力情况,在始发过程中盾构的反扭矩 M 主要包括以下4部分:

①盾壳所受周边地层或盾壳与始发托架产生的阻滞扭矩 M_1。
②除刀盘重量以外盾体及盾体内管片自重产生的阻滞扭矩 M_2。
③推进液压缸撑靴和管片之间的摩擦力产生的摩擦扭矩 M_3。
④盾尾密封刷与管片之间的摩擦力产生的摩擦扭矩 M_4。

因此,盾构始发过程中受到的反扭矩 M 可表示如下:

$$M = M_1 + M_2 + M_3 + M_4 \tag{7-1}$$

各部分反扭矩的计算如下:

盾壳所受周边地层或盾壳与始发托架产生的阻滞扭矩 M_1:

$$M_1 = 4\pi(L_1\mu_1 + L_2\mu_2)R^2\sigma_m(1 + K_0) \tag{7-2}$$

式中:L_1——盾壳伸入土层的长度,m;
μ_1——盾构与周围土体之间的静摩擦系数,在砂土中建议取0.3,在黏土中建议取0.2;
L_2——盾壳未伸入土层的长度,m;
μ_2——盾构与盾构始发托架之间的静摩擦系数,建议取值为0.15~0.3;
R——盾构外半径,m;
σ_m——盾构中线位置处竖向压力,kPa;
K_0——地层侧压力系数。

除刀盘重量以外盾体及盾体内管片的自重产生的阻滞扭矩 M_2:

$$M_2 = \mu_1 R(W_s - W_c + mW_{seg}) \tag{7-3}$$

式中:W_s——盾构整机重力,kN;
W_c——刀盘重力,kN;
W_{seg}——每环管片重力,kN;
m——未脱出盾体的管片环数。

推进液压缸撑靴和管片之间的摩擦力产生的摩擦扭矩 M_3:

$$M_3 = f_r F_N R_{IS} \tag{7-4}$$

式中:f_r——推进液压缸撑靴与混凝土管片的静摩擦因数,可取值0.1;
F_N——千斤顶作用于管片上的推力,kN;
R_{IS}——千斤顶中心到盾构轴线的距离,m。

盾尾密封刷与管片之间的摩擦力产生的摩擦扭矩 M_4：

$$M_4 = n\pi D_0 F_f \frac{D_0}{2} \tag{7-5}$$

式中：n——密封刷的道数；

D_0——管片外径，m；

F_f——轴向每米密封刷与管片的摩擦力，可取经验值 10kN/m。

(2) 推力控制

盾构始发试掘进时的总推力应控制在反力架承受能力以下，同时密切关注反力架及反力架支撑的变形。

当始发掘进至第 50~100 环后，可拆除反力架及负环管片。盾构施工中，始发试掘进长度应尽可能缩短，但不短于以下两个长度中较长的一个：一是根据管片外表面与凝固注浆浆液、土体之间的摩擦力大于盾构推力计算的长度，根据管片环的自重及管片、浆液与土体间的摩擦系数计算确定；二是能够完全容纳盾构后配套设备的长度。

(3) 管片姿态控制

由于始发基座轨道与管片有一定的空隙，为了避免负环管片全部推出盾尾后下沉，可在始发基座导轨上焊接外径与理论间隙相当的圆钢，使圆钢将负环管片托起。

随着负环管片的拼装，应不断用准备好的木楔填塞负环管片与始发基座轨道及三角支撑之间的间隙，待洞门围护结构完全拆除后，盾构应快速地通过洞门进行始发试掘进施工。

(4) 洞门密封

当盾尾完全进入洞门密封后，及时通过注浆对洞门进行封堵，防止洞门密封处出现渗漏泥水和所注浆液外漏现象的发生。

7.3 盾构掘进技术

7.3.1 土压平衡盾构

1) 施工流程

土压平衡盾构施工工艺流程如图 7-17 所示。

2) 掘进管理

正式掘进施工阶段采用始发试掘进阶段所掌握的最佳施工技术参数，结合具体的地质条件，通过加强施工监测，不断完善施工工艺，控制地面沉降。掘进前由隧道工程师下达掘进指令，盾构司机应严格按照掘进指令上的参数进行掘进。掘进过程中，应根据导向系统显示的坐标和偏差值严格控制盾构姿态，当盾构水平位置或高程偏离设计轴线 20mm 时，需要进行盾构姿态纠偏，且在纠偏过程中，每一环盾构的纠偏值，在水平与垂直方向均不超过 5mm。掘进过程中，严格控制各组推进液压缸的行程。在直线段，各组推进液压缸的行程差每循环不宜超过 20mm。盾构在停止掘进时，土仓内应保持相应的土压力，以防止在安装管片或停机时，掌子面发生坍塌。在掘进过程中,盾构的趋势不能突变,水平和垂直的趋势改变量不能超过0.2%。在每个循环掘进之后,必须由隧道工程师对盾尾间隙进行测量,将测量数据记录下来并将其输入导向系统,通过导向系统计算后预测出下几环管片的布置形式,如导向系统不具备计算功能,隧道工程师应根据导向系统显示的盾构姿态数据和隧道线型合理选择管片的布置形式。随着盾构技术的发展已能够实现盾尾间隙的实时自动测量,应该予以推广应用。

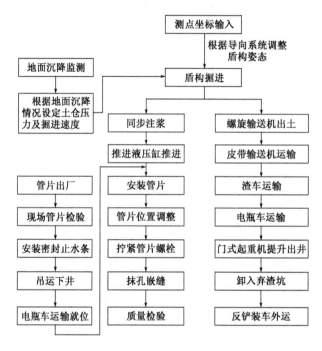

图7-17 土压平衡盾构法施工工艺流程图

壁后注浆与掘进应同时进行。壁后注浆是控制地层位移和地表沉降的关键工序,所以应严格做到没有注浆就不能掘进。盾构掘进施工全过程须严格受控,工程技术人员应根据地质条件变化、隧道埋深、地面荷载、地表沉降、盾构姿态、刀盘扭矩、盾构推力、盾尾间隙、推进液压缸行程等各种测量和量测数据信息,正确下达每班的掘进指令及管片安装指令,并及时跟踪调整。盾构司机及其他部位操作人员必须严格执行盾构掘进指令以及管片安装指令,细心操作,对盾构初始出现的偏差应及时纠正,不能使偏差累积,造成超限。盾构纠偏时,纠偏量不要太大,以避免管片发生错台和减少对地层的扰动。

为了防止盾构掘进对地面建筑物产生有害的沉降和倾斜,防止盾构施工影响范围内的地下管线发生开裂和变形,必须规范盾构操作并选择适当的掘进工况,减小地层损失,将地表隆陷控制在允许范围内(-3~+1cm)。

掘进时,严格按照启动顺序开机。开机前全面检查冷却循环水系统、压缩空气系统、推进系统、管片拼装系统、主轴承密封润滑系统、盾尾注脂系统等是否正常,确保各系统正常方能启动盾构掘进操作。盾构掘进过程中,必须确保开挖面的稳定,按围岩条件调整土仓压力和控制出土量。盾构掘进的推力必须在考虑围岩情况、盾构类型、超挖量、隧道曲线半径、坡度和管片反力等情况下,确保盾构掘进时的推力大小始终保持在适当的数值。

3) 土压平衡工况掘进

(1) 土压平衡工况掘进特点

土压平衡工况掘进时,刀具切削下来的土体充满土仓,然后利用土仓内泥土压力与作业面的土压和水压相平衡。与此同时,用螺旋输送机排土设备进行与盾构推进量相应的排土作业,掘进过程中,始终维持开挖土量与排土量的平衡,以保持正面土体稳定,并防止地下水土的流失而引起地表过大的沉降。

(2) 掘进控制

在盾构掘进中,保持土仓压力与掌子面压力(掌子面土压与水压之和)平衡是防止地表沉降,保证建筑物安全的重要因素。

① 土仓压力确定

目前,对于实际工程施工中盾构土仓压力的计算,主要通过竖向土压力 σ_v 和侧压力系数 K_0 确定,即土仓压力 P 通过下式计算:

$$P = K_0\sigma_v + \gamma_w h_w + 20 \quad (水土分算) \tag{7-6}$$

$$P = K_0\sigma_v + 20 \quad (水土合算) \tag{7-7}$$

式中:K_0——侧压力系数,可根据掌子面所在土层的泊松比 μ 确定,即 $K_0 = \mu/(1-\mu)$;

σ_v——掌子面上方竖向土压力 kPa,当所在地层渗透性较高时,宜采用水土分算方法,此时上覆土层通过有效重度来计算;而当所在地层渗透性较低时,宜采用水土合算方法,此时上覆土层中在地下水位以下的则需要用饱和重度计算;

γ_w——地下水的重度,kN/m^3;

h_w——地下水位的高度,m。

对于 σ_v 的计算一般需考虑两种方法,一种是将掌子面上方所有覆盖土层均计算在内的全覆土柱法,该方法主要适用于浅埋隧道(隧道埋深小于 $2D$,D 为盾构直径)的施工,而当埋深较深时,其计算结果显然偏大;另一种是考虑掌子面上方土层可能成拱情况的太沙基松动土压力计算理论和普氏成拱理论,而特别对于深埋隧道(隧道埋深 $>2D$)或无黏性土地层时,土拱效应更容易发挥。因此,对于不同地层类型的工况选择合适的计算方法对于土仓压力的合理确定很重要,下面主要介绍几种工程设计中常用的竖向土压力计算方法。

a. 全覆土柱法

在不考虑盾构变形条件下,根据盾构刚体静力平衡条件,在盾构隧道埋深较浅的情况下,认为盾构上部及前端所受到的土压力为上覆土柱的重量减去土柱两侧对土柱产生的侧向摩擦力,一般在级配较差土质地层中认为该侧向摩擦力为0,如图7-18a)所示,即:

$$\sigma_v = \sigma_0 + \sum \gamma_i h_i \tag{7-8}$$

式中:σ_v——竖向土压力,kPa;

σ_0——地面超载,kPa,一般取值为20kPa;

γ_i——第 i 层土重度,kN/m^3,若采用水土分算,则取有效重度,若采用水土合算,则地下水位以上地层用有效重度,而地下水位以下地层用饱和重度;

h_i——第 i 层土厚度,m。

b. 太沙基(Terzaghi)松动土压力理论

太沙基最早是针对埋设管道工程建立了松动土压力理论,后来推广到盾构隧道土压力的计算。当上覆土层的厚度远大于盾构外径时(一般 $h>2D$),必须考虑一定的土拱效应,因此,可将太沙基松动土压力作为盾构的垂直土压力考虑。此土压力是指假定开挖时洞顶出现松动,当这部分土体产生微小沉降时,作用于洞顶的垂直土压力,如图 7-18b)所示。该理论认为隧道在开挖以后,顶部土体由于重力作用而向下滑动,在隧道两侧至地面形成了两个剪切面,并假定滑动体为一竖直土条,其宽度为 $2B$,然后通过距地表深 h 处某一微小单元垂直方向静力平衡条件即可得到太沙基松动土压力的计算公式:

$$\sigma_v = \frac{B(\gamma - c/B)}{K\tan\varphi}(1 - e^{-K\tan\varphi\frac{h}{B}}) + \sigma_0 e^{-K\tan\varphi\frac{h}{B}} \tag{7-9}$$

式中:B——土条宽度的一半,m;
γ——上覆土的加权平均重度,kN/m^3;
c——上覆土的加权平均黏聚力,kPa;
φ——上覆土的加权平均内摩擦角,°;
K——松动侧压力系数,一般取值为 1;
h——上覆土高度,m。

c. 普氏(Protodyakonov's)拱理论

该理论是由俄国学者 Protodyakonov 在 1907 年提出的一种经验性理论,普氏经过长期实验发现,深埋洞室开挖后,由于节理的切割洞顶岩体产生塌落,当塌落到一定程度之后,岩体会形成一个平衡自然拱,此时,即使不作支护,洞室也可以保持平衡。该理论的基本假定是:a)岩体由于节理的切割,经开挖后形成松散岩体,但还具有一定的内聚力;b)洞室开挖后,洞顶岩体将形成一自然平衡拱,在洞室的侧壁处,沿与侧壁夹角为 $45°-\varphi/2$ 的方向产生两个滑动面,作用在洞顶的围岩压力仅是自然平衡拱内岩体的自重;c)采用坚固系数 f 来表征岩体的强度,其物理意义为 $f = \tau/\sigma = c/\sigma + \tan\varphi$;但实际应用中,普氏采用了一个经验计算公式,可求得坚固系数 f 的值:$f = \sigma_c/10$,其中,σ_c 为围岩的单轴抗压强度,经验系数 f 在实际应用中还得考虑岩体完整性和地下水的影响进行适当的折减;d)形成的自然平衡拱的洞顶岩体只能承受压应力,不能承受拉应力。

拱体的几何形状如图 7-18c)所示,由于计算拱内岩土体的自重即为上覆土压力值,因此确定土拱的几何形状是计算准确与否的根本。土拱的几何形状尺寸可由式(7-10)和式(7-11)确定:

$$h = \frac{B}{2f} \tag{7-10}$$

$$B = b + 2m\tan\left(45° - \frac{\varphi}{2}\right) \tag{7-11}$$

式中:m、b——盾构隧道直径,m;
f——普氏坚固系数,无量纲,一般通过规范或经验公式 $f = \sigma_s/10$ 取值,其中 σ_s 为岩土体的单轴抗压强度数值;
φ——岩土体的内摩擦角,°。

可以看出,普氏拱理论是完全的经验性总结,受拱体几何形状的影响较大,且相关参数也是基于经验确定,人为误差大。因此,采用该方法计算竖向土压力 σ_v 时,其计算结果的准确程度主要取决于塌落拱几何形状的选取。

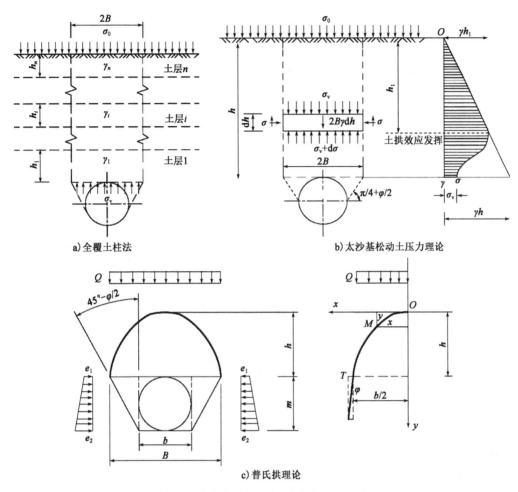

图 7-18　竖向土压力 σ_v 的三种计算理论及方法

土仓压力 P 值能与地层土压力 P_0 和静水压力相平衡,在地层掘进过程中根据地质埋深情况以及地表沉降监测信息进行反馈和调整优化。地表沉降与工作面稳定关系以及相应措施对策见表 7-1。

地表沉降与工作面稳定关系以及相应措施与对策　　表 7-1

地表沉降信息	工作面状态	P 与 P_0 关系	措施与对策	备　注
沉降超过基准值	工作面坍陷与失水	$P_{max} < P_0$	增大 P 值	P_{max}、P_{min} 分别表示 P 的最大值和最小值
隆起超过基准值	支撑土压力过大,土仓内水进入地层	$P_{min} > P_0$	减小 P 值	

②土仓压力保持

土仓压力主要通过维持开挖土量与排土量的平衡来实现。可通过设定掘进速度、调整排土量或设定排土量、调整掘进速度两条途径来达到。

③排土量控制

排土量控制是盾构在土压平衡工况模式下工作时的最关键技术。

理论上螺旋输送机的排土量 Q_S 是由螺旋输送机的转速来决定的,当盾构推进速度和土仓压力 P 值设定,盾构可自动设置理论转速 N,则排土量 Q_S:

$$Q_S = V_S N \tag{7-12}$$

式中:V_S——设定的每转一周的理论排土量,m^3/min;

Q_S——与由掘进速度决定的理论渣土量 Q_0 相当,m^3/min,$Q_0 = Avn_0$,其中 A 为切削断面面积,n_0 为松散系数,v 为推进速度。

通常,理论排土率用 $K = Q_S/Q_0$ 表示。

理论上,K 等于1或接近1,这时渣土就具有低的透水性且处于良好的流塑状态。事实上,地层的土质不一定都具有这种特性,这时螺旋输送机的实际出土量就与理论出土量不符。当渣土处于干硬状态时,因摩阻力大,渣土在螺旋输送机中的输送遇到的阻力也大,同时容易产生固结、阻塞现象,实际排土量将小于理论排土量,则必须依靠增大转速来增大实际出土量,以使之接近 Q_0,这时,$Q_0 > Q_S$,$K < 1$;当渣土柔软而富有流动性时,在土仓内高压力的作用下,渣土自身有一个向外流动的能力,从而使实际排土量大于螺旋输送机转速决定的理论排土量,这时,$Q_0 < Q_S$,$K > 1$,必须依靠降低螺旋输送机的转速来降低实际排土量。当渣土的流动性非常好时,由于输送机对渣土的摩阻力减小,有时还可能产生渣土喷涌现象,这时,转速很小就能满足出土要求,K 值接近于1。

渣土的排出量必须与掘进开挖土体量相匹配,以获得稳定而合适的掌子面支撑压力值,使掘进机的工作处于最佳状态。当通过调节螺旋输送机的转速仍不能达到理想的出土状态时,可以通过改良渣土的流塑状态来调整。

④渣土应该具有的特性

在土压平衡工况下渣土应具有以下特性:

a. 优良的流塑性。

b. 良好的黏稠度。

c. 适宜的内摩擦系数。

d. 合理的渗透系数。

一般地层岩土不一定同时具有上述这些特性,从而使刀盘摩擦增大,工作负荷增加。同时,密封仓内渣土流塑状态差时,在压力作用下搅拌不均匀易产生泥饼、压密固结等现象,从而无法形成有效的开挖仓密封和良好的排土状态。当渣土具较高的渗透系数时,渣土在螺旋输送机内排出时无法形成有效的栓塞作用和压力梯降,土仓内的土压力无法达到稳定的控制状态。

当渣土满足不了这些要求时,需通过向刀盘前、土仓内注入添加剂对渣土进行改良,采用的添加剂种类主要是泡沫、膨润土或高分子聚合物等。

(3)确保土压平衡所采取的技术措施

①拼装管片时,严防盾构后退,确保正面压力稳定。

②同步注浆充填环形间隙,使管片衬砌尽早支承地层,控制地表沉陷。

③切实做好土压平衡控制,保证掌子面土体稳定。

④利用信息化施工技术指导掘进管理,保证地面建筑物的安全。

⑤在砂质土层中掘进时向开挖面注入黏土材料、泥浆或泡沫,使搅拌后的切削土体具有止

水性和流动性,既可使渣土顺利排出地面,又能提供稳定开挖面的压力。

(4) 渣土改良

为了使刀盘切削下来的渣土具有好的流塑性、合适的黏稠度、较低的渗透系数和较小的黏聚力,通过盾构配置的专用装置向刀盘前面、土仓及螺旋输送机内注入添加剂如泡沫、膨润土或聚合物等,利用刀盘的旋转搅拌、土仓搅拌装置搅拌及螺旋输送机旋转搅拌使添加剂与渣土充分混合,以达到改善渣土性质的作用。以某6m直径盾构刀盘为例,其刀盘的改良剂注入口分布情况如图7-19所示。渣土改良可以起到利于出渣、稳定土压、降低刀盘扭矩和土体渗透系数、防

图7-19 某直径6m盾构刀盘改良剂注入口分布情况

止螺旋输送机喷涌、减轻刀盘刀具磨损等多方面的作用。另外,通过渣土改良还可以达到渣土良好的流塑性以及较小的黏聚力,减少泥饼的形成;不同厂家为防止泥饼产生,在结构设计上有一些改进,都是有益的措施。

土压平衡盾构施工常用的渣土改良材料大致可以分为如下几类:

①表面活性类材料:起泡剂溶液和空气混合生成的泡沫材料,主要功能是对刀盘等盾构机械的润滑减阻。

②矿物类材料:为了改善开挖土体的级配,提高其运输性能和抗渗性能,有时需要向土体内填充细颗粒,特别是对粗粒土体。根据相关研究,开挖土体的细颗粒成分应达到30%~35%为宜,而细颗粒的填充可以通过黏土、膨润土等材料制备的泥浆进行。

③高分子材料:采用各种类型的高分子材料,达到土体改良的目的,例如淀粉类材料可以吸收土体中的水分,多糖类材料可以增加黏性。

④复合型添加剂:通过两种或多种改良剂的混合方式,达到特定的改良目的。渣土改良材料分类及具体效用说明如图7-20所示。

下面主要介绍土压平衡盾构渣土改良中常用的三种典型改良材料:

①泡沫

泡沫是典型的气—液二相系,其中90%以上为空气,不足10%为发泡剂溶液。发泡剂主要成分为表面活性剂,由聚合而成的长链分子构成,含有憎水基与亲水基。与渣土混合后,可吸附在液体、固体表面,减小了水的表面张力和颗粒间的接触,降低了接触面的粗糙度和土体的黏聚力,起到润滑作用,很大程度上改善了渣土的流动性、止水性并防止黏附。泡沫的形态如图7-21所示。此外,泡沫混合土具有一定的弹性,能维持土仓内必要的土压力,并使其均匀变化防止产生较大起伏。

无论盾构通过砂性土还是黏性土地层,都可以通过向土仓内注入泡沫来改善渣土的性状,使渣土具有良好的流塑性;同时泡沫的加入可以起到防水的作用,防止盾构发生喷涌和突水事故。但由于泡沫的用量和价格都比较高,所以只有在加泥不满足要求以及发生喷涌、突水的情况下才使用。当泡沫注入后,可以将螺旋输送机回缩,控制好盾构推力将盾构刀盘进行空转,使泡沫充分地和土仓内的渣土拌和,在改善渣土性状和止水方面发挥最大的功效。

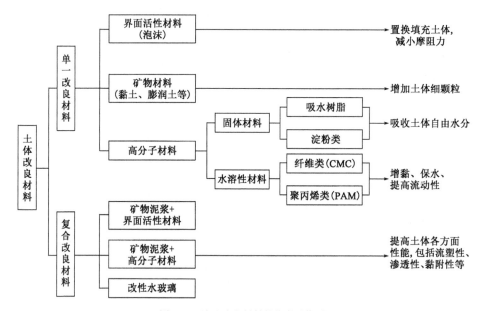

图 7-20 渣土改良材料的分类及作用

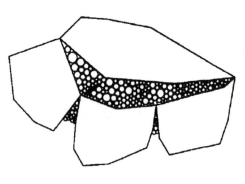

a) 泡沫在土颗粒间的吸附状态示意图

b) 经发泡机发制的泡沫

图 7-21 泡沫的形态

泡沫的生成需要泡沫系统,泡沫系统由螺杆泵泵送泡沫剂与一定比例的水混合,经过泡沫发生器,高压空气吹压发泡,产生大量泡沫,通过管路输送到刀盘前方、土仓内及螺旋输送机与渣土混合。泡沫具有如下优点:由于气泡的润滑效果,减少了渣土的内摩擦角,提高了渣土的流动性,减少刀盘扭矩,改善盾构作业参数;减小渣土的渗透性,使整个开挖土体传力均匀,工作面压力变动小,有利于调整土仓压力,保证盾构掘进姿态,控制地表沉降;降低黏土的黏性,使之不附着于盾构及刀盘上,有利于出土机构出土;泡沫无毒,在2h后可自行分解消失,对土壤环境无污染。

盾构通过向开挖面注入泡沫,使得开挖土获得良好的流动性和止水性,并保持开挖面稳定,扭矩明显下降。而在黏性土层中,由于其内摩擦角小,易流动,泡沫只起到活性剂作用,防止土黏在刀具和土仓内壁上,提高了出土速度和掘进速度。

②膨润土

膨润土属于蒙脱石黏土矿物，是火山灰改性后商品化的产物，具有较高的膨胀性和较低的导水率，适合作为堵水或者渣土改良材料。圆形的砾砂颗粒在与膨润土混合后，膨润土中的黏性颗粒会完全覆盖砾砂的圆形光滑表面，并向孔隙延伸，最终形成颗粒链，如图7-22a)所示；锐度较大的砾砂与膨润土混合后，膨润土颗粒会在尖锐处产生聚集，然后沉淀凝结，形成一套互相咬合的低渗透性的颗粒系统，如图7-22b)所示。膨润土主要以泥浆的形式注入于渣土中，当自由水接触到土体后，砂土颗粒与膨润土颗粒形成的联锁系统可以吸收并阻隔自由水分，并且膨润土颗粒水化后具有润滑作用，可以改善土体流塑性。调配好的膨润土泥浆如图7-22c)所示。

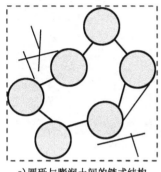 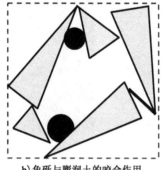 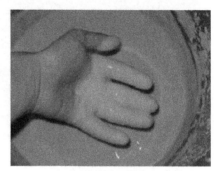

a) 圆砾与膨润土间的链式结构　　b) 角砾与膨润土的咬合作用　　c) 调配好的膨润土泥浆

图 7-22　膨润土泥浆的形态及与土颗粒混合的微观作用

根据膨润土的层间阳离子种类可分为钠基膨润土和钙基膨润土，层间阳离子为 Na^+ 时，称钠基膨润土；层间阳离子为 Ca^+ 时，称钙基膨润土。钠基膨润土吸附力强，膨胀率高，使用比较广泛。

膨润土系统主要包括膨润土箱、膨润土泵、气动膨润土管路控制阀及连接管路。有的设备将膨润土系统与泡沫系统共用一套注入管路。需要注入膨润土时，膨润土被膨润土泵沿管路向前泵至盾体内，根据需要，将膨润土加入开挖仓、泥土仓或螺旋输送机中。

③高分子聚合物

高分子聚合物材料种类繁多，特点鲜明，已经越来越多地用于盾构施工中，由于各材料性能千差万别，因此需要针对工程实际进行材料的选用。目前，高分子聚合物主要分不溶性聚合物和水溶性聚合物两种，如图7-23所示。不溶性聚合物多为高吸水性树脂，这种材料吸水而不溶于水，可防止高水压地层的地下水喷出，增加止水性；水溶性聚合物添加剂可以把土层颗粒之间的自由水挤走，或在颗粒与水之间形成絮状凝聚物，使其发生黏结，减小内摩擦角，提高流动性。一般在盾构下穿河湖等水体时，为应对高水压的不利环境，会备用一部分高分子聚合物材料，其主要是利用聚合物本身高吸水性能，使渣土产生塑流性，防止喷涌发生。因此，聚合物在高压富水地层中防止渣、水喷涌发生方面的效果比较明显。

（5）同步注浆及二次注浆

①同步注浆的目的和作用

为了能够顺利掘进，盾构本身的构造会呈现出一种从前至后外径逐渐减小的趋势，如图7-24所示。这种构造设计一方面是为了让盾壳不至于紧贴地层，另一方面则能够使盾构产生足够的转弯能力。然而，随着盾构的不断掘进，这种盾构外径差就会不可避免地在盾壳与土

层、管片与土层间源源不断地形成空隙,工程上称之为开挖间隙,这种空隙的存在,将可能导致以下不利后果:

a. 天然土体坍塌从而引起地面下沉。

b. 孔隙积水增大管片间漏水的可能性。

c. 管片在千斤顶作用下由于缺乏约束而变形错位。

因此,为了能够应对开挖间隙,需进行同步注浆。

图 7-23　高分子聚合物种类

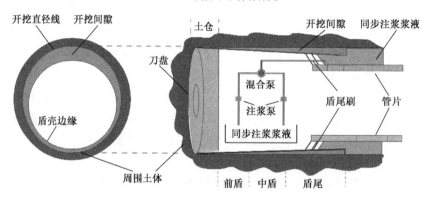

图 7-24　盾构外径差及开挖间隙示意图

同步注浆的原理即是通过盾尾注浆管路,将混合搅拌好的同步注浆浆液泵送至盾尾外管片与土层之间的开挖间隙内,同时为了防止浆液渗漏,会对盾尾刷位置注入密封油脂,保证浆液良好的填充效果。盾尾注浆系统如图 7-25 所示。

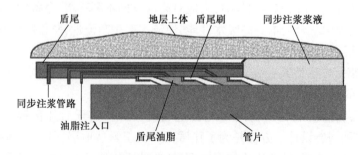

图 7-25　盾构注浆系统示意图

综合来看,同步注浆的填充主要起到了以下几个作用:

a. 控制地面沉降:由于开挖间隙的存在,会引起上方地层产生一定的应力释放,最直接的表现即为产生地表沉降,如图 7-26a)所示。因此,有了同步注浆浆液的填充,开挖间隙上方土体就能够得到及时有效的支护,沉降自然就能够得到控制。

b. 稳定隧道结构:同步注浆浆液的填充能够给管片一定的稳定和限制作用,这样就能够保证成环管片在隧道轮廓中得以固定,防止隧道结构沉降变形,如图 7-26b)所示。待浆液完全凝结并产生一定的强度后,还能改善隧道衬砌的防水效果、减小隧道后期沉降等。

c. 辅助纠偏:盾构掘进过程中有时会因为地质条件或其他因素,造成一定的盾构姿态偏差,进而影响后续隧道结构的偏差,而小幅度的偏差可以通过同步注浆的方式来弥补,例如,采用不同注浆位置注浆量差、注浆压力差等方式可以在开挖间隙空间范围允许内微小的改变管片空间位置,如图 7-26c)所示。对于大幅度的偏差则需要靠盾构推进系统进行纠偏。

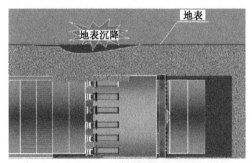
a) 地表沉降

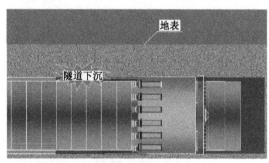
b) 隧道结构沉降变形

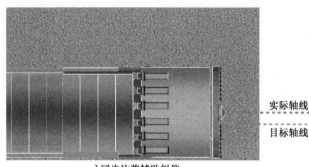
c) 同步注浆辅助纠偏

图 7-26　同步注浆浆液填充作用示意图

②同步注浆浆液种类及适用地层

一般情况下盾构施工用同步注浆浆液分为单液浆和双液浆两种,其中单液浆又分为硬性浆液和惰性浆液。硬性浆液的基本成分为:砂、粉煤灰、水泥、膨润土、水;惰性浆液的基本成分为:砂、粉煤灰、膨润土、水。石灰作为同步注浆浆液的一种添加成分,有时也有较好的效果,一般是作为水泥的替代品,但是添加石灰替代水泥后的浆液,其凝结特性介于硬性浆液和惰性浆液之间,初凝时间较长。双液浆一般是由水泥和水玻璃浆液按照一定比例(根据凝固时间的长短)混合组成的浆液(也称为 C-S 浆液)。

双液浆适用于有水地层和无水地层的盾构施工隧道;单液浆一般只适用于无水地层中施工的盾构隧道。对于有水地层,须有特殊的应对措施,确保浆液不被稀释而影响浆液性质及其初凝时间。惰性浆液初凝时间长、强度低,对地表沉降控制不利,建议在地层匹配性较好的盾构施工中使用。

③同步注浆量及注浆压力的计算

a. 同步注浆量。

同步注浆量的计算,依据以下基本假定:

a) 注浆过程及时、均匀、足量,确保开挖间隙得以完全填充。

b) 考虑浆液向土体中的渗透、渗漏损失(浆液流失注浆区域之外)、小曲率半径施工、超挖等因素对注浆量进行适当的折减。

c) 不考虑浆液材料配合比性能等方面的差异。

d) 注浆量按浆液成型的体积为标准,计算公式根据刀盘开挖直径和管片外径差进行确定,具体表示如下式:

$$V = \frac{\pi}{4} KL(D_1^2 - D_2^2) \tag{7-13}$$

式中:V——单环的注浆量,m^3;

K——扩大系数,一般可取 1.5~2;

L——环宽,m;

D_1——开挖直径,m;

D_2——管片外径,m。

该公式实际上是通过开挖直径和管片外径差计算出单环内开挖间隙的体积,进而可以确定同步注浆浆液的体积量,但实际上注浆过程中难免会遇到浆液的损失,如注浆管路的残留、浆液压力过大而被挤如盾壳周围、浆液向地层中的渗入等。因此,扩大系数 K 即可起到修正作用。

b. 注浆压力。

注浆压力主要根据压浆点处的水土压力 E、管道中的压力损失、地面超载 p_0 等方面来确定,如图 7-27a)所示,荷载的具体计算可见第 6 章 6.3 节。对于顶部的注浆孔,主要考虑上部水土压力、地面超载和管道中的压力损失确定注浆压力;而对于中部及下部的注浆孔,还需要考虑侧向土压力 p_p 的影响。

同步注浆压力应该根据同步注浆管位的不同分别进行控制,如图 7-27b)所示,上部同步注浆管路的注浆压力 q_1 应控制在土仓内上土压力 + (0.05~0.10MPa),下部同步注浆管路的注浆压力 q_2 应控制在土仓内下土压力 + (0.1~0.15MPa)。

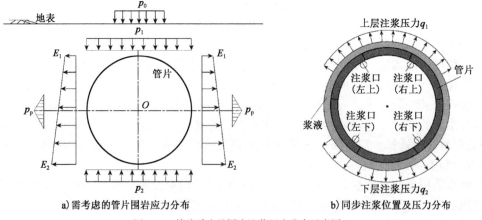

图 7-27 管片受力及同步注浆压力分布示意图

c. 注浆时间和速度。

在不同的地层中根据浆液不同凝结时间需要及掘进速度来具体控制注浆时间的长短,要求做到"掘进、注浆同步,不注浆、不掘进";通过控制同步注浆压力和注浆量双重标准来确定注浆时间,注浆量和注浆压力均达到设定值后才停止注浆,否则仍需补浆。同步注浆速度与掘进速度匹配,按盾构完成一环掘进的时间内即完成当环注浆量来确定其平均注浆速度。

d. 注浆结束标准及注浆效果检查。

一般情况下,采用注浆压力和注浆量双指标控制标准,即当注浆压力达到设定值,注浆量达到设计值的85%以上时,认为满足质量要求。注浆效果检查主要采用分析法,即根据压力—注浆量—时间曲线,结合管片、地表及周围建筑物监测结果进行综合评价。对于有特殊要求的地段(比如地层变形控制要求极其严格等),注浆压力和注浆量的双标控制标准单独确定。

④浆液质量及相关指标

尽管通过同步注浆填充开挖产生的盾尾间隙可以很好地控制地层沉降,保护隧道结构稳定等,但浆液质量的好坏也是填充过程所必须考虑的因素,浆液质量不佳,就难以形成良好的填充效果。因此,在进行同步注浆之前,一定要通过相关指标对浆液的质量进行评估与控制。根据盾构区间的地质条件、工程特点以及盾构设备特征,浆液应具备以下性能:

a. 良好的长期稳定性及流动性和适当的初凝时间,以适应盾构施工管路输送的要求。

b. 良好的充填性能。

c. 在满足注浆施工的前提下,尽可能早地获得高于地层的早期强度。

d. 浆液固结后体积收缩小(结实率高),泌水率小。

e. 浆液无公害,不会造成环境污染。

目前,在工程上常用且检测浆液质量较为容易,直观的指标主要有浆液强度、初凝时间、结石率等,下面主要介绍这三种指标的检测及性能判别标准:

a. 浆液强度:浆液的强度一般指浆液凝结后,具有一定抵抗变形能力的强度,可通过测定凝结后浆液的单轴抗压强度来进行评估。以单液浆为例,具有良好强度的浆液要求为:1d 的单轴抗压强度不小于 0.2MPa,同时 28d 不得小于 2.5MPa。

b. 初凝时间:初凝时间是指浆液开始失去流动性的最短时间,其测定方法主要有倒杯法、旋转黏度计法和维卡仪法三种(图7-28),三种方法各有其优缺点。如倒杯法的判断即将装有浆液的杯子斜倒45°,如果浆液不随倒杯倾斜,即判定浆液初凝,该方法简洁、迅速、直观,但受人为误差影响较大;旋转黏度计法同样操作也较为容易,且精度较高,但操作过程时间相对倒杯法较长,如果测定初凝时间较短的双液浆等会引起较大误差;维卡仪法也与旋转黏度计类似,但测试过程也受指针影响,比较适合单液浆初凝时间的检测。对于普通单液浆来说,合格浆液的初凝时间一般为 3~10h,根据地层条件和掘进速度,可通过现场试验加入速凝剂及变更配合比来调整胶凝时间,对于强透水地层和需要注浆提供较高的早期强度的地段,也可通过现场试验进一步调整配合比和加入早强剂,进一步缩短初凝时间;而对于水泥—水玻璃双液浆来说,其初凝时间极短,为 0.5~20min 不等,因此,对于采用双液浆施工来说,其初凝时间的把控不仅会影响填充效果,还会对注浆泵的泵送能力有一定的要求。

 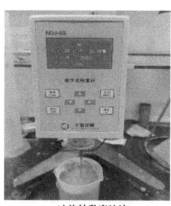 

a) 倒杯法　　　　　　　b) 旋转黏度计法　　　　　　c) 维卡仪法

图 7-28　浆液初凝时间测定方法

c. 结石率：与固结收缩率类似，浆液的结实率是指浆液完全凝结后结石体的体积与最初体积之比，该指标决定着填充浆液的有效填充能力，一般情况下要求合格浆液的结石率不小于 95%。

d. 其他指标：稠度、泌水率、倾析率等。各种指标对于浆液质量均有其特定的评估效果，不能仅从单一指标或个别指标的好坏对浆液的质量下结论，只有通过将各种指标结合起来对照，才能找到最佳浆液。

⑤二次注浆的作用及类型

二次注浆（也称二次补浆）一般在管片与土层间的空隙充填密实性差，致使地表沉降得不到有效控制或管片衬砌出现较严重渗漏的情况下实施。盾构掘进且完成同步注浆后，考虑到地表沉降控制和隧道稳定因素，如发现同步注浆有不足的地方，可通过管片中部的预留注浆孔进行二次注浆，从而减少盾构通过后土体的后期沉降，减小隧道的防水压力。二次补浆浆液质量控制标准与同步注浆浆液质量标准相同，注浆量要根据注浆过程中压力的反馈效果来确定，补浆频率应根据环境风险工程等级来确定，对于同步注浆量不足、出土量过多、土压力控制低等施工参数异常的情况，应及时对影响范围内区段进行二次补浆，且应每环都进行补浆。必要时，还须进行深孔多次补浆。二次补浆位置建议选择位于隧道顶部或者靠近顶部的管片吊装孔处，且对于特、一级风险工程进行二次补浆时应对位于隧道上部的三个管片吊装孔都进行二次补浆。

综上，无论是同步注浆浆液还是二次补浆的浆液，其配合比均应符合上述指标，浆液性能也都要满足施工要求。表 7-2 列举出了某工程盾构施工过程中采用的单液浆和双液浆的材料配合比及试验获得的部分性能，供参考。

某工程取用的单液浆和双液浆配合比（每 m^3 计）　　　　表 7-2

单液浆（用于同步注浆）						双液浆（主要用于二次补浆）			
						A 液		B 液	
水泥(kg)	粉煤灰(kg)	膨润土(kg)	砂(kg)	水(L)	外加剂	水泥(kg)	水(L)	水玻璃(kg)	水(L)
170	500	60	800	420	无	378	378	182.5（≥35°Bé）	365

4) 土压平衡盾构掘进模式

土压平衡盾构一般有三种掘进模式，如图 7-29 所示，即敞开模式、局部气压模式和土压平衡模式(EPB)。每一种掘进模式具有不同的特点和适用条件。

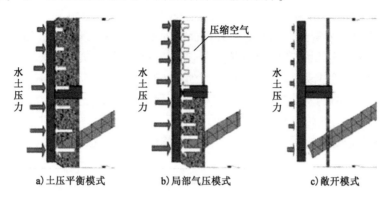

图7-29 土压平衡盾构的三种掘进模式

(1) 敞开模式

土压平衡盾构面对开挖面是稳定性好的地层时,可以采用敞开模式掘进,不用建立土仓压力。敞开模式一般用于自稳条件好的地层,即使不对开挖面进行连续压力平衡,在短时间内也可保证开挖面不失稳,土体不坍塌。在能够自稳、地下水少的地层多采用这种模式。盾构切削下来的渣土进入土仓内即刻被螺旋输送机排出,土仓内仅有极少量的渣土,土仓基本处于空仓状态,掘进中刀盘和螺旋输送机所受反扭矩较小。一般岩层采用敞开模式掘进,以滚刀破岩为主,采用高转速、低扭矩和适宜的螺旋输送机转速推进;同步注浆时浆液可能流到盾壳与周围岩体间的空隙甚至刀盘处,为避免此现象发生可采取适当增大浆液黏度、缩短浆液凝结时间、调整注浆压力、管片背后补充注浆等方法来解决。

(2) 局部气压模式

局部气压模式也称半敞开模式。土压平衡盾构对于开挖面具有一定的自稳性,可以采用半敞开模式掘进,即调节螺旋输送机的转速,土仓内保持2/3左右的渣土。如果掘进中遇到围岩稳定、但富含地下水的地层,或者施工断面上大部分围岩稳定,仅有局部会出现失压崩塌的地层,或者破碎带时,应增大推进速度以求得快速通过,并暂时停止螺旋输送机出土、关闭螺旋输送机出土闸门,使土仓的下部充满渣土,向开挖面和土仓中注入适量的添加材料(如膨润土泥浆或添加剂)和压缩空气,使土仓内渣土的密水性增加,同时也使添加材料在压力作用下渗进开挖面地层,在开挖面上产生一层致密的"泥膜"。通过气压和泥膜阻止开挖面涌水和坍塌现象的发生,再控制螺旋输送机低速转动以保证在螺旋输送机中形成"土塞",是完全可以安全快速地通过这类不良地层的。掘进中土仓内的渣土未充满土仓,尚有一定的空间,通过向土仓内输入压缩空气防止地下水渗入,仓内渣土支撑开挖面稳定。该掘进模式适用于具有一定自稳能力和地下水压力不太高的地层,其防止地下水渗入的效果主要取决于压缩空气的压力,在上软下硬地层施工时有时采用这种模式。在上软下硬地层施工时以滚刀破岩为主破碎硬岩,以齿刀、刮刀为主切削土层。在河底段掘进时,需要添加泡沫、聚合物、膨润土等改善渣土的止水性,以使土仓内的压力稳定平衡,此种模式的使用对施工技术要求很高,一般不轻易使用。

(3) 土压平衡模式

土压平衡盾构对于开挖地层稳定性不好或有较多的地下水的软质岩地层或土体时,须采用土压平衡模式(即 EPB 模式);此时需根据前面地层的不同,保持不同的土仓压力。

盾构在掘进开挖面土体的同时,使掘进下来的渣土充满土仓内,并且使土仓内的渣土密度尽可能与隧道开挖面上的土壤密度接近。在推进液压缸的推力作用下,土仓内充满的渣土形成一定的压力,土仓内的渣土压力与隧道开挖面上的水土压力实现动态平衡,这样开挖面上的土体就不会轻易坍落,达到既完成掘进又不会造成开挖面土体的失稳。

土仓内的压力可通过改变盾构掘进速度或螺旋输送机转速(排土量)来调节,按与盾构掘削土量(包括加泥材料量)对应的排渣量连续出土,保证使掘削土量与排渣量相对应,使土仓中流塑性渣土的土压力能始终与开挖面上的水土压力保持平衡,保持开挖面的稳定性。压力大小根据安装在土仓壁上的压力传感器来获得,螺旋输送机转速(排土量)根据压力传感器获得的土压自动调节。

采用土压平衡模式时,以齿刀、切刀为主切削土层,以低转速、大扭矩推进。土仓内土压力值应略大于静水压力和地层土压力之和,在不同地质地段掘进时,根据需要添加泡沫、聚合物、膨润土等以改善渣土性能,也可在螺旋输送机上安装止水保压装置,以使土仓内的压力稳定平衡。

5) 盾构掘进方向的控制

盾构掘进施工中,盾构司机需要连续不断地得到盾构设备轴线位置相对于隧道设计轴线位置及方向的关系,以便使开挖隧道保持正确的位置。盾构在掘进中,以一定的掘进速度向前开挖,也需要盾构的开挖轨迹与隧道设计轴线一致,而此时盾构司机必须即时得到所进行的操作带来的信息反馈。如果掘进轨迹与隧道设计轴线位置偏差超过一定界限时,就会使隧道衬砌侵限、盾尾间隙变小,使管片局部受力恶化,也会造成地层损失增大而使地表沉降加大。

盾构施工中,采用导向系统来保证掘进方向的准确性和盾构姿态的控制。导向系统用来测量盾构的坐标(X,Y,Z)和位置(水平、上下和旋转)。测量的结果可以在面板上显示,将实际的数据和理论数据进行对比,导向系统还可以存储每环管片安装的关键数据。

(1) 盾构导向系统简介

盾构导向系统主要有以下两种类型:

① 棱镜导向系统

棱镜导向系统(Prism Pointing System,PPS)采用固定、自动和马达控制的全站仪等测量系统元器件,这些元器件包括2个电子激光测距(Electronic Distance Measurement,EDM)棱镜,它们安装在盾构靠近刀盘的固定位置上;一个参照棱镜,安装在全站仪架上,以便进行定期确定全站仪的稳定性;一个高精度的电子倾斜仪用来测量倾斜和盾构的转动。这些元器件的控制由随机PPS系统电脑自动控制。

② 激光靶导向系统

SLS-TAPD系统由VMT公司生产,由ELS激光靶、激光全站仪、棱镜、计算机、黄盒子等系统组成。如图7-30所示,SLS-TAPD系统的主要基准是由初始安装在墙壁或隧道衬砌上的激光全站仪发出的一束可见激光。激光束穿过机器中的净空区域,击到安装在机器前部的电子激光靶上。在电子激光靶内部是一个双轴倾斜仪,用这个倾斜仪来测量ELS靶的仰俯角和滚动角。电子激光靶的前方安装有一个反射棱镜,激光基准点和电子激光靶之间的距离通过全站仪中的内置EDM来测定。通过知道激光站和基准点的绝对位置,就能得到电子激光靶的绝对位置及方位,从而得到机器的位置和方位。SLS-TAPD导向系统不仅能为随时(特别是在掘进的过程中)精确测量盾构的位置,而且它还通过简单明了的方式把得到的结果呈现在盾构司机面前,以便司机及时采取必要的纠偏措施。黄盒子用于给全站仪和激光供电,系统计算机和全站仪之间的通信也通过黄盒子进行。

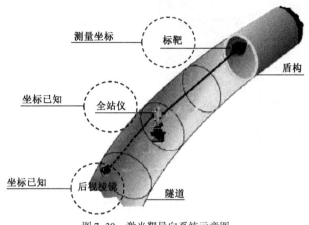

图 7-30　激光靶导向系统示意图

(2)盾构导向系统测量工作流程

①下放井下控制测点 A':将地面控制测量点引入地下,建立地下控制测点(至少 2 个点),如图 7-31 所示。

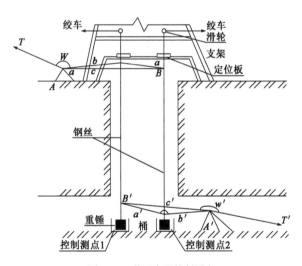

图 7-31　井下布置控制测点

②零位测量:测量标靶与盾构几何关系,安装倾斜仪,配置导向系统。

如图 7-32 所示,在盾构掘进前,施工人员会在盾构机上布置若干已知与盾构机轴线的三维坐标关系的检测点,测量标靶与检测点的几何关系,计算出标靶与盾构的几何关系;最后安装倾斜仪,配置盾构的导向系统。

③中线导入:根据设计图纸,计算隧道中线坐标,导入导向系统,如图 7-33 所示。

隧道中线是盾构测量和导向系统工作最基本的数据,盾构始发前将根据设计图纸将隧道中心线转换成导向系统可以识别的散点坐标(一般每 1m 一个点),最后将散点坐标的数据输入导向系统中。

a) 盾构前端标靶实景

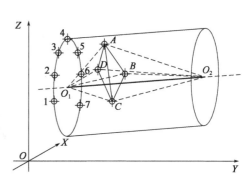
b) 标靶与检测点几何关系示意图

图 7-32 零位测量

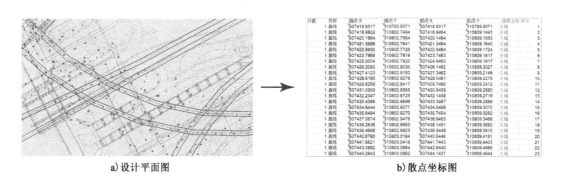

a) 设计平面图　　　　　　　　　　　　　b) 散点坐标图

图 7-33 隧道中线导入过程

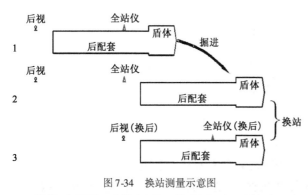

图 7-34 换站测量示意图

④换站测量：随着盾构向前掘进，全站仪及后视棱镜需不断向前移动，进行换站测量，如图 7-34 所示。

随着盾构向前掘进，全站仪距离盾构上的标靶越来越远，当无法通视或自动搜索到标靶时，就必须人工向前移动，而移动换站后，要对新的全站仪位置和后视棱镜重新测量，并输入到导向系统中。

⑤管片测量：盾构掘进一段距离后，对管片坐标进行人工测量，验证导向系统精度，控制管片偏差。

盾构掘进一段距离需对成型管片进行测量，主要作用如下：

a. 掌控管片的偏差情况。

b. 了解管片的姿态变化规律。

c. 验证导向系统的精度和准确性。

d. 根据变化规律合理控制偏差,如图 7-35 所示。

(3) 偏差原因分析

① 井下控制测点偏差

盾构井下控制测点发生偏差一般是人为因素所致;由于井下控制测点在进行施工放线布置完成后,第三方控制测量单位还会进行复核,所以控制测点产生的偏差是比较罕见的。

② 导向系统零位测量偏差

一般新采购的导向系统首次零位测量由厂商协助完成,但盾构二次始发时导向系统厂商一般不提供免费的服务;由于导向系统零位测量操作比较简单,因此也很少出现问题。

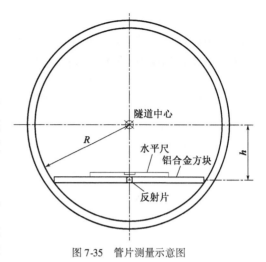

图 7-35 管片测量示意图

③ 隧道中线导入偏差

盾构隧道中线导入是根据设计图纸进行隧道中线计算,然后导入导向系统中,此项工作比较成熟,唯一需要注意的是线路中心线和隧道中线需要换算。

④ 换站测量偏差

盾构换站测量是最容易发生较大误差的环节,主要原因可归结如下:

a. 测量人员疏忽大意、工作不到位,测量准确性差、换站前后盾构姿态误差较大,且每次换站都会累计误差,最后导致误差越来越大,盾构隧道发生较大偏差。

b. 测量人员发现盾构姿态偏差大后,为规避责任,人为篡改导向系统数据。

c. 每次换站后全站仪移动到靠近盾尾的位置,此时管片刚脱出盾尾不久尚不稳定,容易发生移动,而微小的移动就会导致盾构姿态发生较大的变化。

⑤ 掘进过程中盾构偏差

盾构掘进过程中也易发生隧道轴线偏差的事故,主要原因有:

a. 操作手操作不当,主要表现为操作手缺乏经验,不能很好控制盾构姿态和盾尾间隙,不能根据盾尾间隙合理选择管片,导致盾构姿态差。

b. 盾构设备因素,盾构设备存在压力显示错误、铰接液压缸无法回收等设备故障,导致盾构姿态差。

c. 地层因素,如某些地层盾构姿态控制困难(如卵石地层盾构振动大、姿态跳动幅度大),需合理设定掘进参数;再如某些地层管片姿态变化大(如富水砂层管片上浮量大),就需要根据管片姿态变化规律合理设定盾构姿态。

图 7-36 显示了三种典型的盾构测量偏差。

(4) 偏差控制及管理

① 推进液压缸分区控制

通过分区操作盾构推进液压缸控制盾构掘进方向。盾构的推进机构提供盾构向前推进动力,推进机构包括 n 个推进液压缸和推进液压泵站。推进液压缸按照在圆周上的区域被编为 4~5 个组,现一般为 4 组,如图 7-37 所示,分上、下、左、右可分别进行独立控制的 4 个区。在曲线段(包括水平曲线和竖向曲线)施工时,盾构推进操作控制方式是把推进液压缸进行分区操作。每组推进液压缸均能单独控制压力的调整,为使盾构沿着正确的方向开挖,可以调整 4 组推进液压缸的压力,推进液压缸也可以单独控制。

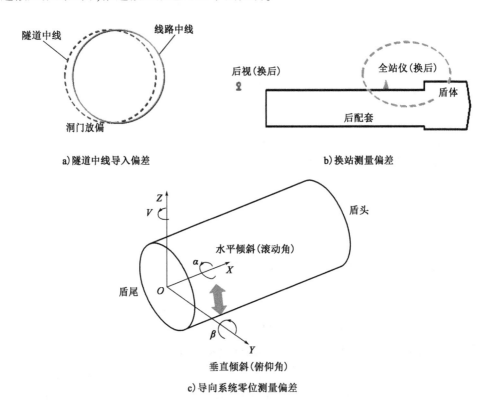

图 7-36　盾构测量偏差示意图

一般情况下,当盾构处于水平线路掘进时,应使盾构保持稍向上的掘进姿态,以纠正盾构因自重而产生的"低头"现象。通过调整每组推进液压缸的不同推进速度、每组压力来对盾构进行纠偏和调向。推进液压缸的后端顶在管片上以提供盾构前进的反力。在上、下、左、右每个区域中各有一只推进液压缸安装了行程传感器,通过推进液压缸的位移传感器可以知道推进液压缸的伸出长度和盾构的掘进状态。日本部分盾构推进液压缸不分区,采用"主动"和"从动"来进行控制,"主动"缸即推进液压缸推力作用管片上,"从动"缸只是行程控制,作用在管片上的力很小,通过选择设置哪些缸"主动",哪些缸"从动"来实现推力的控制。

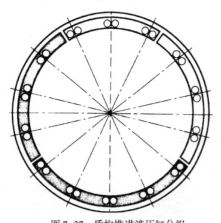

图 7-37　盾构推进液压缸分组

② 推进过程中的蛇行和滚动

在盾构推进过程中,蛇行和滚动是难以避免的。出现蛇行和滚动主要与地质条件、推进操作控制有关。针对不同的地质条件,进行周密的工况分析,并在施工过程中严格控制盾构的操作,减少蛇行值和盾构的滚动。当出现滚动时采取正反转刀盘方法来纠正盾构姿态。

盾构推进时还需注意以下几个问题:

a. 工作面地层结构及物理力学特性的不均匀性。

b. 推进系统性能的平衡性、稳定性。

c. 监控系统的敏感性、可靠性和稳定性。

d. 富水软弱地层对盾壳的环向弱约束性。

e. 通过软硬变化地层时的刀盘负载与盾壳约束条件的不对称性(包括进出洞的类似情况)。

③偏差管理措施

a. 防止井下控制测点发生偏差:盾构始发前,需要严格对地面控制点和地下控制点进行布设和复核测量,并将测量和复测结果进行备案处理。

b. 防止换站测量发生偏差:盾构掘进过程中换站测量时,应及时将测量结果上报相关单位和管控平台,并结合不同单位对盾构姿态数据测量结果进行对比;当姿态差值超过15mm时,应立即组织人员复测复核,确认确实超过15mm无误后,要及时制订纠偏方案。同时,在换站测量后的第一天(或15环)还需要对后视棱镜坐标、全站仪坐标进行全面复核。

c. 加强管片测量,防止始发、接收段盾构轴线发生偏差。

在盾构始发阶段,要确保每隔20环对成型管片隧道轴线进行测量,并将测量结果备案;盾构到达前100m时,应对盾构姿态、接收洞门位置进行测量并备案,根据测量结果调整盾构施工参数,确保盾构顺利接收。

7.3.2 泥水平衡盾构

1)泥水盾构优势及开挖特点

泥水平衡盾构在第3章已经进行了详细介绍,故本节不再过多介绍。当泥水平衡盾构用于不稳定地层开挖时,这种不稳定地层可能是各种各样的,从渗透性一般到渗透性很强(如含有少量干细砂或流砂的砾石)。泥水平衡盾构通常被用于当隧道掘进要求对地层的干扰控制严格时,诸如沉陷和隆起等极其敏感的建筑物下进行盾构施工的情况,因为这种技术能够精确地控制泥水压力(最小可达到±5kPa的精度)。泥水平衡盾构使用液态介质来支撑掌子面能达到高的封闭压力($4 \times 10^5 \sim 5 \times 10^5$ Pa,在特殊情况下可达8×10^5 Pa,最新的泥水盾构已经能控制封闭压力到1.2×10^6 Pa),因此当工程的静水压力比较大时,通常选择泥水平衡盾构而不用土压平衡盾构。图7-38列举了目前常用的两种泥水平衡盾构对于泥水压力的控制精度范围,可以看到,气垫式泥水平衡盾构(也称间接式泥水平衡盾构)的控制精度为0.01~0.02MPa,如此精准

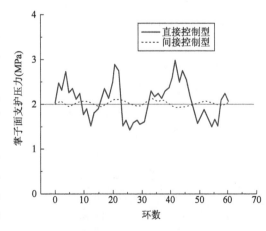

图7-38 两种泥水平衡盾构泥水压力控制精度对比

稳定的压力波动,是土压平衡盾构无法比拟的。

泥水平衡盾构是将一定浓度的泥浆,泵入泥水平衡盾构的泥水仓中,随着刀盘切下来的渣土与地下水顺着刀槽流入开挖室中,泥水仓中的泥浆浓度和压力逐渐增大,并平衡开挖面的泥土压力和水压,在开挖面上形成泥膜或泥水压形成的渗透壁,对开挖面进行稳定挖掘。

为了使开挖面保持相对稳定,只要控制进入泥水仓的泥水量和渣土量与从泥水仓中排出的泥浆量相平衡,开挖即可顺利进行。

2)泥水盾构掘进管理要点

①根据隧道地质状况、埋深、地表环境、盾构姿态、施工监测结果制订泥水平衡盾构掘进施工指令与泥浆性能参数设置指令,并准备好壁后注浆工作、管片拼装工作。

②施工中必须严格按照盾构设备操作规程、安全操作规程以及掘进指令控制盾构掘进参数与盾构姿态。掘进过程中,严格控制好掘进方向,及时调整。

③设定与优化掘进参数。掘进与管片壁后注浆同步进行。控制施工后地表最大变形量在 $-30\sim10\text{mm}$ 之间。

④盾构掘进过程中,坡度不能突变,隧道轴线和折角变化不能超过0.4%。

⑤盾构掘进施工全过程须严格受控,根据地质变化、隧道埋深、地面荷载、地表沉降、盾构姿态、刀盘扭矩、推进液压缸推力等,及时调整相关参数。初始出现的小偏差应及时纠正,尽量避免盾构蛇行。在纠偏过程中,每一循环盾构的纠偏值水平方向不超过5mm,竖直方向不超过3mm,以减少对地层的扰动。

⑥施工中必须设专人对泥水性能进行监控,根据泥浆性能参数设置指令进行泥水参数管理。泥水管路延伸、更换,应在泥水管路完全卸压后进行。

⑦施工过程出现大粒径块石时,必须采用破碎机破碎、砾石分离装置分离。

3)掘进参数管理

(1)切口水压的设定

切口泥水压力应介于理论计算值上、下限之间,并根据地表建筑物的情况和地质条件做适当调整。

①切口水压上限值 P_{fu} 计算:

$$P_{\text{fu}} = P_1 + P_2 + P_3 = \gamma_w \times h + K_0[(\gamma - \gamma_w) \times h + \gamma \times (H - h)] + 20 \tag{7-14}$$

式中:P_{fu}——切口水压的上限值,kPa;

P_1——地下水压力,kPa;

P_2——静止土压力,kPa;

P_3——变动土压力,kPa;

h——地下水位至隧道中心埋深,m;

H——地面至隧道中心埋深,m;

K_0——静止土压力系数;

γ——土的重度,kN/m³;

γ_w——水的重度,kN/m³。

②切口水压下限值 P_{fl} 计算:

$$P_{\text{fl}} = P_1 + P_2 + P_3 = \gamma_w \times h + K_a[(\gamma - \gamma_w) \times h + \gamma \times (H - h)] - 2c_u \times K_a^{0.5} + 20 \tag{7-15}$$

式中：P_{f1}——切口水压力下限值，kPa；
P_1——地下水压力，kPa；
P_2——主动土压力，kPa；
P_3——变动土压力，kPa，一般取 20kPa；
h——地下水位至隧道中心埋深，m；
H——地面至隧道中心埋深，m；
K_a——主动土压力系数；
c_u——土的黏聚力，kPa。

(2) 掘进速度

正常掘进条件下，掘进速度应设定为 20～40mm/min；在通过软硬不均地层时，掘进速度控制在 10～20mm/min 以下，并根据刀盘转速和作用在岩石地层上的滚刀数量及其贯入度确定。在设定掘进速度时，注意以下几点：

①盾构启动时，需检查推进液压缸是否顶实，开始推进和结束推进之前速度不宜过快。每环掘进开始时，应逐步提高掘进速度，防止启动速度过大冲击扰动地层。

②每环正常掘进过程中，掘进速度值应尽量保持恒定，减少波动，以保证切口水压稳定和送、排泥管的畅通。在调整掘进速度时，应逐步调整，避免速度突变对地层造成冲击扰动和造成切口水压波动过大。

③推进速度的快慢必须满足每环掘进注浆量的要求，保证同步注浆系统始终处于良好工作状态。

④掘进速度选取时，必须注意与地质条件和地面环境条件相匹配，避免速度选择不合适对盾构刀盘、刀具造成非正常损坏，进而造成隧道周边土体扰动过大。

(3) 开挖量控制

掘进实际开挖量 Q 可由下式计算得到：

$$Q = (Q_2 - Q_1) \cdot t \tag{7-16}$$

式中：Q_2——排泥流量，m³/h；
Q_1——送泥流量，m³/h；
t——掘削时间，h。

当发现开挖量过大时，应立即检查泥水密度、黏度和切口水压。此外，也可以利用探查装置，调查土体坍塌情况，在查明原因后应及时调整有关参数，确保开挖面稳定。

(4) 干砂量（排泥干砂量和送泥干砂量）

干砂量是地层或者输入、排出泥水中土颗粒所占的体积。另外，假定地层、输入泥水、排出泥水中的土颗粒的密度相同，则干砂量可按下式计算：

$$V = Q \cdot \frac{100}{G_s \cdot \omega + 100} \tag{7-17}$$

式中：V——计算干砂量，m³；
G_s——土颗粒的真实密度，kg/m³；
ω——地层的含水率，%。

另外，测量干砂量可按下式决定：

$$V_3 = V_2 - V_1 = \frac{1}{G_s - 1} \cdot [(G_2 - 1) \cdot Q_2 - (G_1 - 1) \cdot Q_1] \quad (7\text{-}18)$$

式中：V_1——输入泥水的干砂量，m^3；

　　　V_2——排出泥水的干砂量，m^3；

　　　Q_1、Q_2——掘削干砂量，m^3；

　　　G_1——输入泥水的相对密度；

　　　G_2——排出泥水的相对密度。

因此，当 $V > V_3$ 时，泥浆的实际携渣量低于开挖量，泥浆循环处于逸脱状态；当 $V < V_3$ 时，泥浆的实际携渣量低于开挖量，泥浆循环处于超挖状态，此时，必须控制好仓内泥浆压力，避免超挖。

（5）泥水指标控制

①泥浆比重

a. 泥浆比重的物理含义。

泥浆比重是衡量泥浆中固相颗粒含量的指标，对泥浆在地层中的渗透有重要的影响，进而影响着泥膜的形成质量、开挖面的稳定和设备的正常运转，是泥浆最重要的性质参数之一，也是泥水盾构施工中泥浆管理的重要指标。泥浆比重小，泥浆泵不会超负荷运转，但泥浆中土颗粒含量少，泥浆向地层中渗透成膜的速度会较慢，对稳定开挖面不利；泥浆比重大，即泥浆中的固相颗粒多，固相颗粒容易沉积到排泥管道底部，不但对管道的磨损大，也会增加设备的驱动功率，使泥浆泵超负荷运转。所以在确定泥浆密度时，不但要考虑开挖面的稳定，还要考虑设备的承受能力。

图 7-39　泥浆比重测定

b. 泥浆比重的测定。

测量泥浆比重常用的仪器是泥浆比重计，测试的是泥浆重度与4℃纯水重度的比值，比重计上的读数即为泥浆密度，比重测试如图 7-39 所示。一般情况下，较好质量的泥浆比重在1.1~1.2之间，泥浆比重的大小也取决于开挖地层的类型。泥浆比重（或密度）也有一些其他的测定方法，比如容积法、γ 射线衰减法等。

c. 泥浆比重的影响因素。

泥浆比重除与泥浆的组成成分直接相关外，还受到其他因素的影响，如掘进地层、掘进速度、筛分效果及沉淀池的设计等。

当开挖地层为粉砂土、黏土时，因地层中含有大量细颗粒，泥浆中的细粒成分会不断增加，致使泥浆的比重增加，超过选定泥浆比重的最佳值；当开挖地层为砂层、砾石层时，因地层中细颗粒含量少，泥水分离又会消耗泥浆中的细颗粒，泥浆中的细颗粒成分不断流失，致使泥浆的比重减小；当掘削地层为中风化或强风化的岩层时，比如泥岩或砂岩等，由于细颗粒流失量少，刀具还可以将岩层磨碎成为岩粉，作为细颗粒补充到泥浆中，致使泥浆中的细颗粒成分增多，泥浆比重变大。一方面，地层的类型会影响回流浆液质量的改变，另一方面，整个环流浆液（包括进浆和回浆）还需要考虑携渣性能，因此，当泥浆比重不合适时，要考虑一定的弃浆、新拌浆液的添加。沉淀池的构造尺寸、排渣机构、设计流量等因素也可以通过影响泥浆的沉淀效果,进而影响到泥浆的密度。

②泥浆黏度

为了确保泥浆发挥作用,泥浆还必须具备一定黏度,以防止泥水中的黏土、砂颗粒在泥水仓内发生沉积,确保开挖面稳定,防止逸泥,能以流体形式把开挖下来的土砂运出,后经土、水分离设备滤除废渣,得到原状泥浆。

a. 泥浆黏度的物理含义。

黏度,也叫塑性黏度。液体在流动时,抵抗剪切变形速率能力的度量称为液体的黏度。泥浆黏度越大,泥浆的物理稳定性越好,泥浆不易产生离析;输送渣土时,颗粒不易发生沉降。然而,泥浆的黏度太大,制浆时不仅需要的增黏剂多,经济成本高,而且在泥浆泵送时,泥浆泵的泵送能力也有限制。泥浆黏度小,泥浆的物理稳定性差,泥浆容易产生离析;泥浆中颗粒与水的结合力弱,泥浆的挟渣能力差,漏失量大,成膜时虽然泥浆中颗粒淤堵了地层孔隙,但泥浆中水容易在泥浆压力的作用下被压出,留下泥浆中颗粒淤堵在地层表面,这使得形成的泥膜厚且疏松,不利于开挖面的稳定。

b. 黏度表征及测定方法。

泥浆的黏度分为两种:一种是较为直观、简单的漏斗黏度,表征泥浆宏观黏性,用漏斗黏度计测定;常用的漏斗黏度计有:苏氏漏斗黏度计、马氏漏斗黏度计。另一种是反映泥浆流体性质的塑性黏度,表征泥浆流动时阻碍流动能力的大小,为流体力学性质的基本参数之一,用旋转黏度计测定。工程中常用的漏斗黏度指标为 20~30s,当停机换刀或者带压开仓时需要配制高黏度泥浆备用。泥浆黏度的测定如图 7-40 所示。

a)漏斗黏度计　　　　　　b)数字旋转黏度计

图 7-40　泥浆黏度测定

c. 泥浆黏度的影响因素。

影响泥浆黏度的因素较多,如膨润土的性质、膨化时间及搅拌效果等,添加剂(CMC、纯碱、正电胶、制浆剂等)的种类和添加量,水质,其他添加材料(黏粉颗粒)等。此外,温度、光照和降雨等外界条件也会影响泥浆的黏度。泥浆的黏度应该根据地层特性来确定,原则是要保证地层的稳定性和确保泥浆的挟渣能力。

③泥浆颗粒级配

泥浆颗粒级配反映了泥浆中固相颗粒的大小及分布范围,是影响泥浆在地层中渗透的一个重要参数。已有研究表明,对于高渗透性地层,泥浆中含有一定量的砂、蛭石等粗颗粒能改变泥浆的渗透形态。因此,泥浆的级配是反映泥浆性质的又一重要参数。传统的土筛主要适用于测试砂土(>75μm)的级配,对于粒径小于75μm级配的颗粒则无法测定。由于泥浆中含有很多细小的颗粒,因此对于泥浆的级配,目前较为常用的实验仪器为激光粒度仪。

一般对于渗透系数超过10^{-2}cm/s的地层,如粗砂、砾石、卵石或者裂隙的强风化岩层,往往容易发生泥浆逸泥,泥浆压力无法保持,容易导致开挖面坍塌失稳。

高渗透性地层,需要考察地层颗粒的级配(即地层孔隙级配)来确定泥浆的级配。泥浆颗粒级配受到地层颗粒、环流系统筛分效果、膨润土和黏土等因素的影响。比如为了能够堵塞地层孔隙,环流系统的筛分效率可以适当降低些,膨润土原土磨细程度可以放宽些,还可以掺入高分子聚合物增加泥浆的絮凝以增大泥浆颗粒的粒径。但是高分子聚合物的掺入量不是越多越好,若完全渗透不进去地层,也不利于形成稳定致密的泥膜。

④泥浆含砂量

膨润土含砂量是指膨润土浆中不能通过200号筛网(相当于直径大于0.075mm)砂子体积失稳百分比,这个指标反映了泥浆中含有粗颗粒的多少。对于膨润土泥浆来说,含砂量也被称为杂质的含量,反映了某一膨润土矿的磨制工艺的优劣。对于高渗透地层而言,泥浆有一定的含砂量有利于堵塞地层的空隙。

⑤pH值

pH主要用来反映膨润土浆的酸碱性。主要测量工具为比色法pH值试纸。

化学稳定性是指泥浆中混入带正电的杂质(含Ca^{2+}、Na^+、Mg^{2+}等)时,泥浆成膜功能减退的化学劣化现象。原因是黏土颗粒带负电,当遇到正离子时,黏土颗粒就从悬散状态变为凝聚状态,泥浆中浮游悬散的黏土颗粒数量锐减,导致泥膜形成困难。研究表明,泥水在未遭受正离子污染时的pH范围为7~10,呈弱碱性。当泥水遭受正离子杂质污染后的pH远超过10。故可以通过测定pH来判定正离子造成的劣化程度,从而鉴别泥浆的化学稳定性。工程中常用pH试纸来检验该指标,泥水的pH值一般在8~9。

⑥析水率

析水率是泥水管理中的一项综合指标,它更大程度上与泥水的黏度有关,悬浮性好的泥浆就意味着析水率小,反之就大。泥浆的析水率一般控制在5%以下,降低土颗粒和提高泥浆的黏度,是保证析水率合格的主要手段。

⑦API失水量

API失水量Q也称滤失量,反映了泥浆受压差作用后含有的部分水渗入地层的现象,是衡量泥浆的失水性能或滤失特性的重要指标。其测定方法为在室内一定的压差(100kPa)作用30min后,通过截面直径9cm过滤面积的滤纸所渗出来的水的体积,符合泥水平衡盾构良好泥浆的失水量一般满足$Q \leq 20$mL。

4)泥水压力管理

泥水平衡盾构工法是将泥膜作为媒介,由泥水压力来平衡水土压力。在泥水平衡理论中,泥膜的形成是至关重要的,当泥水压力大于地下水压力时,泥水按达西定律渗入土体,形成与土体间隙成一定比例的悬浮颗粒,被捕获并积聚于土体与泥水的接触表面,泥膜就此形成。随着时间的推移,泥膜的厚度不断增加,渗透抵抗力逐渐增强。当泥膜抵抗力远大于正面土压时,产生泥水平衡效果。

虽然渗透体积随泥水压力上升而上升,但它的增加量远小于压力的增加量,而增加泥水压力将提高作用于开挖面的有效支承压力。因此,开挖面处在高质量泥浆条件下,增加泥水压力会提高开挖面的稳定性。

作用在开挖面上的泥水压力一般要根据渗透系数、开挖面松弛状况、渗水量等进行设定。但若附加压力过大,则盾构推力增大且对开挖面的渗透加强,会带来塌方、造成泥水窜入后方等危害,需要慎重考虑。此外,泥水压力的设定前面已有论述,也有与开挖面状况不吻合的情况。因此,要从干砂量测定结果等进行推测和考虑,并需要通过试验确定。

(1)直接控制型泥水平衡盾构的泥水压力管理

直接控制型泥水平衡盾构在掘进中实际泥水压力值的管理,如图7-41所示。其中,用压力信号传送器 No.2 接受由 P1 泵送出的送泥压力,并送往送泥压力调节器,由自动调节来操作控制阀 CV-3,通过调节阀的开闭进行压力调整。用压力信号传送器 No.1 接受开挖面泥水压力,并送往开挖面泥水压力保持调节器。在这里把它和设定压力的差作为信号传送给控制阀 CV-2,通过阀的开闭进行压力调整。由此,对于设定压力的管理,控制在 ±0.01MPa 的变动范围以内。

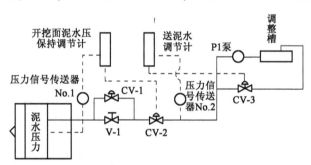

图 7-41　直接控制型泥水平衡盾构泥水压力控制

(2)间接控制型泥水平衡盾构的泥水压力管理

间接控制型泥水平衡盾构的泥水压力控制采用泥水气垫平衡模式。

如图7-42所示,在盾构泥水室内装有一道隔板,将泥水室分割成两部分,隔板的前面称为泥水仓,隔板的后面称为气垫仓(调压仓);在泥水仓内充满压力泥水,在气垫仓内盾构轴线以上部分加入压缩空气,形成气压缓冲层,气压作用在气垫仓内的泥水液面上。由于在接触面上的气、液具有相同的压力,因此只要调节空气的压力,就可以确定开挖面上相应的支护压力。

当盾构推进时,由于泥水的流失或盾构推进速度的变化,进出泥水量将会失去平衡,气垫仓内的泥水液面就会出现上下波动,为维持设定的压力值(与设定的气压值发生偏差,由 Samson 调节器根据在泥水仓内的气压传感器测得值与设定的气压值比较得出),须通过送气或排气改变气压值。当盾构正面土压值增大时,气垫仓内泥水液位升高(高于盾构轴线),由于气垫仓内气体体积减小,压力升高,排气阀打开,降低气垫仓内气体压力;当气体压力达到设定的气压值时,关闭排气阀。当盾构正面土压值减少时,气垫仓内泥水液位降低(低于盾构轴线),由于气垫仓内气体体积增加,压力降低,进气阀打开,升高气垫仓内气体压力,当气体压力达到设定的土压值时,关闭进气阀。通过液位传感器,可以根据液位的变化控制进泥泵或排泥泵的转速,在保持压力设定值不变的状态下(由 Samson 调节器差分控制系统控制),使气垫仓内泥水液位恢复到盾构轴线位置。

图 7-42　泥水气垫平衡模式

间接控制型泥水盾构通过压缩空气来间接地自动调节土仓内悬浮液的压力,使之与开挖面的水土压力相平衡,从而实现支护掌子面稳定的目的。压缩空气垫能够调节泥浆的液面高度,即使在发生漏水或水从开挖面进入的情况下,它起着一个吸振器的作用并最终可消除压力峰值。调压仓的压缩空气不断补偿悬浮液的波动,及时满足或补充掘进工作面对膨润土液的需求,这种调整可以达到比较精确的程度。如果平衡状态被打破,空气控制系统会自动迅速向调压仓内补充高压空气,或排出高压空气,保证压力的平衡状态。高压空气通过安全阀或调节阀排出。

直接型泥水平衡盾构和间接型泥水平衡盾构对于泥水压力的控制效果如图 7-38 所示,归结起来,二者各有优势和不足:

①直接型泥水平衡盾构泥浆压力控制难、操作要求高,但泥浆环流加压直接,不易造成压力损失。

②间接型泥水平衡盾构操作控制简单、压力调节稳定,但泥浆泵加压不直接,易造成压力损失。

5)泥水循环系统

泥水循环系统具有两个基本功能:一是稳定掌子面;二是通过排泥泵将开挖渣料从泥水仓过排泥管输送到泥水分离站。掌子面的稳定性靠膨润土泥浆对掌子面的压力和膨润土泥浆的流变特性来确保。泥水循环系统由送排泥泵、送排泥管、延伸管线、辅助设备等组成。本书已经在第 3 章中进行了详细介绍,在此不再赘述。

在泥水循环系统中安装有两个泥水密度测量仪(图 7-43),用以测定送排泥管内泥浆密度的"瞬时"值。密度值在显示屏上显示,如果送泥管或排

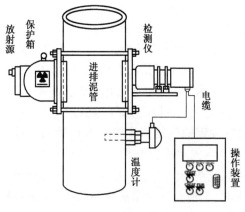

图 7-43　泥水密度测量仪

泥管内的密度超过预先设定的数值,则产生警报信号,提示盾构司机改变掘进的参数或通知地面检查泥水分离系统的工作状况;如果密度超出设计的进泥密度和排泥密度,盾构司机应当停机通知相关人员检查,找出原因。在一个行程结束时,密度的平均值将在掘进报告中给出,可据此进行密度分析,进行泥水改良工作。

6)泥水分离技术

泥水平衡盾构的泥水仓里面充满了泥浆,开挖渣土与泥浆混合由排浆泵输送到洞外的泥水分离站,经分离后进入泥浆调整池进行泥水性状调整后,由送泥泵将泥浆送往盾构的泥水仓重复使用。通常将盾构排出的泥水中的水和土分离的过程称为泥水处理。

泥水处理设备设于地面,由泥水分离站和泥浆制备设备两部分组成。泥水分离站主要由振动筛、旋流器、储浆槽、调整槽、渣浆泵等组成;泥浆制备设备由沉淀池、调浆池、制浆系统等组成。

(1)泥水处理

选择泥水分离站时,必须考虑两个方面:一是必须具有与推进速度相适应的分离能力;二是必须能有效地分离排泥浆中的泥土和水分。同时,在考虑分离站能力的同时还应有一定的储备系数。

泥水处理一般分为三级:一级泥水处理的对象是粒径 75μm 以上的土体或岩石,工艺比较简单,用振动筛、旋流器等设备对其进行筛分,分离出的颗粒用车运走;二级泥水处理的对象主要是一级处理时不能分离的 75~50μm 的淤泥、黏土等细小颗粒(现在好的泥水分离系统配备离心机或压滤机,有时二者均配备,主要根据地层颗粒的组成情况确定,可以分离 50~25μm 的微细颗粒);三级处理是对需排放的剩余水作 pH 值调整,使泥水排放达到国家环保要求,其处理采用的材料主要是稀硫酸或适量的二氧化碳气体。

(2)泥浆制备

从泥水分离站排出的泥浆经沉淀后进入调整槽,在调整槽内对泥浆进行调配,确保输送到盾构的泥浆性能满足使用要求。泥浆制备时,使用黏土、膨润土(粉末黏土)提高密度,添加羧甲基纤维素(CMC)来增大黏度。

黏性大的泥浆在砂砾层可以防止泥浆损失、砂层剥落,使作业面保持稳定。在坍塌性围岩中,也宜使用高黏度泥浆,但是泥浆黏度过高,处理时容易堵塞筛眼;在黏土层中,泥浆黏度不能过低,否则会造成开挖面塌陷。

7.4 盾构到达技术

7.4.1 盾构到达施工分类

盾构的到达施工通常有两种,一种是盾构到达后拆除到达竖井的围护结构(刀盘顶上围护结构),或者是围护结构可以由盾构刀盘直接破除,然后将盾构推进至指定位置;另一种是事先拆除围护结构,再将盾构推进到指定位置。

(1) 盾构到达后拆除围护结构再推进盾构

这种方法是当盾构刀盘顶上到达端头处的围护结构后,拆除围护结构,最后将盾构推进到指定位置。

利用这种方法进行盾构到达施工时,须端头土体自稳性较好,地层中无地下水,可以不对地层进行预先加固,但是必须控制盾构到达掘进参数,掌握好洞门破除时间。

该方法破除洞门围护结构时,盾构刀盘与到达端头间的间隙小,端头土体自稳性好,工序少,施工容易,能较好地保证盾构到达施工的安全,因而被广泛采用,多用于地层稳定性较好的中小型断面隧道工程。在端头围护结构为围护桩时,如果利用盾构刀盘直接切除围护桩,需要高度重视桩间土和刀盘正上方土体的稳定问题。

需要注意的是,如果盾构到达端的地层中存有地下有水管线(如雨污水管、上水管、热力管等)时,无水地层也应按照有水地层对待处理。

(2) 先拆除围护结构再盾构到达

盾构刀盘顶上围护结构之前预先拆除洞门处的围护结构,端头土体将直接暴露出来。如果地层条件较差,很容易发生端头土体失稳,因此采用此方法进行盾构到达施工时必须采用相应的土体加固措施,提前对盾构到达端头附近一定范围内的地层进行加固处理,使端头加固土体满足强度、稳定性和渗透性的要求。

这种方法的盾构到达过程,盾构不用停机再启动,能较好地防止地层坍塌,洞口处的防渗性也较强,但是地层加固规模较大,且要求较高,一般在地层较差、盾构开挖断面较大的到达施工中采用。

这种方法的关键是根据端头的地层条件,选取合适的端头加固方法,确保端头加固范围和加固效果满足要求。使用这种方法进行盾构接收时,如果仍然发生了端头加固效果不佳、渗水难以控制的情况,可以考虑附加钢套筒接收方式或者盾构端头处回填平衡到达的方式。

7.4.2 盾构到达施工流程

盾构到达是指盾构沿设计线路通过区间隧道贯通前100m至盾构进入接收井、上接收架的整个施工过程。盾构到达一般遵照下列程序进行:到达端头加固、接收基座安装定位、洞门密封安装、洞门凿除、到达掘进、盾构接收,如图7-44所示。

盾构到达可以分为以下三个阶段:

(1) 盾构到达前的掘进

盾构到达之前,要充分地进行基线测量,以确保盾构的准确定位。由于盾构必须严格按照到达洞门的设计线路轨迹进入洞门,因此一般应在盾构到达前50~100m时,严格进行盾构隧道的贯通测量,以便精确定位,确定盾构具体纠偏方向和各环的纠偏量,保证线形和盾构准确到达。

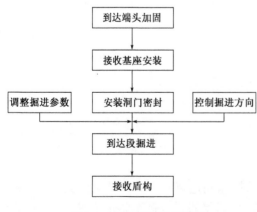

图7-44 盾构到达施工流程图

盾构推进至洞门附近时,洞门的衬砌及其围护结构容易发生变形,对于特别容易变形的板和桩之类的围护结构,应预先进行加固,防止受到盾构推力的作用而影响整体稳定性。当盾构刀盘逐渐接近端头时,应对洞门处的围护结构和衬砌变形状态进行实时监测并及时校核盾构推进姿态,确保盾构推进线路与设计线路之间的误差在允许的范围内,特别是开挖面土压力逐渐下降时容易造成出土量控制困难而导致地层垮落或地面塌陷,故需要综合考虑盾构的位置、地层加固范围、围护结构的位移、地表面沉降量等因素,综合确定盾构刀盘掘削面的土压力。

需要说明的是:对土压平衡盾构而言,盾构刀盘进入加固区后即可将上部土压降至0并逐渐减少下部土压的数值。实际操作时,应特别注意不要因为土压力值过大,将盾构到达前方的部分土体推入接收井内而产生地面坍塌的灾害。泥水平衡盾构到达段加固体内施工时,需要综合考虑地层水压力和循环泥浆的要求,确定到达段加固体内的泥浆压力。

(2)盾构到达

刀具切削异常或推力上升等机械操作方面的变化,可以提醒我们盾构刀盘已经到达临时的围护结构,但为了确保安全,仍建议从到达端头的临时围护结构钻孔来测量以确定盾构的准确位置,再确定是否停止推进。盾构到达前应采取足够的措施确保到达处地层的稳定,特别是水土压力并存情况的存在与否,然后确定是否进行盾构到达施工。泥水平衡盾构到达时钻孔确定刀盘准确位置,应特别注意此时泥水仓的压力必须是已经降低到合理的数值。

(3)围护结构的破除

在破除洞门围护结构之前,首先应该在临时围护结构上开几个检查孔,以确定地层状况。围护结构的破除与盾构始发基本类似,地层的自稳性可能随着时间的推移而有所变化,故盾构到达施工作业应该迅速进行,力求稳定端头地层。特别是在破除了围护结构后将盾构向工作竖井推进的过程中,应仔细监测地层变形状况,使盾构快速、平稳到位。

7.4.3　盾构到达准备工作

盾构到达前,应做好下列准备工作:

①制订合理有效的盾构接收方案,包括到达掘进、管片拼装、壁后注浆、洞外土体加固、洞门围护结构破除、洞门钢圈密封等工作的安排。

②对盾构接收井进行验收并做好接收井的准备工作。

③盾构到达前100m和50m时,必须对盾构轴线进行测量并根据测量结果进行盾构到达掘进的必要调整。

④盾构切口离到达接收井距离约10m时,必须控制盾构推进速度、开挖面压力、排土量,以减小洞门地表变形。

⑤盾构接收时应按预定的破除方法与步骤,破除洞门围护结构。

⑥当盾构全部进入接收井内并上基座后,应及时处理管片与洞门圈间隙的充填密封,做好洞门封堵和洞门环梁的施作。

7.4.4　盾构到达施工要点

①盾构到达前应检查端头土体加固效果,确保加固质量满足要求。

②做好贯通测量,并在盾构贯通之前100m、50m两次对盾构姿态进行人工复核测量,确保盾构顺利贯通。

③及时对到达洞门位置及轮廓进行复核测量,若不满足要求,及时对洞门轮廓进行必要的修整。

④根据各项复测结果确定盾构姿态控制方案并提前进行盾构姿态调整。

⑤合理安排到达洞门破除施工计划,确保洞门破除后不暴露过久,并针对洞门破除施工制订专项施工方案。

⑥盾构接收基座定位要精确,定位后应固定牢靠。

⑦增加地表沉降监测的频次,及时反馈监测结果指导盾构到达施工。盾构到达前要加强对车站结构的观察与施工现场的联系。

⑧为保证近洞口管片稳定,盾构贯通时需对近洞口10~15环管片作纵向拉紧。

⑨帘布橡胶板内侧涂抹油脂,避免刀盘挂破影响密封效果。

⑩在盾构贯通后安装的几环管片,一定要保证注浆及时、饱满。盾构贯通后必要时对洞门进行注浆堵水处理。

⑪盾构到达时各工序衔接要紧密,以避免土体长时间暴露。

7.4.5 到达位置复核测量

盾构到达接收位置范围时,应对盾构位置和盾构隧道的测量控制点进行测量,对盾构接收井的洞门进行复核测量,确定盾构贯通姿态及掘进纠偏计划。在考虑盾构的贯通姿态时须注意两点:一是盾构贯通时的中心轴线与隧道设计轴线的偏差;二是接收洞门位置的偏差。综合这些因素在隧道设计中心轴线的基础上进行适当调整,并逐步完成纠偏。

7.4.6 接收基座及洞门密封

(1)接收基座

接收基座的构造同始发基座,接收基座在准确测量定位后安装。其中心轴线应与盾构进接收井的轴线一致,同时还要兼顾隧道设计轴线。

接收基座的轨面标高应适应盾构姿态,为保证盾构刀盘贯通后拼装管片有足够的反力,可考虑将接收基座的轨面坡度适当加大。接收基座定位放置后,需对接收基座前方和两侧进行加固,防止盾构推上接收基座的过程中接收基座移位。

在接收基座安装固定后,盾构可匀速推上接收基座。在通过洞门临时密封装置时,为防止盾构刀盘和刀具损坏帘布橡胶板,在刀盘外圈和刀具上涂抹黄油。

盾构在接收基座上推进时,每向前推进2环拉紧一次洞门临时密封装置(亦即橡胶帘布和压板),通过同步注浆系统注入速凝浆液填充管片外环形间隙,保证管片姿态正确。

(2)洞门密封

在最后一环管片拼装完成后,拉紧洞门临时密封装置,使帘布橡胶板与管片外弧面密贴,通过管片注浆孔对洞门圈进行注浆填充。注浆的过程中要密切关注洞门的情况,一旦发现有漏浆的现象应立即停止注浆并进行封堵处理,确保洞口注浆密实,洞门阀封堵严密。

7.5 端头加固技术

7.5.1 土体稳定性

1)土的破坏理论

长期以来,人们根据对材料破坏现象的分析和研究,提出各种各样的假设,得出各种不同的材料强度或破坏理论。在古典的强度理论中,可用于土的破坏理论主要有如下三种:

(1)广义特莱斯卡(Tresca)理论

特莱斯卡理论认为,材料中一点的剪应力达到某一极限时,该点即进入破坏状态,故又称为最大剪应力理论。该理论可表示为:

$$\sigma_1 - \sigma_3 = 2S_f \tag{7-19}$$

式中:S_f——材料所能承受的剪应力极限值,是一个试验常量。

对于土,S_f值与土体所受的主应力之和($I_1 = \sigma_1 + \sigma_2 + \sigma_3$)有关,即应力张量第一不变量。把特莱斯卡理论用于土,就称为广义特莱斯卡理论。

(2)广义密塞斯(Mises)理论

密塞斯理论认为,材料的应变能达到极限值时就进入破坏状态,故又称为最大畸变理论。该理论可表示为:

$$(\sigma_1 - \sigma_2)^2 + (\sigma_2 - \sigma_3)^2 + (\sigma_3 - \sigma_1)^2 = \frac{6E}{1+\mu}W_f \tag{7-20}$$

式中:E——材料的弹性模量,MPa;

μ——材料的泊松比;

W_f——畸变能的极限值,是一个试验常数。

对于土,W_f同样是主应力之和($I_1 = \sigma_1 + \sigma_2 + \sigma_3$)的函数。将$W_f$表示为$I_1$的函数后,把密塞斯理论用于土,就称为广义密塞斯理论。

(3)莫尔—库仑(Mohr-Coulomb)破坏理论

该理论被认为比较能拟合试验结果,是生产实践所广泛采用的破坏理论。

在试验的基础上,1776年法国科学家库仑总结土的破坏现象和影响因素,提出土的破坏公式为:

$$\tau_f = c + \sigma\tan\varphi \tag{7-21}$$

式中:τ_f——剪切破裂面上的剪应力,即土的抗剪强度,kPa;

σ——破坏面上的法向应力,kPa;

c——土的黏聚力,对于无黏性土,$c = 0$kPa;

φ——土的内摩擦角,°。

c和φ是决定土的抗剪强度的两个指标,称为抗剪强度指标。对于同一种土,在相同的试验条件下二者均为常数,但是试验方法不同则会有很大的差异。

莫尔在库仑研究的基础上提出材料的破坏是剪切破坏的理论,认为在破裂面上,法向应力 σ 与抗剪强度 τ_f 之间存在着函数关系,即:

$$\tau_f = f(\sigma) \tag{7-22}$$

这个函数所定义的曲线为莫尔破坏包络线,又称抗剪切包络线。如果代表土体单元中某一个面上法向应力 σ 和剪应力 τ 的点落在破坏包络线上,表明剪应力等于抗剪强度,土单元处于临界破坏状态。一般土体在应力变化范围不是很大的情况下,土的抗剪强度与法向应力呈线性函数关系。

2) 莫尔—库仑破坏准则

在实际工程问题中,可能发生剪切破坏的平面一般不能预先确定。土体中的应力分析只能计算各点垂直于坐标平面上的应力或各点的主应力,故无法直接判定土单元是否破坏。因此,需要进一步研究莫尔—库仑破坏理论如何直接用主应力表示,即莫尔—库仑破坏准则,也称土的极限平衡条件。

首先分析土体中剪切破坏面的位置。在三轴试验中,试样周围的压力为 σ_3,破坏时的轴向应力为 σ_{1f},它等于 $\sigma_3 + (\sigma_1 - \sigma_3)_f$,$(\sigma_1 - \sigma_3)_f$ 就是土样达到破坏时的偏差应力。在 $\tau - \sigma$ 坐标上绘制土样破坏时的应力圆,如图 7-45 所示。按照莫尔—库仑破坏理论,破坏圆必定与破坏包络线相切。显然,切点所代表的平面满足 $\tau = \tau_f$ 的条件,因此,这就是试样的破裂面。根据几何关系可知,破裂面与最大主应力面成 ($45° + \varphi/2$) 的夹角。

由此可见,土与一般连续性材料(如钢、混凝土等)不同,是一种具有内摩擦强度(亦称黏聚强度)的材料。其剪切破裂面不产生于最大剪应力面,而是与最大剪应力面成 $\varphi/2$ 的夹角。如图 7-45 所示,如果土质均匀,且试验中能保证试件内部的应力、应变均匀分布,则试件内将会出现两组完全对称的破裂面。

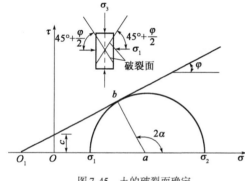

图 7-45 土的破裂面确定

通过分析试样达到破坏状态的应力条件,以及从图 7-45 所示的几何关系可以推导出土单元体达到破坏时主应力之间的关系,即莫尔—库仑理论破坏准则,也是土体达到极限平衡状态的条件,故称之为土的极限平衡条件。

3) 朗肯土压力理论

朗肯土压力理论是土压力计算中著名的古典土压力理论之一,由英国学者朗肯于 1857 年提出,由于概念明确,方法简单,至今仍被广泛引用。该理论主要用于研究自重应力作用下,半无限土体内各点的应力从弹性平衡状态发展为极限平衡状态的条件,提出计算挡土墙土压力的理论。

如图 7-46a)和图 7-47a)表示具有水平表面的半无限土体。当土体静止不动时,深度 z 处土体单元的应力为 $\sigma_v = \gamma z$,$\sigma_h = K_0 \gamma z$,可用图 7-46b)和图 7-47b)的应力圆 B 表示。若以某一竖直面 mn 代表挡土墙墙背,用以代替 mn 左侧的土体而不影响右侧土体中的应力状态,则当 mn 面向外侧平移时,右侧土体中的水平应力 σ_h 将逐渐减小,而 σ_v 保持不变。因此,应力圆的直径逐渐加大,当土体侧向位移至 $m'n'$ 时,应力圆与土体的抗剪强度包络线相切,如图 7-46b)

中的圆 A，表示土体达到主动极限平衡状态。这时 $m'n'$ 后面的土体进入破坏状态，如图 7-46a) 所示，土体中的抗剪强度已全部发挥出来，使得作用在墙上的土压力 σ_h 达到最小值，即主动土压力 P_a。以后，即使墙再继续移动，土压力也不会进一步减小。

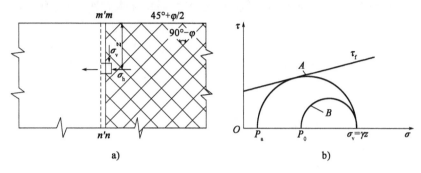

图 7-46 朗肯主动极限平衡状态

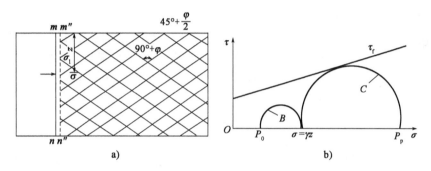

图 7-47 朗肯被动极限平衡状态

相反，若 mn 面在外力作用下向填土方向移动，挤压土体，σ_h 将逐渐增加，土中剪应力最初减小，后来又逐渐反向增加，直至剪应力增加到土的抗剪强度时，应力圆又与强度包络线相切，达到被动极限平衡状态，如图 7-47b) 中的圆 C 所示。这时，作用在 $m''n''$ 面上的土压力达到最大值，即被动土压力 P_p。土体破坏后，即使 $m''n''$ 面再继续移动，土压力也不会进一步增大。

7.5.2 加固范围选择（几何准则）

对于无水地层，盾构始发与到达的端头加固只需考虑端头土体强度与稳定性要求，而对于有水地层，端头土体加固除了满足强度与稳定性以外，还要考虑盾构几何尺寸和渗透（止水）要求。

盾构始发与到达端头加固几何尺寸的研究主要是根据盾构主机的几何构造特征，从防止水或水砂流出洞门，亦即从堵水的角度出发，研究端头土体纵向加固范围应该满足的尺寸要求。

"几何准则"是指盾构始发或者到达端头加固施工过程中，当端头地层为富水砂层时，根据防止水砂流出和渗透性的要求对端头土体纵向加固范围提出的一种约束性要求。即当端头地层中地下水水位较高，地下水压力较大，端头地层中主要为松散砂土和饱和淤泥质含水黏土时，以堵水为目的，根据盾构设备本身的几何构造特征对端头土体纵向加固范围提出的一种要求。

盾构始发与到达的端头加固范围分为纵向加固范围和横向加固范围两种，两者在盾构施工中可被认为是"主要矛盾"和"次要矛盾"。横向加固范围较容易满足要求，纵向加固范围的合理性问题是导致盾构始发与到达工程事故的主要因素。因此,研究端头加固的"几何准则",主要以防止水砂流出为目的的,考虑纵向加固范围与盾构几何构造长度之间的对应关系。

根据端头地层中是否存在有地下水,或地层中是否有补水来源,将盾构始发与到达几何准则的研究分为 4 种情况:盾构无水始发、盾构有水始发、盾构无水到达、盾构有水到达。

在此特别指出,如果盾构始发或到达端头地层中无水,但在始发或到达竖井端头周围存在有水地下管线,如雨水管、污水管或雨污河流管、上水管、热力管线等,其变形后有可能使其内水外流,从而导致无水地层变为有水地层,此时须将无水地层视为有水地层处理。

1) 盾构无水始发

(1) 概述

盾构无水始发是指盾构隧道始发施工过程中,端头地层中不存在地下水,且端头地层内无人为补水来源,或者地层中有地下水,但是地下水位在盾构隧道底板以下一定距离、地下水压力较小,不需要采取针对性地防止水砂流出的措施,即在盾构始发的整个过程中,地下水不会对工程施工造成任何影响。

(2) 无水始发端头加固

当盾构始发工作井周围的端头地层中无地下水时,盾构始发端头土体的加固无须考虑堵水措施防止地层土体外流的要求,端头加固的目的主要是:在洞门破除后,暴露在外的端头加固土体具有自稳性(强度和稳定性),在盾构刀盘顶到掌子面之前土体能满足强度与稳定性要求,端头土体不会发生失稳破坏。

无水始发相对安全,但要考虑盾构始发时端头土体的稳定性受多方面因素的影响,如洞门的破除方法、破除时间以及洞门混凝土的破除顺序都将影响强度与稳定性。洞门破除时间过早会使掌子面土体长时间暴露在外,端头土体的整体稳定性受流变因素的影响而逐渐降低,可能发生滑移破坏;破除洞门时的振动扰动端头土体,也会影响端头土体的稳定性。因此,为了确保盾构始发的安全,必须按照端头土体对强度和稳定性准则的基本要求,提前对端头土体进行加固处理。

在破除盾构工作井内的洞门后,当盾构刀盘顶进到开挖面之前,或者刀盘顶到开挖面而盾构土压力尚未建立之前,如果土体自稳能力较差,开挖面暴露时间过长,容易造成地表沉降过大,影响周围建筑物,严重时可能发生洞门塌陷的工程事故,因此需要根据端头地层中土层的性质对端头一定范围的土体进行加固处理。但是由于地层中没有地下水,加固范围并不需要考虑防止水砂外流和渗透性问题,因此对于加固范围的确定不需要考虑盾构设备本身的几何尺寸,只需满足强度和稳定性准则对端头土体加固的要求,如图 7-48 所示。

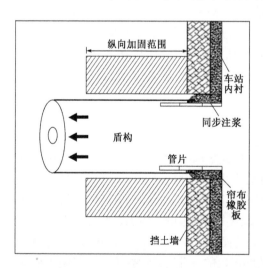

图 7-48 无水始发端头加固

2) 盾构有水始发

(1) 概述

盾构有水始发是指盾构始发端头地层中存在地下水,或者地层中本身没有地下水,但是存在污水管、雨水管等补水来源,则盾构始发必须重视水的存在对工程可能造成的影响。

一方面,地下水的存在使得端头土体的强度和稳定性大大降低,在盾构始发施工的扰动下,可能会发生地表沉降过大、洞门塌陷等事故;另一方面,当端头地层地下水位丰富,且地下水压力较大时,端头地层可能会在地下水的作用下发生渗透破坏,严重时可能会发生涌水涌砂,甚至淹井等工程事故。

因此,在盾构始发施工的过程中,地下水是施工中不可忽略的影响因素,必须重视水的存在对工程可能造成的影响。

(2) 有水始发端头加固

盾构有水始发可以分为以下两种情况:

① 始发端头地层中本身存在地下水。

当盾构始发端头地层中有地下水,而且地下水埋深较浅,地下水位位于盾构隧道底板以上时(如果采用降水等措施可以将隧道一定长度范围内的地下水水位降至隧道底板以下一定深度时,可考虑按照盾构无水始发进行),端头加固问题要比无水地层更加复杂,特别是当地层中同时有水有砂,而且水压力较大的情况,盾构始发端头加固范围必须同时满足强度准则、稳定性准则以及几何准则的要求。端头加固的具体要求如下:

a. 破除洞门后,盾构刀盘还没有顶至开挖面,或者刀盘顶至开挖面,但是还没有建立起足够的土压力来平衡地层中的水土侧压力时,端头加固的目的主要有两个:

a) 端头土体必须满足强度与稳定性的要求,保证端头土体在地层水土压力作用下不会发生受拉破坏、剪切破坏以及整体失稳的情况。

b) 端头土体加固后必须满足堵水的要求,即采用相应的加固方法对端头土体进行加固后,加固土体具有较好的堵水效果,地层中的水不会透过加固土体渗入或者涌入盾构始发工作井,即加固土体必须是完全隔水的,以防止水土流失造成地层损失,引起地表沉降过大或地表塌陷。

b. 盾构刀盘已经进入盾构始发端头地层,盾构尚未进入洞门圈,此时首先根据强度与稳定性准则求得端头土体的纵向加固范围,然后将纵向加固范围与盾构纵向长度进行对比,存在以下两种情况:

a) 纵向加固范围小于盾构主机的长度。即当盾尾尚未进入洞门圈,但盾构刀盘已经脱离加固区时,端头加固区前方地层中的地下水和土体(特别是松散砂土或粉土地层)可能沿着盾壳与围岩之间的空隙进入盾构工作井,引起透水、洞门塌方等工程事故,如图 7-49a) 所示。

b) 端头土体的纵向加固范围大于盾构主机的长度,并有一定余量,并大于 2~3 倍环盾构管片的宽度,如图 7-49b) 所示。此时,纵向加固范围满足强度与稳定性的要求的同时也自然满足了几何准则的要求。

为了确保盾构始发与到达施工的安全,规避风险,端头土体的纵向加固范围除了必须满足强度与稳定性、自身渗透性的要求外,还须使盾构自身的构造尺寸满足几何准则的要求,确保端头土体加固后能够起到较好的堵水作用。根据几何准则的要求及相关理论,并总结盾构始发与到达成功与失败的工程实践经验,取纵向加固范围:

$$L = 盾构长度 + (2\sim3)B \quad (7\text{-}23)$$

式中:B——管片的宽度。

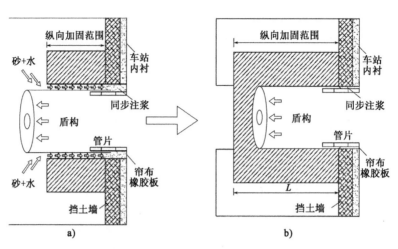

图 7-49 有水始发端头加固示意图

②始发端头地层中无地下水,但是存在补水来源。

盾构始发端头地层中,本身不存在地下水,或者地下水位于底板以下一定的安全距离之外,地下水不会影响端头的稳定性。但是当端头地层条件较为复杂时,比如存在补水来源(如地下市政管道错综复杂,特别是存在有压管线,如污水管、给水管等),为了避免在盾构始发施工中出现管线断裂,市政管道中的水进入端头地层,出现透水、端头地层塌陷的工程事故,仍然必须按照有水始发的要求,对端头地层进行预先加固,加固后端头土体必须同时满足强度、稳定性以及几何尺寸的要求。

3) 盾构无水到达

(1) 概述

盾构无水到达与盾构无水始发类似,是指盾构从原状土进入端头地层到盾构隧道贯通、盾构进入接收井的整个施工过程中,端头地层影响范围以内无地下水,且无补水来源,不需要考虑地下水对施工的影响,即不需要采用相应的措施进行堵水或堵漏。

如图 7-50 所示为盾构在无水端头土层的到达施工过程。首先根据盾构到达工作井周围的地层条件,利用强度与稳定性准则求出端头土体的加固范围,采取相关的辅助工法对端头土体进行加固处理;然后进行相关的盾构到达施工,包括盾构在加固地层中掘进、破除盾构洞门(图 7-51)等;最后在盾构到达井中接收盾构,成功贯通隧道。

(2) 无水到达端头加固

盾构无水到达的端头加固与盾构无水始发类似,主要存在以下几种情况:

①当盾构到达端头地层条件较好,且无地下水时,可以不用对端头土体进行加固,但是必须采用相应的辅助措施,例如合理控制盾构到达施工参数,包括调整好盾构姿态,适当降低盾构的推进速度,设定相对合理的土压力以及同步注浆压力等;同时增加洞门处喷射混凝土厚度,根据地层条件和盾构推进速度合理确定洞门的破除时机,最好当盾构刀盘顶到围护结构时再开始破除盾构洞门,确保到达的安全。

②当盾构到达端头地层中虽然无地下水,但土层条件较差,主要为软土、淤泥质地层时,基于强度与稳定性的考虑,必须对端头土体进行预先的加固处理。

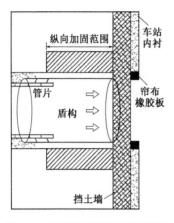 

图 7-50　无水到达端头加固示意图　　　图 7-51　无水到达洞门破除

③盾构到达端头土体自身稳定性较好,但端头地层结构较为复杂,存在错综复杂的市政管道时,必须采取相应的辅助措施,做好应急事故处理准备,必要时也必须对端头土体进行预先的加固处理,加固土体的纵向加固范围应满足强度和稳定性的要求,防止出现意外,引发工程事故。如果市政管线中存在有水或有压管线,如污水、上水、雨水、燃气热力管线等,无水地层须按有水地层的盾构到达处理。

总之,盾构无水到达的情况,主要考虑盾构端头结构(井或车站)的实际情况,合理破除围护结构是盾构到达的关键。

4)盾构有水到达

(1)概述

盾构有水到达与盾构有水始发类似,是指盾构掘进从原状土地层中进入端头加固土体,然后进入接收井的整个到达施工过程,端头地层中存在地下水或有补水来源。到达施工中,水的因素对施工产生了巨大的影响,必须采取相应的措施进行堵水处理。如图 7-52 所示为盾构有水到达洞门破除的现场施工。

(2)盾构有水到达端头加固

盾构有水到达端头加固主要考虑端头地层中存在地下水和补水来源两种情况。

①盾构到达端头地层中存在地下水。

图 7-52　有水到达洞门破除

a.满足强度与稳定性要求的纵向加固范围大于盾构长度,此时,纵向加固范围满足以下两点要求:

a)端头土体纵向加固范围满足了强度与稳定性的要求。

b)端头土体纵向加固范围满足了几何准则对堵水的要求。

对于低渗透性地层(如黏土地层),盾构有水到达过程中,不需要另外考虑几何尺寸的要求,因为满足上述两个加固要求的过程中自然涵盖了几何准则的要求,施工中只需确保加固质量,同时控制好盾构到达施工参数。

b. 满足强度与稳定性要求的纵向加固范围大于盾构长度。

由于盾构设备自身构造的原因,壁后同步注浆的浆液不可能完全填充盾构外壳与地层之间的缝隙,当地层中地下水埋深较浅,开挖面深度范围内的土体主要为砂层、砂土和粉土时,在地层水土压力的作用下,隧道周围地层中的地下水和砂土可能会沿着盾构外壳与地层间的缝隙进入盾构接收井,造成地层损失,引发工程事故。

从渗透与堵水的角度考虑,为了确保加固体能完全阻隔地下水和砂通过缝隙进入盾构工作井,避免透水和坍塌事故的发生,端头土体的纵向加固范围必须大于盾构主机的长度。根据盾构本身构造尺寸的要求,当地层中存在地下水时,加固区长度取值同式(7-23)。

盾构有水到达端头加固如图7-53所示。图7-53a)没有考虑到地下水对纵向加固范围的要求,只按照强度与稳定性的要求对盾构有水到达端头土体进行了加固,显然,端头土体纵向加固范围明显小于盾构的长度。此时,由于地层中地下水丰富,地层中的地下水和砂可能沿着盾壳与地层之间的间隙进入盾构工作井,端头地层中水土大量流失,地层损失过大,可能引起地表沉降,严重时可能发生透水或者塌方等工程事故,甚至地下水可能淹没整个盾构接收井,造成巨大的经济损失和不良的社会影响。

对于高渗透性的地层(如砂层),盾构达到端头土体的纵向加固范围如果只考虑强度与稳定的要求,并不能起到堵水的作用。为了保证盾构的安全到达,端头加固范围必须满足几何准则的要求,如图7-53b)所示。

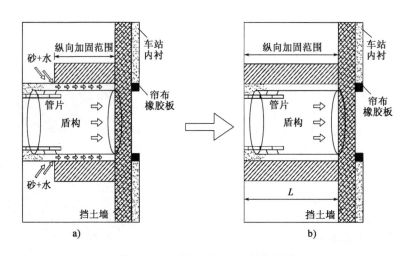

图7-53 有水到达端头土体加固示意图

②盾构到达端头地层中存在补水来源。

该类型端头加固原理与盾构有水始发类似,如图7-54所示为某标段盾构有水到达事故情况。该区域地层条件较好,无地下水,但是端头地层中存在老化的污水管,盾构到达施工中,由于盾构施工参数控制不合理,洞门破除时机控制不当,污水管突然破裂,污水渗入端头土体中,使得原本相对稳定的地层渗入污水后土体稳定性降低,造成失稳破坏,端头地层发生透水、坍塌事故,造成巨大的经济损失,并带来不良的社会影响。

a) 洞门　　　　　　　　　　　　b) 地表

图 7-54　盾构到达端头土体塌陷

7.5.3　旋喷桩加固法

1) 概述

高压喷射注浆法是将带有特殊喷嘴的注浆管，置入土层的预定深度，以 20～40MPa 压力的高压喷射流，通过冲切、劈裂、剪切、挤压、充填、渗变、搅拌、升扬、置换、固化等作用，强制性破坏原地层，将地层颗粒在一定范围内重新排列组合，在其周边形成反滤层，使得浆液的扩散限制在有限范围内。同时，射流带入固化剂与地层颗粒就地搅拌，形成所需形状的防渗固结体，以达到加固改良土体的目的。

根据喷射流移动方式，可以将高压喷射注浆法分为旋喷、定喷、摆喷三种。目前，在盾构始发与到达端头加固的应用中，主要采用旋喷桩加固法，在端头地层中形成均匀的圆柱体或者异形圆柱体以起到改良土体的作用。

旋喷桩加固技术是 20 世纪 60 年代后期由日本日产冻结有限公司首先创造的一种土体加固技术，最初发明的是单管旋喷法（日本称 CCP 法），并在大阪地下铁道工程建设使用中获得成功。单管旋喷法具有施工速度快、成本低、能较好保证地层加固质量等优点，但旋喷固结体较小。为了扩大旋喷直径，后来创造了双重管法、三重管法等旋喷加固工艺，三重管法旋喷直径可达到 2～3m。20 世纪 90 年代后，日本鹿岛建设株式会社开发了"超级旋喷法"技术，可形成超大型旋喷桩加固地基。这种方法在直径 15cm 的钻孔中，喷射含有水泥等硬化材料的超高压射流，通过旋转切削土体，可在地层内形成直径为 5m 的超大直径柱体。

旋喷桩加固最早出现的是垂直旋喷，后来由于不断在深埋地层中修建隧道，出现了水平旋喷工艺。水平旋喷法是在 20 世纪 80 年代初期由日本首创，我国于 1972 年开始研究和应用旋喷加固技术，对旋喷设备、旋喷工艺、浆液配置等做了大量研究工作，并进行了现场试验。目前在城市地铁盾构始发与到达端头加固工程中，旋喷桩加固技术已经成为最主要的端头加固方法。在短短的几年内，双重管旋喷法和三重管旋喷法相继达到了实用程度，已经逐步形成了一套体系并得到了广泛的应用。

2) 旋喷桩加固法的分类

旋喷桩加固法按照钻孔和成桩的方向分为垂直旋喷和水平旋喷，按照喷射管的数量和方式可分为单(重)管旋喷注浆法、双(重)管旋喷注浆法、三(重)管旋喷注浆法。上述三种方法的详细工艺特征如下。

(1) 单(重)管旋喷注浆法

单管旋喷注浆法是利用钻机等设备,把安装在注浆管底部侧面的特殊喷嘴,置入土层预定深度后,用高压泥浆泵等高压发生装置,以 15.0~20.0MPa 的压力把浆液从喷嘴中喷射出去,从而冲击破坏土体;同时借助注浆管的旋转和提升运动,使浆液与崩落下来的土搅拌混合,经过一定时间凝固,在土中形成圆柱状的固结体,如图 7-55 所示。

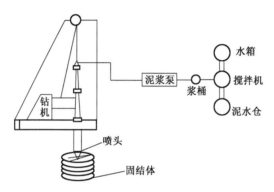

图 7-55 单(重)管旋喷注浆加固示意图

(2) 双(重)管旋喷注浆法

使用双通道的二重注浆管时,当二重注浆管钻进到土层的预定深度后,通过在管底部侧面的一个同轴双重喷嘴,同时喷射出高压浆液和空气两种介质的喷射流冲击破坏土体。即以高压泥浆泵等高压发生装置将 15.0~20.0MPa 压力的浆液,从内喷嘴中高速喷出,并以 0.7MPa 左右的压力把压缩空气从外喷嘴中喷出。在高压浆液流和它外圈环绕气流的共同作用下,破坏土体的能量显著增大,喷嘴一边喷射,一边旋转和提升,最后在土中形成圆柱状固结体。固结体的直径明显增加,如图 7-56 所示。

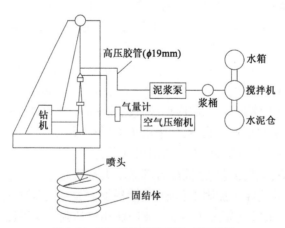

图 7-56 双(重)管旋喷注浆加固示意图

(3) 三(重)管旋喷注浆法

三(重)管旋喷注浆法适用于分别输送水、气、浆液三种介质。使用时,在高压泵等高压发生装置产生 20～40MPa 高压水喷射流的周围,环绕 0.7MPa 左右的圆筒状气流,进行高压水喷射流和气流同轴喷射冲切土体,形成较大的空隙;再由泥浆泵注入压力为 2～5MPa 的浆液填充,喷嘴做旋转和提升运动,最后在土中凝固为直径较大的圆柱状固结体,如图 7-57 所示。

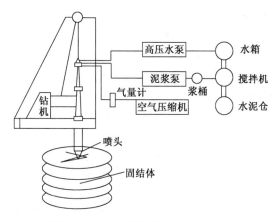

图 7-57　三(重)管旋喷注浆加固示意图

3) 旋喷桩加固的优缺点

以高压喷射流直接冲击破坏土体,浆液与土自行拌和为均匀固结体的高压喷射注浆法,从施工方法、加固质量到适用范围,与其他处理方法相比,主要优点如下:

(1) 适用地层较广

受土层、土的粒度、土的密度、硬化剂黏性、硬化剂硬化时间的影响较小,可广泛适用于淤泥、软弱黏性土、砂土甚至砂卵石等多种土质。

(2) 材源广阔,价格低廉

喷射的浆液以水泥为主,化学材料为辅。除了工程要求速凝早强时使用化学材料以外,一般的地基工程均适用来源广、价格低的强度等级 32.5 的普通硅酸盐水泥。此外,还可以在水泥中加入一定数量的粉煤灰,既利用了废料,又降低了注浆材料的成本。

(3) 固结体形状可以控制

可以有计划地在预定的范围内注入必要的浆液,形成一定间距的桩,或连成一片的桩群或帷幕墙;加固深度可以自由调节,连续或分段均可。

(4) 固结桩体强度高

采用不同的浆液种类和配方,即可获得所需要的固结体强度。在黏土中采用水泥浆液形成的旋喷桩体的无侧限抗压强度可达 5～10MPa,在砂土中则更高,最大可达 20MPa。

(5) 有较好的耐久性

在软弱地基中加固,高压喷射工艺和其他施工工艺相比,因其加固结构和适用范围不同,加固效果不能一概而论,但从适用的浆液性质来看,可以预期得到稳定的加固效果,并有较好的耐久性能。

(6) 机动灵活

主要表现在:钻孔深度(垂直或水平)内的任意高度上,不同方向、不同喷射形式均可按要求喷射成各种指定形状;可在水上对水下隐患进行处理。

(7) 可注性好

高压旋喷是强制性破坏原土层结构,不存在一般注浆的可注性问题。只要高压喷射流能破坏地层、细砂、特细砂、黏性土地层均可处理。

(8) 浆液集中,流失较少

旋喷加固时,除了一小部分浆液由于采用的喷射参数不合适,沿着管壁冒出地面外,大部分浆液均聚集在喷射流的破坏范围内,很少出现在土中流窜到很远地方的现象。冒出地面的浆液经过沉淀、去砂、析出和清水过滤后,即可重复再用。

(9) 设备简单,管理方便

旋喷的全套设备均为定型或专门设计制造的产品。其结构紧凑、体积小、机动性强,能在狭窄和低矮的现场施工。施工管理简便,在旋喷过程中,通过对喷射的压力、吸浆量和冒浆情况的量测,即可间接了解旋喷的效果和存在问题,及时调整旋喷注浆参数或改变工艺,保证固结质量。

旋喷桩加固法优点众多,但是也存在一些缺点,使用不当可能导致工程事故发生。其主要缺点如下:

①旋喷加固质量控制受人为因素影响较大,当前施工质量控制尚不能全部用仪表进行。

②不确定因素较多,需要加固方案的设计、施工人员有较丰富的经验才能取得较好的效果。

③当旋喷桩加固深度超过15m时,桩体的垂直度较难保证,随即造成桩体之间搭接咬合效果不佳,达不到理想的止水和加固土体的效果,如图7-58、图7-59所示。

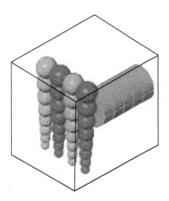 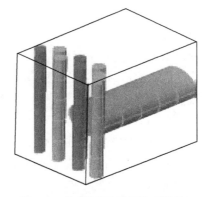

图7-58 旋喷桩搭接示意图(搭接一般)   图7-59 旋喷桩搭接示意图(无搭接)

④砂土、粉土地层旋喷加固法地层适应性较差。

⑤旋喷桩加固后桩体加固效果检验方法有待完善。

4) 旋喷桩加固的地层适用性

旋喷桩加固技术主要适用于第四纪冲击层、残积层、人工填土等,能处理淤泥、淤泥质土、黏性土、粉土、黄土、砂土、人工填土和碎石土等地基。当土中含有较多的大粒径块石、坚硬黏性土、大量植物根茎或有过多有机质时,应根据现场试验结果确定其适用范围,加固效果相对稍差,有时甚至不如静压的效果。对于地下水流速过大或已大量涌水,浆液无法在注浆管周围凝固情况的工程要慎重使用。对于无充填物的岩溶地段、永冻土及对水泥有严重腐蚀的地基，均不宜采用旋喷桩注浆加固法。

5) 基本原理

(1) 高压喷射流对土体的破坏作用

高压喷射流破坏土体的作用是多方面的，包括射流动压、射流脉动负荷、水锤冲击力、空穴现象、水楔效应、挤压力及气流液流搅动等，其中以射流动压作用为主。由动能定理，喷射流在空气中喷射时其破坏力 F 为：

$$F = \rho Q v_m \tag{7-24}$$

$$Q = v_m A \tag{7-25}$$

式中：F——破坏力，N；

ρ——喷射介质的密度，kg/m^3；

Q——流量，m^3/s；

v_m——喷射流的平均速度，m/s。

A——喷嘴断面积，m^2。

将式(7-24)和式(7-25)合并，则有：

$$F = \rho A v_m^2 \tag{7-26}$$

当喷射流介质密度和喷嘴断面积一定时，要取得更大的破坏力，就要增加平均流速，也就是要增加喷射压力。一般要求高压泵的工作压力在 20MPa 以上，使喷射流有足够的能量冲击破坏土体。但是单纯依靠增大喷射压力来提高喷射切割效果，在能量上浪费很大，不是获得较大桩径的最好办法。由上式可知，决定喷射切割效果的因素是冲量而不是速度，因此，要综合考虑各主要规程参数（喷嘴直径、压力、喷浆量和提升速度），以获得最好的效果。

在喷射过程中，有效喷射流长度内的土体结构被破坏至喷射流的终期区域时，能量衰减很大，不能冲击切割土体，但能对有效射流边界上的土产生挤压力，有挤压效果，并使部分浆液进入土粒之间的空隙中，使得固结体与周围土体联结紧密。

(2) 旋喷桩加固机理

高压旋喷桩加固土体通常分成两个阶段：第一阶段为成孔阶段，即采用普通（或专用）的钻机预成孔或者驱动密封良好的喷射管和带有一个或者两个横向喷嘴的特制喷射头进行成孔。成孔时采用钻孔的方法，使喷射头达到预定的深度；第二阶段为喷射加固阶段，即用高压水泥浆以 20MPa 以上的压力，通过喷射管由喷射头上直径约为 2mm 的横向喷嘴向土中喷射。

与此同时，钻杆一边旋转，一边缓慢向上提升，对注浆孔周围的土体进行切削破坏。周围土体被破坏后，一部分细小土颗粒被喷射浆液置换，并随着浆液被携带到地表（俗称冒浆），其余的土颗粒则与浆液搅拌后混合。在旋喷动压、离心力和重力的共同作用下，土颗粒在横断面按质量大小重新有规律地排列，小颗粒大多在中间部位，大颗粒多数向外侧或边缘部分移动，形成浆液主体。经过搅拌混合、压缩和渗透作用过程，并间隔一定时间后，浆液主体便凝固成强度较高、渗透系数较小的水泥土网络结构固结体，即旋喷桩。土质不同，形成旋喷桩在横断面上的结构略有不同，四周未被切削下来的土体被挤密压缩。在砂土中，还有一部分浆液渗透到压缩层以后，形成渗透层。旋喷桩桩体各部分的水泥含量和强度不同，一般水泥含量为

30%~50%,中心部分强度低,边缘部分强度高。

高速喷射流切削破坏土体,通常有两种方式,即穿孔方式和切削方式。穿孔方式是将喷嘴固定在一定的位置上喷射,形成一个孔洞,而切削方式是逐渐移动喷嘴的位置和方向,以达到较大面积切削土体的目的。目前切削方式应用较多。

喷射流对土体的切削破坏是一个复杂的过程。通常认为其主要作用包括射流的动压力作用、射流的脉冲压力、水滴的冲击力以及"水楔"效应等。所谓"水楔"效应,是指喷射流的作用力使垂直于喷射流轴线方向的土体向两侧挤开,如同"楔子"贯入地层中一样。

上述这些作用,只能定性地说明射流导致土体被切削、破坏的集中因素,它们不一定同时发生,也难以定量地确定其大小。因此,这些作用的发生及影响大小与喷射的压力、流量、喷嘴形式均有复杂的关系。

盾构始发与到达端头加固中,旋喷桩加固法能将土体的强度提至 $0.8\sim1.2\text{MPa}$,渗透系数小于 $1\times10^{-5}\text{cm/s}$,能起到很好的加固与止水作用。如图7-60、图7-61所示分别为端头处的旋喷桩加固施工现场和旋喷桩搭接示意图。

图7-60 盾构到达时旋喷桩加固

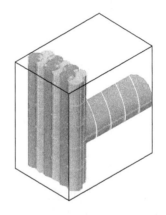

图7-61 旋喷桩搭接示意图(搭接良好)

(3)旋喷桩加固效果的影响因素

根据目前已有的结果,影响切削效果的主要因素包括喷射流的喷射压力、喷嘴的直径、喷嘴的性质、喷嘴的移动速度、土体(或岩体)的特性、喷射口处的静水压力、喷射口与土体的距离。

目前在盾构始发与到达端头加固过程中,对旋喷桩加固效果影响最大的主要是旋喷桩的成桩质量、桩体的垂直度、桩体的搭接咬合效果等。以上几点直接影响到始发与到达旋喷桩端头加固补强堵漏的能力。在深埋富水砂层中,旋喷加固地层适应性较差,很容易发生涌砂涌水、地层塌陷等工程事故。因此,在深埋富水地层中用旋喷桩进行加固时,应及时对端头加固质量进行检测、补强,确保加固效果后方可进行盾构始发、到达施工作业。

7.5.4 深层搅拌法

1)概述

深层搅拌法,又称为水泥土搅拌法,是加固饱和软黏土地层的一种常用方法。通过钻孔将水泥、石灰等材料作为固化剂的主剂送入地层,依靠深层搅拌机在地层中将软土和固化剂(浆液和粉体)就地强制搅拌;利用固化剂或软土之间产生的一系列物理化学反应形成深层搅拌桩,使软土的物理力学性能得到改善。

深层搅拌加固技术出现在20世纪40年代中后期,由美国最早研究成功,其后日本进行了进一步的深入研究,研制出了性能各异的深层搅拌机,注入地层的固化剂从单一的水泥浆液拓宽到石灰粉和化学浆液。

所谓"深层"搅拌法是相对于"浅层"搅拌法而言的。20世纪20年代,美国和西欧国家在软土地区修筑公路和堤坝时,经常采用一种"水泥稳定土"作为路基和堤坝。这种水泥土是按地基加固需要的范围,从地表挖取0.6~1.0m厚的软土,在附近用机械或人工拌入水泥或石灰,然后填回原处压实,此即软土的浅层搅拌加固法。这种加固软土方法的深度大多为1~2m,一般不超过3m。

随着城市地下工程的发展,深层搅拌桩加固技术逐渐被用在软黏土地层的加固中。在城市地铁盾构隧道的建设中,深层搅拌桩加固技术被广泛应用于盾构始发与到达端头加固施工中。深层搅拌加固法搅拌桩的桩径、间距必须根据设计要求、地质条件及使用设备进行选择,搅拌桩加固范围不得小于隧道外轮廓线上下各3m。

(1) 深层搅拌法分类

深层搅拌法按固化剂材料及形态的不同可分为以下类型,如表7-3所示。

深层搅拌加固法分类 表7-3

分 类 依 据	类　　别	主 要 特 点
固化剂材料种类	水泥土深层搅拌法	喷射水泥浆或雾状粉体
	石灰粉底深层搅拌法	喷射雾状石灰粉体
固化剂材料形态	浆液喷射深层搅拌法	喷射水泥浆
	粉体喷射深层搅拌法	喷射雾状石灰或水泥粉体或石灰水泥混合粉体

(2) 深层搅拌法的优缺点

深层搅拌法的优点:

① 基本不存在挤土效应,对周围地层扰动小。

② 可根据不同的土质和工程设计要求,合理选择固化剂及配方,应用较灵活。

③ 施工无振动、无噪声、污染小,可在市区和建筑物密集带施工。

④ 土层经加固后,重度基本不变,不致产生较大的附加沉降。

⑤ 加固桩体结构形式灵活多样,可根据工程需要,选用块状、柱状、壁状或格栅状。

深层搅拌法的缺点:

① 加固深度较浅,一般加固深度小于10m,就能取得较好的加固效果。

② 施工对操作要求较高,类似于旋喷桩加固,桩体的垂直度和咬合度较难保证。

③ 在富水砂层中,搅拌桩加固止水效果一般,应谨慎使用,或者和其他工法联合使用。

(3) 深层搅拌法的地层适应性

深层搅拌桩最适宜加固各种成因的饱和软黏土,一般包括新吹填的超软土、沼泽地带的泥炭土、沉积粉土和淤泥质土。目前,我国常用于加固淤泥、淤泥质土、粉土和含水率较高且地基承载力标准值不大的黏性土等。《建筑地基处理技术规范》(JGJ 79—2012)规定搅拌法适用于处理正常固结的淤泥与淤泥质土、粉土、素填土、黏性土、饱和黄土以及无流动地下水的饱和松散砂土等地基。随着施工机械的改进、搅拌能力的提高,适用土质范围在不断扩大。

2) 基本原理

深层搅拌法加固地层的机理与采用的固化剂种类有关。固化剂有水泥、石灰、石膏、矿渣等多种,以下主要介绍以水泥和石灰两种材料做固化剂的土体加固机理。

(1) 水泥加固土的基本原理

深层搅拌加固的基本原理是基于水泥加固土的物理化学反应过程,它与混凝土的硬化机理不同,混凝土的硬化主要是水泥在粗填充料中进行水解和水化作用,所以凝结速度较快,而在水泥加固土中,由于水泥的掺量很小(仅占加固土重的7%~20%),水泥水解和水化反应完全是在有一定活性的介质——土的围绕下进行的。土质条件对加固质量的影响主要有两个方面,一是土体的物理力学性质对水泥土搅拌均匀性的影响;二是土体的物理化学性质对水泥土强度增加的影响。水泥土硬化速度缓慢且作用复杂,其强度增长的过程比混凝土缓慢。

① 水泥的水解和水化反应

普通硅酸盐水泥主要是由氧化钙、二氧化硅、三氧化二铝、三氧化二铁、三氧化硫等组成。这些不同的氧化物分别组成了不同的水泥矿物:硅酸三钙、硅酸二钙、铝酸三钙、铁铝酸四钙、硫酸钙等。将水泥拌入软土后,水泥颗粒表面的矿物很快与软土中的水发生水解和水化反应,产生氢氧化钙、水化硅酸钙、水化铁酸钙等化合物。不同的水泥矿物各自的反应作用如下:

a. 硅酸三钙:在水泥中含量最高,约占总量的50%,是决定强度的主要因素。

b. 硅酸二钙:在水泥中含量次高,约占总量的25%,主要产生后期强度。

c. 铝酸三钙:约占水泥总量的10%,水化速度最快,能促进早凝。

d. 铁铝酸四钙:约占水泥总量的10%,能促进早期强度。

在上述一系列反应过程中所产生的氢氧化钙、水化硅酸钙能迅速溶于水中,使水泥颗粒表面重新暴露出来,与水继续发生反应,使周围的水溶液逐渐达到饱和。溶液达到饱和后,水分子虽然继续深入颗粒内部,但新生成物不能溶解,只能以细分散状态的溶胶析出,悬浮于溶液,形成凝胶体。

e. 硫酸钙:虽然在水泥中的含量仅占3%左右,但是它和铝酸三钙一起与水发生反应,产生一种被称为"水泥杆菌"的化学物。

上述反应较迅速,能把大量自由水以结晶水的形式固定下来,使土中自由水的减少量约为水泥杆菌产生量的46%,但硫酸钙含量不能过多,否则水泥杆菌针状结晶会使水泥发生膨胀而遭到破坏。

② 黏土颗粒与水泥的水化作用

当水泥的各种水化物产生后,有的自身继续硬化,形成水泥石骨架,有的则与其周围具有一定活性的黏土颗粒发生反应。

a. 离子交换和团粒化作用。

黏土颗粒带负电荷,要吸附阳离子,形成胶体分散体系,表现出胶体的特征。黏土中的二氧化硅遇水后形成硅酸胶体微粒,其表面带有的钾离子或钠离子会与水泥水化产生的氢氧化钙中的钙离子进行当量离子交换,使得土颗粒分散度较低,产生凝结,形成较大的团粒,提高土体的强度。

水泥水化后产生的凝胶离子的比表面积比水泥颗粒的比表面积大1000倍,具有很大的表面能,吸附性很强,能使团粒进一步结合起来,形成水泥土的团粒结构,进一步提高水泥土的强度。

b. 硬凝反应。

随着水泥水化反应的进行,溶液中析出大量的钙离子。当钙离子的数量超过离子交换的需要量后,在碱性环境中,组成黏土矿物的二氧化硅与三氧化铝的一部分或大部分与钙离子发生化学反应,并逐渐产生不溶于水的稳定铝酸钙、硅酸钙的结晶水化物。这些化合物在水中和空气中逐渐硬化,提高了水泥强度,且其结构比较致密,水分不易侵入,从而使水泥土具有一定的水稳定性。

c. 碳酸化作用。

水泥水化物中游离的氢氧化钙能吸收水中和空气中的二氧化碳,发生碳酸化反应,生成不溶于水的碳酸钙,化学方程式为:$Ca(OH)_2 + CO_2 = CaCO_3\downarrow + H_2O$。这种碳酸化反应能增加水泥土的强度,但增长较慢,幅度也较小。

(2)石灰加固土体的基本原理

石灰遇水后发生物理化学反应,从而能够加固土体。石灰遇水后发生以下三个反应:

①石灰吸水后发热、膨胀。

②与黏土颗粒发生离子交换作用及土颗粒的凝聚作用。

③发生化学结合反应。

以上三个反应过程在时间上有先后。完成这些反应过程后,土体性能可获得较大的改善。生石灰通常能增加软黏土的透水性,可用于提高在软黏土中进行排水的效果。

7.5.5 注浆加固法

1)概述

注浆加固的实质是利用气压、液压或电化学原理,把某些能固化的浆液注入地层土体的裂隙和孔隙中,或劈裂挤压密实端头土体,以改善端头土体的物理力学性质。由此可见,注浆加固法应至少涵盖以下两方面的内容:

(1)主体人为方面

①注浆法必备的材料。

②注入方式:气压、液压、电化学理论等,注浆法实施的过程及其注浆设备配置。

(2)客体实际方面

①介质:地层,包括土体、岩体、混凝土或钢筋混凝土等。

②范围:注浆半径影响范围内的有界空间。所谓有界空间是指采用浆液灌注时形成的结石体具有明确的边界。若将注浆载体视为均质、连续的弹性体,其边界通常是以注浆钻孔为中心的圆柱体,圆柱体半径的大小是注浆压力和地层渗透性的规整函数;若为非均质、非连续的弹塑性体,则注入的浆液路径在常压下沿裂隙通道扩散,其半径虽然也是注浆压力和地层渗透性的函数,但不规整。

③载体由多个钻孔及其周围地层中的裂缝、裂隙、孔隙、空隙等组成,可划分为孔隙介质载体、裂隙介质载体、孔隙和裂隙双重介质载体以及拟连续载体等。

2)基本原理

注浆加固理论研究的对象,主要是浆液在被注浆载体(如岩土)中流动时所经历的两个过程:物理化学过程和流体力学过程。

物理化学过程包括浆液材料的凝结和硬化机理、浆液的流变性能等。

流体力学过程包括浆液沿注浆管及被注载体内孔隙或空洞的流动扩散规律。

(1)注浆材料的流变特性

浆液在介质中流动,其流变特性主要取决于浆液材料的结构性质。一般浆液可分为牛顿流体和非牛顿流体两大类。

流动性较好的化学浆液属于牛顿流体。它的特点是吸凝前符合一般牛顿流体的流动特性,达到胶凝时间后,瞬时胶凝。牛顿流体的切应力 τ 和应变速率 γ 呈线性关系,其流动曲线是通过坐标原点的直线。牛顿流体的本构方程如下:

$$\tau = \mu\gamma \tag{7-27}$$

对水泥和黏土浆液而言,从其结构上看,属于两相流体,应符合两相流动理论。为了简化计算,一般将其看成具有平均性质的准流体考察其流动性质,应用非牛顿流体力学的方法研究浆液的两相流动特性。

非牛顿流体包括剪切稀释化流体、剪切稠化流体、宾汉姆流体等多种类型,它们有不同的切应力和应变速度的关系曲线,分别如图7-62中的曲线2、3、4所示。由于多相流体中,作为分散相的颗粒分散在连续相中,分散的颗粒间有强烈的相互作用形成一定的网状结构,为破坏网状结构,使得对宾汉姆流体只有施加超过屈服值的切应力才能使其产生流动。切应力与应变速度呈线性关系。宾汉姆流体的本构方程如下:

$$\tau = \tau_0 + \mu\gamma \tag{7-28}$$

黏度是液体最主要的流变参数,如图7-63所示为常见的两种浆液黏度变化曲线。图中的两条曲线反映了通常意义上的黏度不变及黏度渐变型浆液其黏度随时间的变化情况。以丙烯酰胺为代表的大多数化学浆液属黏度不变型浆液,其特点是在胶凝之前黏度保持不变,当达到胶凝时间后瞬时胶凝。以水泥浆为代表的黏度渐变型浆液,它的特点是浆液黏度逐渐增大,直到完全胶凝。水化时间是黏度变化的最主要因素,若忽略其他(如触变性、震凝性等)次要因素的影响,则即 τ_0、μ 只与时间有关。

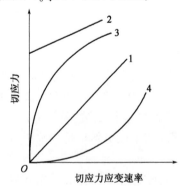

图7-62 各种流体的流变曲线
1—牛顿流体;2—宾汉姆流体;3—剪切稀化流体;
4—剪切流体

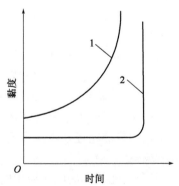

图7-63 两种浆液黏度变化曲线
1——般浆液材料,如单液水泥浆、环氧树脂等;2—丙烯酰胺类浆液等

若将时间因素 t 引入式(7-28)中,则:

$$\tau = \tau_0(t) + \mu(t)\gamma \tag{7-29}$$

这说明在某一固定时刻,τ、γ 仍服从线性关系。有资料表明,许多黏度渐变型浆液,胶凝过程中黏度变化都符合指数规律:

$$\mu(t) = ke^{at} \tag{7-30}$$

式中:t——浆液混合的时间;

k、a——待定常数,由各种不同浆液本身的性能所决定。

实践表明,在高压下浆液运动时黏度与浆液静止时黏度变化是有区别的。其变化规律比较复杂,但通常可以认为:它与常温常压下浆液自行胶凝时的变化规律基本一致,或者说仅相差一个常数,即:

$$\mu_1(t) = \mu(t) + C = ke^{at} + C \tag{7-31}$$

式中:$\mu_1(t)$——浆液运动时的黏度变化;

C——常数。

(2)注浆法分类及其作用机理

按照浆液在被注载体中的作用机理,可将注浆法分为充填注浆、压密注浆、渗透扩散注浆、劈裂注浆和电化学注浆五种方法。

① 充填注浆

充填注浆是指利用稠浆(主要是黏土浆或掺有混合料的水泥浆)直接向被注浆载体内的大空隙、大空洞、岩溶裂隙等空间注浆,以及向砂砾层、卵石层、地下结构壁厚空洞注浆的一种以不改变岩土原有结构但充填其内空间的施工方法。

充填注浆法是最古老的注浆法。它是通过"浆团"来充实填满邻近土体空间,改善其土体三相结构的受力条件,将其充填为密实、连续体的有效方法。

充填注浆法的关键是"填",即填满被注浆载体内的空间。在某种意义上,是指典型的非压力注浆法。在地下工程中,常常称其为回填灌浆。

以砂砾石为例,砂砾石地基能否接受注浆材料注入,即其可灌注性,取决于地基的颗粒级配、注浆材料的细度、浆液的稠度、注浆材料、施工技术和工艺等。通常砂砾石地基的可灌注性可用下列几种指标来衡量。

a. 用砂砾石地基层的有效粒径 D_{10} 及渗透系数 k 来判断:

$$k = aD_{10}^2 \tag{7-32}$$

式中:a——系数。

实践表明:当 $k \geq (6.9 \sim 9.3) \times 10^{-4}$ m/s 时,可灌注水泥浆;当 $k = (3.5 \sim 6.9) \times 10^{-4}$ m/s 时,可灌注黏土水泥浆;当 $k \geq 3.5 \times 10^{-4}$ m/s 时,可灌注化学浆液。

b. 用砂砾石地基层的不均匀系数 C_u 来判断:

$$C_u = \frac{D_{60}}{D_{10}} \tag{7-33}$$

式中:D_{60}、D_{10}——砂砾石地基层颗粒级配曲线上相应于含量为 60%、10% 的粒径。

试验颗粒级配曲线表明,式(7-33)中的不均匀系数 C_u 的取值有以下两种情况:C_u 值较大,即颗粒级配曲线较平缓,则表明砂砾石地层的密度较大,透水性较小,其可灌注性较差;C_u 值较小,即颗粒级配曲线变化较陡,则表明砂砾石地层的密度较小,透水性较大,其可灌注性较好。

工程实践同时表明,砂砾石地层中粒径小于 0.1mm 的颗粒含量百分比越高,其可灌注性就越差;当其含量小于 5% 时,则可用黏土水泥浆对砂砾石地层进行充填注浆。

c. 用受注砂砾石地层的颗粒级配曲线上相应于含量为 15% 的粒径 D_{15},与注浆材料的颗粒级配上相应于含量为 85% 的粒径 D_{85} 的比值 M 来判断。

$$M = \frac{D_{15}}{D_{85}} \tag{7-34}$$

试验与实践均表明:M 值越大,则可灌注性就越好。一般规律为:当 $M \geq 15$ 时,可灌注水泥浆;当 $M = 10 \sim 15$ 时,可灌注黏土水泥浆;当 $M = 5 \sim 10$ 时,宜灌注含水玻璃的高细度黏土水泥浆(简称黏土水泥—水玻璃浆)。

②压密注浆

压密注浆是指用具有一定稠度的浆液,在一定压力下通过钻孔强行挤压土体,并在注浆点集中形成近似球形的浆泡,而后通过浆泡来挤压被注载体邻近土体的注浆方法。

压密注浆法的关键是"压",是典型的压力注浆法。通过浆泡挤密周围邻近土体来提高土中的应力,无须也无法控制地强行挤压,直到在注浆点集中形成近似球形的浆泡为止。

压密注浆法的核心技术是改善被注浆载体的密实性。主要分为以下 2 种压密方式:

a. 土体内压密。

通过钻孔在被注载体中注入一定稠度的浆液,在注浆点处使得土体压密而形成浆泡。当浆泡的直径较小时,注浆压力基本上沿钻孔的径向扩散。随着浆泡尺寸的逐渐增大,产生较大的上抬力而使地面隆起。当合理地使用注浆压力并造成适宜的上抬力时,能使下沉的建筑物回升到相当精确的范围。简言之,压密注浆是用浆液置换和压密土体的过程。

压密注浆的主要特点之一,是它在软弱的土层中具有较好的效果。此法最常用于粉土、黏土、粉质黏土、黏质粉土以及砂层中。

一些研究表明,向外扩张的浆泡会在土中引起复杂的径向和切向应力体系。紧靠浆泡处的土体会遭受严重的拉伸和剪切破坏并形成塑性变形区,在此区域内土体的密度可能因扰动而减小;离浆泡较远的土体则基本上发生弹性变形,因而整个土体的密度有明显的增加。

浆泡的形状一般为球形和圆柱形。在均匀土体中浆泡的形状相当规则,非均质土中则很不规则。浆泡的最后尺寸受许多因素的影响,如土的密度、湿度、力学性质、地表约束条件、注浆压力和注浆速率等。实践表明:浆泡的横截面直径可达到 1m 或更大,离浆泡接口 0.3 ~ 2.0m,有时 10 ~ 20m 以内的土体能被明显地压密。

b. 表面压密。

与土体内压密相反,表面压密是通过地层上面的盖板钻孔,向土体表面注入高强度浆液使得土体表面和盖板底部都受到人工施加压力的浆液。盖板由于具有足够的重力、强度和刚性而不会发生有害的变形和上抬,而土体则发生自上而下的应力扩散和下移,盖板下因土层沉降而形成空隙则被坚硬的浆液结石紧密充填。

实践证明，土的沉降量取决于注浆压力、土的种类和性质以及土体周围的排水条件等因素。注浆压力越大，对土的固结作用就越好，但要确保注浆压力不会使上部结构发生有害的变形。在对高层建筑物实施表面压密注浆时，一般上部结构和底部的面积较大，由于钻孔注浆可采用单孔进行，浆液沿着注浆孔四周径向扩散的范围较小，所产生的上托力通常远小于上部结构的重力，故注浆压力容易控制在安全而有效的范围内。

③渗透扩散注浆

渗透扩散注浆是指在不破坏地层土体颗粒排列或岩土裂隙体积的条件下，使浆液扩散并充填于土颗粒孔隙或岩体裂隙空间内，将岩土胶结成整体的一种注浆施工技术。

渗透扩散注浆技术的关键在于通过注浆压力使得浆液克服阻力渗入到被注浆体——土体的孔隙或岩体的裂隙，排挤出孔隙中储存的自由水和气体。

各国学者及工程技术人员，特别是现场工程技术人员对砂及砂砾石地层中的渗透扩散注浆进行了深入研究，发展并形成了渗透扩散注浆原理及技术，即球形扩散，现简介如下：

Maag 于 1938 年首先推导出了浆液在砂层中的渗透公式，至今仍被广泛采用。在推导公式时，Maag 做了下述简化计算模式的假定：

a. 被注浆砂土是均质和各向同性的，浆液为牛顿体，采用填压法注浆，浆液从注浆管底部注入地层，浆液在地层中呈球状扩散。

b. 浆液扩散的理论模型如图 7-64 所示。图中，h_0 为注浆点以上地下水压头，H 为地下水压头和注浆压力水头之和，单位均为 cm。该理论的注浆时间 t 和浆液扩散半径 r_1 表达式如下：

$$t = \frac{r_1^3 \beta n}{3kh_1 r_0} \quad (7-35)$$

$$r_1 = \sqrt[3]{\frac{3kh_1 r_0 t}{\beta n}} \quad (7-36)$$

式中：k——砂土的渗透系数，cm/s；
β——浆液黏度与水的黏度比；
h_1——注浆压力水头，cm；
r_0——注浆管半径，cm；
n——砂土的孔隙率。

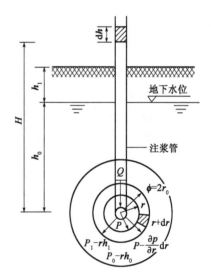

图 7-64 底端注浆球形扩散理论模型示意图

Maag 公式比较简单，对黏度随时间变化不大的浆液能给出渗透扩散的初步轮廓。例如用普通水泥浆液注浆，注浆压力为 7kg/cm² 水头，注浆管半径为 2.5cm，土的孔隙率为 0.3，浆液黏度与水的黏度比等于 3，浆液凝结时间为 35min；试验证明在 20min 内浆液的黏度基本不变，则注浆 20min 后浆液在各种土中的渗入半径见表 7-4。表中结果说明，该浆液用于中砂石地层是比较适宜的。

浆 液 扩 散 半 径　　　　　　表 7-4

砂土的渗透系数 k(cm/s)	10^{-1}	10^{-2}	10^{-3}	10^{-4}
扩散半径 r_1(cm)	4000	400	40	40

浆液本身的流变性能具有不同程度的时间依赖性。公式未考虑到浆液流变性随时间变化的特征,难以反映出浆液流动的真实情况。当浆液为非水溶性液体时,其渗入过程实际上是浆—水两相流动,采用传统的单相渗流方法得出的结果误差较大。浆液注入土孔隙中的同时,必然驱替其中的孔隙水,因而浆液扩散区外的孔隙水也必然产生径向运动导致摩擦阻力损失,而公式只考虑了地下水的静水压力作用,未考虑到地下水运动的影响。

④劈裂注浆

劈裂注浆是指在相对较高的注浆压力作用下,浆液克服地层的初始地应力及抗拉强度,引起岩体和(或)土体结构的破坏与扰动,使地层中原有的裂隙与孔隙张开,形成新的裂隙与孔隙,促使浆液的可注性提高及扩散距离增大的一种注浆方法。

实践表明,对于渗透系数 $K < 10^{-5}$ cm/s 的软黏土,无论灌注什么浆液,注浆时都会产生劈裂现象。浆液在软黏性土及其他软土中的流动,分为鼓泡压密、劈裂流动和被动土压力发挥三个阶段。软土劈裂注浆的结果是形成一个不规则柱体,随机分布。通过劈裂对软土进行注浆固结,其动态弹性模量可提高 52% ~138%。

劈裂注浆法的技术关键是借助水力致裂法原理,采用低压或较低压沿最小抗力线去破裂岩土体或混凝土结构体,通过浆脉来加固其裂缝。

在注浆压力作用下,浆液克服地层初始应力和抗拉强度,引起岩石或土体结构的破坏和扰动,使地层中原有的孔隙和裂隙扩大,或形成新的裂隙和孔隙,从而使得透水性地层的可注性提高、浆液扩散距离增大。这种注浆法所需的注浆压力相对较高。对基岩、砂和砂砾石及黏性土劈裂注浆的计算如下。

a. 基岩劈裂注浆。

在基岩中,水压致裂的开始很大程度上取决于岩石的抗拉强度 S_t、泊松比 ν、侧压力系数 k_0 以及孔隙率、透水性和浆液的黏度等。钻孔井壁处开始垂直劈裂的条件为:

$$\frac{P_0}{\gamma h} = \frac{1-\nu}{(1-N_1)\nu}\left(2k_0 + \frac{S_t}{\gamma h}\right) \tag{7-37}$$

式中:P_0——注浆压力,kPa;

γ——岩石的重度,kN/m³;

h——注浆段深度,m;

N_1——基岩经灌浆后的孔隙率。

水平劈裂的开始条件为:

$$\frac{P_0}{\gamma h} = \frac{1-\nu}{(1-N_1)\nu}\left(1 + \frac{S_t}{\gamma h}\right) \tag{7-38}$$

对于含节理裂隙的岩层,水压致裂应包括原有裂隙的扩张和新鲜岩体的破裂。根据弹性理论计算,目前国内注浆工程所用的注浆压力,尚不能使新鲜岩体发生破裂,但仅用较小的注浆压力就足以引起岩石现有裂隙的类弹性扩张。

b. 砂和砂砾石劈裂注浆。

对砂及砂砾石地层,可按照有效应力表达的莫尔—库仑破坏准则进行计算,在各向同性地层中,材料的应力状态与式(7-39)相符时即将发生破坏。

$$\frac{\sigma'_1 + \sigma'_3}{2}\sin\varphi' = \frac{\sigma'_1 - \sigma'_3}{2} - \cos\varphi' c' \qquad (7\text{-}39)$$

式中：σ'_1——有效最大主应力，kPa；
σ'_3——有效最小主应力，kPa；
φ'——有效内摩擦角，°。
c'——有效黏聚力，kPa。

地层中由于注浆压力的作用，会使砂砾石地层的有效应力减小。当注浆压力 P_c 达到式(7-40)时，就会导致地层的破坏：

$$P_c = \frac{(\gamma h - \gamma_w h_w)(1+K)}{2} - \frac{(\gamma h - \gamma_w h_w)(1-K)}{2\sin\varphi'} + c'\cot\varphi' \qquad (7\text{-}40)$$

式中：γ——砂或砂砾石的重度，kN/m³；
γ_w——水的重度，kN/m³；
h——注浆段深度，m；
h_w——地下水高度，m；
K——主应力比。

c. 黏性土劈裂注浆。

在黏性土中，水压致裂会引起土体固结及挤出等现象，同时还包括水泥微粒对黏土的钙化作用（化学反应）。在仅有固化作用的条件下，可用式(7-41)及式(7-42)计算注入浆液的体积 V 及单位土体所需的液体量 Q：

$$V = \int_0^a (P_0 - u) m_v \cdot 4\pi r^2 dr \qquad (7\text{-}41)$$

$$Q = P \cdot m_v \qquad (7\text{-}42)$$

式中：r——浆液的扩散半径，m；
P_0——注浆压力，kPa；
u——孔隙水压力，kPa；
m_v——土的压缩系数；
P——有效注浆压力，kPa。

存在多种劈裂现象的条件下，则可用式(7-43)确定土层被固结的程度 C：

$$C = \frac{(1-V)(n_0 - n_1)}{1 - n_0} \times 100\% \qquad (7\text{-}43)$$

式中：V——注入土中的水泥结石总体积；
n_0——土的天然孔隙率；
n_1——注浆后土的孔隙率。

⑤电动化学注浆

在黏性土中插入金属电极并通以直流电，就会在土中引起电渗、电泳和离子交换等作用，促使在通电区域中的含水率显著降低，从而在土中形成渗浆"通道"。若在通电的同时向土中注入硅酸盐水泥浆液，就能在"通道"上形成硅胶，并与土粒胶结形成具有一定力学强度的加固体。由于盾构始发与到达端头加固过程中电动化学注浆很少应用，故不再介绍。

3）注浆材料

（1）概述

在注浆法中，注浆材料是保证可注性以及工程加固成败的基本条件和关键因素。理论研究与实践表明，注浆材料应具有以下性能：①凝胶或固结体的耐久性好，具有良好的抗渗性；②浆液的胶凝或固结时间可任意按需要进行调节；③浆液的配制、灌注及其胶凝或固化的全过程，应属无毒或极少毒性的工况；④来源广泛，价格低；⑤原材料及配置的浆液储藏简便；⑥浆液的运输方式与要求应通用化、方便；⑦注浆材料的生产与应用少有风险性。

另外，注浆材料在其生产反应机理上，应有下列三种反应界定：①无机反应；②有机物的取代、加成和缩聚反应；③有机物的自由基聚合反应。反应界定的目的是使配置的浆材具有恒定性、稳定性和耐久性，不能因时因地而不断变化。

（2）注浆材料的分类和评价

注浆工程中所用的浆液是由主剂、溶剂及各种外加剂混合而成的。通常所说的注浆材料，是指浆液中所用的主剂。外加剂可根据在浆液中所起的作用，分为固化剂、催化剂、速凝剂、缓凝剂、悬浮剂等。

注浆材料按其形态分为颗粒型浆材、溶液型浆材和混合型浆材三类。颗粒型浆液以水泥为主剂，故多称其为水泥系浆液；溶液型浆材是由两种或两种以上化学材料配置而成的，故通称其为化学浆液；混合型浆液则由上述两种浆材按不同比例混合而成。在国内外注浆工程中，水泥一直是用途最广和用量最大的浆材，其主要特点为结石力学强度高，耐久性较好且无毒，浆源广且价格较低。但普通水泥浆液因容易沉淀析水而稳定性较差，硬化时伴有体积收缩，对细裂隙而言颗粒较粗，对大规模注浆工程则水泥用量过大。为了克服上述缺点，国内外采用以下措施：在水泥浆液中掺入黏土、砂和粉煤灰等廉价材料；用各种方法提高水泥颗粒细度；掺入各种附加剂以改善水泥浆液性质。

化学浆液的品种很多，包括环氧树脂类、甲基丙烯酸酯类、丙烯酰胺类、木质素类和硅酸盐类等。化学浆液的最大特点是它属于真溶液，初始黏度大都较小，故可用来灌注细小的裂缝和孔隙，解决水泥系浆液难以解决的复杂地质问题。化学浆液的主要缺点是造价较高、有些存在污染环境问题，使这类材料的推广应用受到较大的局限。

4）注浆材料的性质

注浆材料的主要性质包括分散度、沉淀析水性、凝结性、热学性、收缩性、结石强度、渗透性和耐久性。

（1）分散度

分散度是影响可注性的主要因素，一般分散度越高，可注性就越好。分散度还将影响浆液的一系列物理力学性质。

（2）沉淀析水性

在浆液搅拌过程中，水泥颗粒处于分散和悬浮于水中的状态，但当浆液制成、停止搅拌时，除非浆液极为浓稠，否则水泥颗粒将在重力作用下沉淀，并使水向浆液顶端上升。沉淀析水性是影响注浆质量的重要因素，而浆液水灰比是影响沉淀析水性的主要因素。研究证明，当水灰比为 1.0 时，水泥浆的最终析水率高达 20%。浆液析水可能造成如下几种后果：

①析水与颗粒沉淀现象是伴生的，析水将导致浆液流动性变差。在注浆过程中，颗粒的沉

淀分层将引起机具管路和地层孔隙的堵塞,严重时还可能造成注浆过程的过早结束,并使得注浆体结石强度、均匀性降低。

②若析水发生在注浆结束后,颗粒的沉淀分层将使浆液的密度在垂直方向上发生变化,浆液的析水则将使得结石率降低,在浆液体中形成空穴。如果不进行补浆,将使得注浆效果变差。

由于水泥颗粒凝结所需的水灰比仅为 0.25~0.45,远远小于注浆所用的水灰比,因而只有把多余水分尽量排走,才能使注浆体获得必要的强度。如果析水现象发生在适当的时刻,且有浆液补充析水形成的空隙,则浆液的析水现象不但无害,反而是必需的。

(3) 凝结性

浆液的凝结过程分为两个阶段:初期阶段,浆液的流动性减小到不可泵送的程度;第二阶段,凝结后的浆液随时间逐渐硬化。

研究表明,水泥浆的初凝时间一般为 2~4h,黏土水泥浆则更慢,由于水泥微粒内核的水化过程非常缓慢,故水泥结石强度的增长将延续几十年。

(4) 热学性

由于水化热引起的浆液稳定主要取决于水泥类型、细度、水泥含量、注入温度和绝热条件等因素,当大体积注浆工程需要控制浆液温度时,可采用低热水泥,降低水泥含量及拌和水温度等措施。当采用黏土水泥灌注时,一般不存在水化热问题。

(5) 收缩性

浆液及结石的收缩主要受环境条件的影响。潮湿环境下的浆液只要维持其潮湿条件,不仅不会收缩,还可能随时间而略有膨胀。反之,干燥环境条件下的浆液,就可能发生收缩。一旦发生收缩,就会在注浆体中形成微细裂隙,使得注浆效果降低。

(6) 结石强度

影响结石强度的主要因素包括:浆液的起始水灰比(即浆液浓度)、结石的孔隙率、水泥的品种及外加剂等,其中以浆液浓度最为重要。

(7) 渗透性

与结石强度一样,浆液的渗透性也与浆液的起始水泥含量及龄期等因素有关,见表7-5、表7-6。不论纯水泥浆液还是黏土水泥浆,其渗透性都很小。

水泥结石的渗透性 表7-5

龄期(d)	渗透系数(cm/s)
5	4×10^{-8}
8	4×10^{-9}
24	4×10^{-10}

黏土水泥结石的渗透性 表7-6

序 号	黏土含量(%)	龄期(d)	渗透系数(cm/s)
1	50	10	7.4×10^{-7}
2	50	30	4×10^{-7}
3	75	14	1.5×10^{-6}

(8) 耐久性

水泥结石在正常条件下是耐久的,但若注浆体长期受到水压力作用,可能使得结石体被破坏。

当地下水具有侵蚀性时,宜根据具体情况选用矿渣水泥、火山灰水泥、抗硫酸盐水泥或高铝水泥。由于黏土基本不受地下水的化学侵蚀,故黏土水泥结石的耐久性比纯水泥结石的要好。此外,结石的密度越大或透水性越小,注浆体的寿命就越长。化学浆液(如水泥—水玻璃双液浆)的耐久性,现在仍然受到部分质疑,有待试验研究进一步证明或工程实践进一步检验。

5) 常用的浆液材料

(1) 水泥浆材

水泥浆材是以水泥浆为主的浆液,在地下水无侵蚀性条件下,一般都采用普通硅酸盐水泥。它是一种悬浊液,能形成强度较高和渗透性较小的结石体,适用于岩土加固,也适用于地下防渗。在细裂隙和微孔隙地层中虽可灌性不如化学浆材好,但若利用劈裂注浆原理,则不少弱透水地层都可用水泥浆进行有效的加固,故成为国内外常用的浆液。

水泥浆的水灰比一般为 0.6~2.0;常用的水灰比是 1∶1。为了调节水泥浆的性能,有时可加入速凝剂或缓凝剂。常用的速凝剂有水玻璃和氧化钙,其用量约为水泥质量的 1%~2%,其浓度则需要根据具体情况进行调节,如水玻璃的波美度等。常用的缓凝剂有木质素硫酸钙、木质素磺酸钙和酒石酸三种,其用量为水泥质量的 0.2%~0.5%。

高水灰比仅对提高浆液的可注性有利,但对岩土加固意义不大。表 7-7 所示为几组用强度等级 32.5 的普通硅酸盐水泥配制成的浆液基本性能。从表中可以看出,高浓度浆液的强度和密度都较大,但流动性较小,常需掺入某些分散剂以降低黏度。

纯水泥浆的基本性能 表 7-7

水灰比	黏度(s)	密度(g/cm³)	结实率(%)	凝结时间		抗压强度(MPa)			
				初凝	终凝	3d	7d	14d	28d
0.5∶1	139	1.86	99	7h41min	12h3min	4.14	6.46	15.30	22.00
0.75∶1	32	1.62	97	10h47min	20h33min	2.43	2.60	5.54	11.27
1∶1	18	1.49	85	14h56min	24h27min	2.00	2.40	2.42	7.90
1.5∶1	17	1.37	67	16h52min	34h47min	2.04	2.33	1.78	2.22
2∶1	16	2.30	56	17h7min	48h15min	1.66	2.56	2.10	2.80

悬浮液的主要问题是析水性大,稳定性差。水灰比越大,上述问题就越突出,此外,纯水泥浆的凝结时间较长,在地下水流速较大的条件下注浆时浆液易受到冲刷和稀释等。为了改善水泥浆液的性能,以适应不同的注浆目的和自然条件,常在水泥浆中掺入各种附加剂,具体见表 7-8。

水泥浆的附加剂及掺入量 表 7-8

附加剂	名称	掺量占水泥质量百分比(%)	说明
速凝剂	氧化钙	1~2	加速凝结和硬化
	硅酸钠	0.5~3	加速凝结
	氯酸钙	0.2~0.5	

续上表

附加剂	名　称	掺量占水泥质量百分比(%)	说　明
缓凝剂	木质素磺酸钙	0.2~0.5	亦增加流动性
	酒石酸	0.1~0.5	
	糖	0.1~0.5	
流动剂	木质素磺酸钙	0.2~0.3	—
	去垢剂	−0.05	产生空气
加气剂	松香树脂	0.1~0.2	产生约10%的空气
膨胀剂	铝粉	0.005~0.02	膨胀约15%
	饱和盐水	30~60	膨胀约1%
防析水剂	纤维素	0.2~0.3	—
	硫酸铝	约20	产生空气

(2)黏土类浆液

黏土的粒径一般极小(0.005mm),而比表面积较大,遇水具有胶体化学特性。在黏土类浆液中,为改善性能而研制了黏土—水玻璃浆液,其配方大体如下:黏土为40%~60%,水玻璃为黏土浆体积的10%~15%,熟石灰为黏土质量的1%~3%,其余是水。其主要性质为:凝结时间为几十秒至几十分钟,黏度为20~23s,渗透系数为10^{-6}~10^{-5}cm/s,pH值为11~12。

(3)水泥—黏土类浆液

在水泥浆中,根据施工的目的和要求,可加入一定量的黏土,有时黏土掺入量比水泥的用量还要多,称为水泥黏土类浆液。由于黏土的分散性高,亲水性好,因而沉淀析水较少。在水泥浆液中加入黏土后,浆液的稳定性会大大提高。

(4)水泥—水玻璃类浆液

水泥—水玻璃双液浆是以水泥和水玻璃为主剂,两者按照一定的比例采用双液混合后注入,必要时加入速凝剂或缓凝剂的注浆材料。水泥与水玻璃的水解产物氧化钙迅速化合,是这类浆材的反应机理,化学式为:$Na_2O \cdot nSiO_2 + Ca(OH)_2 + mH_2O = CaO \cdot nSiO_2 \cdot mH_2O + 2NaOH$。

水泥—水玻璃双液浆具有如下特点:材料来源丰富,价格低廉;浆液凝结时间可控制在几秒至几十分钟范围内;凝结后结石率较高,可达98%~100%;结石体渗透系数小于10^{-5}cm/s;可用于裂隙为0.2mm以上的岩体或粒径为1mm以上的砂层;结石体抗压强度较高,见表7-9。表中资料表明,水泥浆的浓度仍然是决定强度大小的关键因素。龄期虽也有影响,但14d以后的变化已经不明显。

水泥—水玻璃双液浆结石强度　　　　表7-9

水玻璃浓度(°Bé)	水玻璃浆与水泥体积比	水泥浆浓度(水灰比)	抗压强度(9.8×10^4Pa)		
			7d	14d	28d
40	1:1	0.5:1	204	244	248
		0.75:1	116	177	185
		1:1	44	106	113

综合考虑凝结时间、抗压强度、施工及其造价等因素,水泥—水玻璃双液浆的常用配合比为:强度等级为 42.5 级或 52.5 级普通硅酸盐水泥;水泥浆的水灰比为 $0.8:1 \sim 1:1$;水泥浆与水玻璃的体积比为 $1:0.5 \sim 1:0.8$;模数为 $2.4 \sim 3.4$,浓度为 $35 \sim 40°Bé$。

(5)超细水泥

常用的水泥由于颗粒较粗,一般只能灌注砾石或者直径大于 $0.2 \sim 0.3$mm 的裂缝或孔隙,许多情况下不得不采用昂贵的化学灌浆材料来解决水泥浆不能灌注的微细缝隙,但有些化学灌浆材料存在环境污染问题。在此情形下,日本首先开发并利用干磨法制成了 d_{50} 为 $4\mu m$、比表面积约为 $8000cm^2/g$ 的 MC 型超细水泥,可注入渗透系数小于 $10^{-3}cm/s$ 的中细砂地层。此后,我国水利水电科学研究院研制出了水平相近的 SK 型超细水泥。浙江大学等单位也研制出了更细的 CX 型超细水泥,其 d_{50} 为 $3 \sim 4\mu m$。此外,日本后来又用湿磨法制成了 d_{50} 为 $3\mu m$ 的超细水泥;法国则用去除水泥中较大颗粒的办法制成了颗粒小于 $10\mu m$ 的微溶胶浆液,解决了一些工程问题。

7.5.6 袖阀管注浆加固

(1)概述

袖阀管注浆加固法(又称索列丹斯法)为法国 Soletanche 公司首创,于 20 世纪 50 年代开始广泛用于国际土木工程界。最初用来解决砂砾石及黏土的注浆问题,经过各种不同工程的应用后逐渐成熟。它是目前一种比较先进的注浆加固技术和工艺,适应性强,对砂层、粉土、淤泥层等注浆加固效果较好,20 世纪 90 年代在我国广州、深圳等珠江三角洲地区得到广泛应用。该法综合劈裂注浆、压(挤)密注浆与渗入注浆三种方法于一体,能达到较好的注浆效果,对地基加固处理和软基处理以及建筑物的纠偏加固效果较为显著。自从广州、深圳地区开设地铁以来,袖阀管注浆加固法一直被认为是该地区复合地层盾构始发与到达端头加固中较为有效的加固方法,有较好的地层加固与止水作用。这一注浆方法的注浆原理如图 7-65 所示。

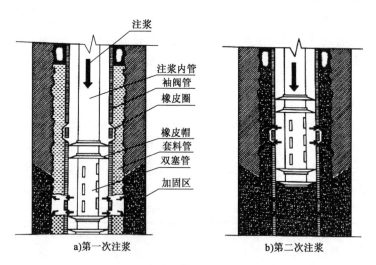

图 7-65 袖阀管注浆原理示意图

(2)施工工序

袖阀管注浆的主要施工工序包括 4 个步骤,如图 7-66 所示。

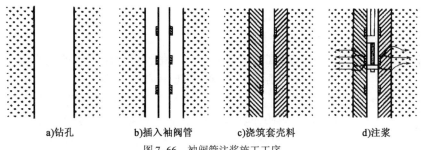

图7-66 袖阀管注浆施工工序

①钻孔。通常用优质泥浆(如膨润土浆)进行固壁,很少用套管护壁。

②插入袖阀管。为使套料的厚度均匀,应设法使袖阀管位于钻孔的中心。

③浇筑套壳料。用套料管置换孔内泥浆,浇筑时应避免套壳料进入袖阀管内,并严防孔内泥浆混入套壳料中。

④注浆。待套壳料具有一定强度后,在袖阀管内放入双塞的注浆管进行注浆。

(3)套壳料的功能和配方

套壳料的基本功能为:封闭袖阀管与钻孔壁之间的环状空间,在橡皮袖阀和止浆塞的配合下,迫使浆液只在一个注段范围内开环(挤破套壳料),从而进入地层,防止注浆时浆液到处流窜。套壳料的破碎程度越高,注浆率一般就越大,所需的注浆压力也越小。

要想比较满意地完成上述注浆工序,需做好两个方面的工作,即选择适宜的套壳料配方;采用正确的施工安装技术。

对于套壳料,应具备下述几项物理力学性质:

①适宜的力学强度,包括抗压、抗拉和抗剪强度等。高强度套壳料对防止浆液串冒是有利的,但是不利于开环;低强度套壳料虽然有利于开环,却容易使浆液向上串冒。因此,套壳料的强度必须兼顾开环和防止串浆的需要。

②收缩性要小,凝固后不至于和袖阀管脱开。

③脆性较高,以增加开环后的破碎程度。

④力学强度要求早期强度增加较快,后期强度缓慢增加。

⑤在向注浆孔中浇筑套壳料时,要求套壳料的黏度较低、析水率较小且稳定性较高。后两项性质的好坏关系着套壳料的均匀程度,对其力学强度及开环质量都有一定的影响。

上述五项指标大多较容易满足,唯独强度指标很难恰如其分地掌握。因为除了套壳料的强度外,开环压力的大小和开环质量的好坏还与一系列因素有关,如地层深度、砂砾石的颗粒级配和孔隙尺寸、套壳料的龄期以及地下水压力等。因此,在确定套壳料配方时,除了做大量的室内试验,尚需进行现场原位试验。国内外所用的套壳料大都是以黏土为主、水泥为辅的低强度配方。为了提高套壳料的脆性,有时掺入细砂或采用粉粒含量较高的黏性土。广州、深圳地区袖阀管法注浆常用的套壳料配方及材料质量比见表7-10。

套壳料配方及材料质量比　　　　　　　　表7-10

配方号	材料质量比		
	水泥	土	水
1	1	1.53	1.94
2	1	1.50	1.88

(4) 袖阀管的基本结构

袖阀管是浆液进入地层的通道,主要由花管及其橡皮套两部分构件组成,如图 7-67 所示。花管可以用钢管或塑料管,前者比较结实,后者货源充足、价格较低,国外已经普遍采用,我国已有成功应用的工程实例。为了进行注浆,管子每隔一定距离需要钻一组小直径射浆孔,每组小孔的间距为 33~50cm,即每米管长钻 2 组到 3 组射浆孔。每一组孔的纵向长度为 10~12cm,花管内径为 50~60mm。若花管采用塑料管,则管子应能承受足够的内压力。在管子下入钻孔前需抽样进行耐压试验,以免注浆时出现破裂。

每组注浆孔的外部均包裹 1 或 2 层橡皮套。在把袖阀管放入钻孔时,橡皮套的作用是防止泥浆或套壳料进入管内;注浆时,橡皮套被注浆压力冲开,使得浆液透过套壳料进入管外;停止注浆时,橡皮

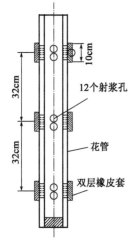

图 7-67 袖阀管结构示意图

套又弹回并压紧袖阀管,防止地层中的流体进入管内。因此,橡皮套在钻孔注浆过程中起到逆止阀的作用,为了防止橡皮套上下错位,在橡皮套的两边以定位环圈定位,其直径约为 5mm。

(5) 套壳料的浇筑

可采用下述顺序浇筑套壳料及埋设袖阀管:

①首先采用泥浆护壁进行钻孔,直至到达预定的深度。

②在孔中插入无孔眼的钢管,并通过此管压入套壳料,直至孔内的泥浆完全被顶出孔外为止。

③将浇筑套壳料的钢管拔出。

④把底部封闭的袖阀管压入孔内。

(6) 开环和注浆

所谓开环,是指待套壳料养护 5~7d 具有一定的强度后,通过注浆泵施加压力把套壳压裂,为浆液进入地层打开通道。

如前所述,套壳料若能在规定的注浆段范围内均匀和充分地破碎,就算达到了好的开环效果,如图 7-68 所示。

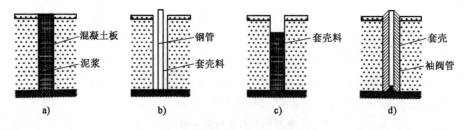

图 7-68 套壳料浇筑示意图

然而由于种种原因,实际工程中可能出现下述几种不理想的开环情况:

①形成纵向贯穿裂缝,使得浆液不能沿预定的路线扩散。

②只产生局部的开环,使地层得不到充分的灌注。

③套壳料不能在现有的设备条件下开环,这是经常发生的一种最不利的情况。

实践证明,开环方法对开环质量也有影响,下面叙述几种行之有效的开环方法:

①慢速法。用清水或浆液开环,泵压由小到大逐渐施加,每一级压力必须稳定 2~3min,并测读每级压力相应的吸水量,直至套壳料开始吸水或者压力表的压力有所下降时,即为临界开环压力。

②快速法。采用较大的起始泵压、较短的升压间隔时间和较大的压力增值进行开环,开环的标志与慢速法相同。套壳料的厚度在同一端面上不一定是均匀的,慢速法很可能首先将套壳料最薄弱处破坏,导致不均匀破坏;快速法则可在一定程度上克服此缺点,使套壳料的破裂程度和均匀性提高。

③隔环法。按($n+2$)的次序开环和灌浆,其中 n 为环数。例如当注完 18 环后,不是立刻注 19 环,而是 20 环。这种开环法可降低中间环(如上述 19 环)的开环压力,对处理开环压力特别大的注段是颇有成效的。

④间歇法。当采用较大压力仍然不能开环时,可在间歇一定时间后再用同样的压力重复开环,一般重复 2 或 3 次后即可起到作用,甚至能比用第一次开环时更小的压力达到的效果良好。

实际经验证明,采用上述开环法后,可使得不开环率大大降低,甚至达到 100% 的开环,而且开环质量也较好。

采用袖阀管时,其上每隔 33~50cm 形成一环注浆孔,一环孔即为一个注浆段;止浆塞必须采用双塞系统,而且一套塞子只能包含一环注浆孔。

对于多排注浆孔,不论灌注何种浆液,边排孔以限制注浆量为宜,中排则注至"不吃浆"为止。所谓不吃浆有其相对意义,是指在达到设计注浆压力后,地层的吃浆量小于 1~2L/min 时,即可结束注浆工作。

(7)单液浆袖阀管法注浆的优缺点

单液浆袖阀管法的主要优点:

①可根据工程需要灌注任何一个注浆段,还可以进行重复注浆。

②可使用较高的注浆压力,注浆时冒浆和串浆的可能性小。

③钻孔和注浆作业可以分开,钻孔设备的利用率高。

单液浆袖阀管法的主要缺点:

①袖阀管被具有一定强度的套壳料胶结,很难拔出进行重复使用,耗费管材较多。

②每个注浆段长度固定为 33~50cm,不能根据地层的实际情况调整注浆段长度。

③控制不当容易堵孔、卡管,如浆液不会只按照设定的方向朝地层中扩散,同时也会沿着套料管中滤料之间的缝隙向上扩散;凝固后堵住二次出浆孔,使得下一个注浆段加固时,双塞管中的浆液无法正常向地层外侧扩散,达不到加固的目的。

7.5.7 水平注浆加固

1)概述

水平注浆法是用气压、液压或电化学原理,把某些能固化的浆液从盾构始发与到达工作井洞门处水平注入端头土体的裂隙和孔隙中,以改善端头土体的物理力学性质,提高土体的强度和稳定性,并起到止水的作用。由于盾构始发与到达工作井的结构特点以及盾构工法的施工特点,水平注浆法在深圳地铁、广州地铁、天津地铁、北京地铁的盾构始发与到达端头加固、盾构隧道的联络通道的加固中都得到了应用,并取得了较好的效果。

如图7-69、图7-70所示,盾构始发与到达端头加固实践中,水平注浆法主要可以分为前进式分段注浆和后退式分段注浆两种,两者的加固原理基本相同,目的都是使加固土体能满足强度、稳定性以及止水的要求。软弱地层中,由于后退式分段注浆受到止浆塞作用的影响,浆液扩散受到一定的限制,因此注浆效果差,不宜进行长段注浆。前进式分段注浆不但能进行长段注浆,而且由于孔口管密封好,浆液能按设计规定的路径扩散,注浆压力高,注浆加固后土体的强度较高,已经在地铁隧道、公路隧道等工程地层改良和堵水加固中得到比较广泛的应用,并取得了较好的应用效果,因此本章主要介绍前进式分段注浆法。采用水平注浆法加固,盾构始发与到达洞门端头土体的加固效果如图7-71所示。

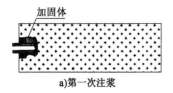 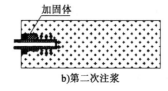 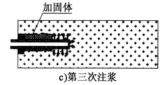

图7-69 前进式分段注浆加固示意图

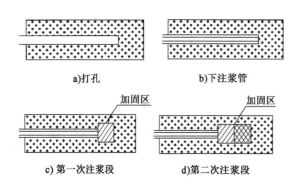 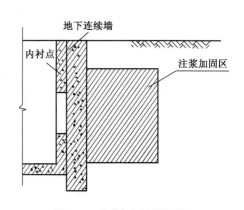

图7-70 后退式分段注浆加固示意图　　　　图7-71 注浆加固效果示意图

2) 工艺流程

水平前进式深孔注浆加固的基本流程如图7-72所示。

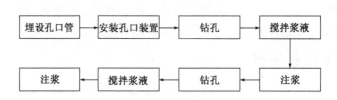

图7-72 水平前进式深孔注浆加固流程图

3)施工操作与管理

(1)主要施工机具

主要机械设备包括 YT28 风动凿岩机、TXU-75 液压钻机、K90 钻机、KQ-100 风动潜孔钻机、MQJ-120 型气动锚杆钻机、ZTGZ-120/150 型注浆泵等。

(2)施工工序

水平注浆加固施工工艺流程如图 7-73 所示,具体的施工工序如下。

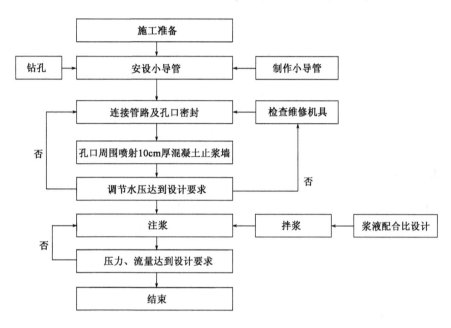

图 7-73 水平注浆加固施工工艺流程图

①施工准备

a. 按照设备配套表配齐钻机、搅拌机、注浆泵、管路、储浆罐以及各种应急材料。

b. 对注浆泵进行试运转,并对操作人员进行上岗培训。

c. 按每循环使用量配齐所有注浆材料。

d. 对注浆施工人员进行技术交底、技术培训以及安全教育。

②导向管加工

导向管长度为 70cm,采用内径 65mm、壁厚 3.5mm 的钢管加工而成。一端加工丝扣,另一端植于掌子面上,植入深度为 60cm,最终外露 10cm。

③钻孔、安设小导管

注浆工作开始之前,按注浆角度和位置布设图,在连续墙或二次衬砌结构上按设计要求布置小导管,并进行固定;待凝固后,再进行注浆加固。具体操作如下:

a. 按设计图要求,在连续墙上准确画出小导管设计孔位。

b. 钻孔:采用风动凿岩机钻孔,成孔直径 50mm,如遇塌孔,可直接利用风钻和特制顶头将小导管顶入。

c. 钢管安设及孔口密封处理:钢管由特制顶头顶进,钢管末端用胶泥麻筋缠箍成楔形,以便钢管顶进孔后其外壁与孔岩壁间隙堵塞严密。钢管顶进时,注意保护管口不受损、不变形,以便与注浆管路连接。

④配浆、注浆

水平前进式深孔注浆通常采用水泥浆液,或水泥—水玻璃双液浆。对于无水的砂砾层,可考虑使用改性水玻璃双液浆;如果砂砾层被水浸泡,在隧道顶部位置考虑使用一部分超细水泥—水玻璃双液浆,在中下部位置使用普通水泥—水玻璃双液浆,并在水泥浆中加少量膨润土,以增加可灌性。

a. 注浆浆液浓度:水泥浆水灰比为 0.5∶1,水玻璃浓度为 20~30°Bé,水泥浆和水玻璃的体积比为 3∶1(根据现场实际情况进行调整)。

b. 注浆终压为 1.5~2.0MPa(根据现场实际情况进行调整)。

注浆前应进行注浆试验,确定最佳的注浆压力、扩散半径、单孔注浆量及合适的浆液配合比。水平深孔注浆采用水泥浆和水泥—水玻璃双液浆两种。具体配合比根据注浆时的具体地质状况调节。原则上,开始只注单液水泥浆,如果注浆压力不够且浆液用量大,则逐步改用双液浆,以达到注浆压力控制要求。

注浆初期采取低压力、中流量注入,注浆过程中压力逐步上升,流量逐渐减小,当压力升至注浆终压时,继续压注 5min,即可结束注浆。注浆时通过控制注浆压力来控制注浆量。当注浆压力较小而注浆量较大时,增大水泥浆的浓度,直至终压达到 1.5~2.0MPa,持续注浆至设计孔位深度。

(3)循环进尺与工期

循环进尺取决于钻机的技术参数和性能。为加快施工进度、保证施工质量,每循环钻注长度通常定为 30m,选择 MQJ-120 型气动锚杆钻机。

(4)技术要点

①小导管外插角一般取 5°~15°,处理坍体时可适当加大。

②小导管顶进钻孔长度不得小于 90% 的管长,钢管尾部外露足够长度。

③各孔注浆时间隔进行,以保证浆液扩散效果。

(5)施工方法

①注浆管采用电钻钻孔抽打或钻机顶入两种方式。土层较硬时采用电钻钻孔插管,松软时使用钻机顶入。

②为防止孔口漏浆,用水泥药卷封堵注浆管与钻孔之间的空隙。

③为防止注浆管堵塞,影响注浆效果,注浆前先清洗注浆管。

④压浆管与超前注浆管之间采用方便接头,以便快速安拆。

⑤注浆压力由小到大,从 0 升到终止压力 1.5MPa,稳压 3min,流量计显示注浆量较小时,结束注浆。

⑥注浆结束后,拆除注浆接头,迅速用水泥药卷封堵注浆管口,防止未凝固浆液外流。

⑦注浆由两侧对称向中间进行,自下而上逐孔注浆。如有串浆或跑浆时,间隔注浆,最后全部完成注浆。

(6)安全技术措施

①造浆前,对浆液材料的胶凝时间进行测定,每更换一级浓度要测定胶凝时间。

②为防止浆液混入杂质堵塞管路,搅拌机出灰口和吸浆带口应设置过滤网。
③一定要保证先期注浆量大的注浆孔施工质量。
④注浆过程中一定要注意观察注浆压力的变化情况,当压力突然发生变化堵塞管路或浆液漏泄远方、跑浆时,要进行及时处理。
⑤一定要根据水量、水压、裂隙发育情况确定浆液浓度,保证浆液质量。
⑥钻孔时,要先埋设注浆管,防止出大水而无法埋管注浆导致淹井。在钻进时,如遇高压水有突水的可能,应采取安全钻进措施,孔口要增加密封及防喷装置。
⑦对已开挖的隧道,在进行打钻注浆之前,要先对工作面5m范围内的初期支护部分进行低压加固,防止注浆时浆液后窜,影响初期支护部分的质量。

7.6 特殊工况盾构始发接收技术

当盾构始发端头地质条件复杂、存在较多较大地下管线且管线迁改难度大、时间长、费用高时,常规的始发与接收技术与工艺将不能满足盾构始发或接收的要求,如何确保盾构安全始发与接收成为一个工程难点,本节将介绍几种特殊工况下的盾构始发与接收技术,各技术均有其各自的适用性及优缺点。

7.6.1 钢套筒始发与接收

(1)钢套筒工法简介

钢套筒工法即在盾构始发或到达前,端头加固不具备或未完全具备施工作业条件时,为有效地规避盾构始发与接收存在的安全隐患,采用盾构机站内钢套筒方式约束盾构的姿态,并起到临时加固密封和引导盾构顺利掘进作用的特殊工法。该工法适用于盾构在施工场地受限、工期短、端头加固困难且加固期龄太长、管线迁改困难等施工条件。且具有如下特点:施工占用场地小,在盾构始发井或接收井内安装钢套筒,即可实现洞内密封或安全接收的作用;工期短,能够解决端头加固龄期长,影响施工工期的问题;始发过程无须进行端头加固,依靠钢套筒这个密闭空间,提供平衡掌子面的水土压力,解决了管线迁改周期长、费用高的难题。

(2)钢套筒始发技术

密闭钢套筒平衡始发依据平衡始发原理,即通过钢套筒这个密闭的空间提供平衡掌子面的水土压力,使盾构破除洞门前即已建立好水土平衡的环境,始发等同于常规掘进,从而避免了盾构始发过程中因为欠压或渗漏而出现塌方的情况。通过把直径与长度设计成比盾构略长的钢套筒与洞口密闭连接,盾构安装在钢套筒内,然后在钢套筒内盾壳外填充回填物,通过钢套筒这个密闭的空间提供平衡掌子面的水土压力,盾构在钢套筒内实现安全始发掘进后进入前方土体,最终使盾构能够正常掘进施工。流程如下:

①洞门检查:钢套筒安装前需对洞门预埋环板进行检查。为防止盾构始发时刀盘切削到连续墙钢筋或工字钢接头而造成刀盘损坏,需对洞门圆周一周凿除连续墙的混凝土保护层,露出玻璃纤维筋,确认洞门范围不存在钢筋,确保盾构始发的安全、顺利。

②安装过渡环:过渡环需与预埋环板通过焊接连接,如图7-74a)所示,焊缝沿过渡环一圈内侧点焊,并在内侧贴遇水膨胀止水条,在过渡环与预埋环板焊接的外侧涂抹聚氨酯加强防水,并加焊槽钢进行补强。

③安装钢套筒下半圆和反力架:在开始安装钢套筒之前,首先在基坑里确定出井口盾体中心线,也就是钢套筒的安装位置,使从地面上吊下来的钢套筒力求一次性放到位,不用再左右移动。吊下第一节钢套筒的下半段,使钢套筒的中心与事先确定好的井口盾体中心线重合,安装套筒反力架,如图7-74b)所示。

④安装定位钢轨、洞门导轨,并填料:在钢套筒下方60°圆弧内平均分布安装钢轨,钢轨从钢套筒后端铺设至洞门围护结构位置,钢轨采用压板固定,压板焊接在钢套筒筒体上。根据盾构标高,在洞门下部安装导轨。

⑤钢套筒内安装盾构:在钢套筒内安装盾构主体,并与连接桥和后配套台车连接。

⑥安装钢套筒上半圆,预加反力、准备始发:钢套筒上半圆安装好以后,如图7-74c)所示,调整压紧螺栓,检验连接安装部位,确保其连接完好性,检查过渡连接板与洞门环板之间的连接情况,发现有隐患要及时处理。

a)过渡环安装

b)套筒反力架

c)钢套筒上半部安装

图7-74 钢套筒安装

(3)钢套筒接收技术

盾构钢套筒接收一般采用盾构机站内钢套筒接收与端头地面素混凝土连续墙加固(密贴车站到达端围护结构地下连续墙)相结合的方式,具体流程如下:

①钢套筒进场、洞门加固处理:首先应对钢套筒进行进场前检查,确保部件无损坏,对接收

端进行必要的加固处理,钢套筒进场前的上半部和下半部分别如图7-75a)和b)所示。

②钢套筒定位、切割钢套筒下半段底部法兰边缘:在钢套筒开始安装之前,由测量人员对钢套筒定位。要求钢套筒架中心线、线路中心线两条控制线重合。

③主体部分连接、后端盖的连接:过渡连接环与洞门钢环、底板焊接,并逐步套节每段钢套筒,直至完成主体部分,最后与后端盖连接。后端盖由冠球盖与后盖板两部分组成,安装后端盖时应在地面上把这两部分连接好再吊下井,后盖板与冠球盖之间采用焊接并牢固在钢套筒后法兰上。钢套筒后端盖如图7-75c)所示。

a)钢套筒下半部

b)钢套筒上半部

c)钢套筒后端盖

图7-75 盾构接收钢套筒主体部件

④钢套筒顶升及平移、与洞门环板的连接:将已经连接好的钢套筒向洞门位置平移,待钢套筒的过渡连接板与洞门环板相接触后,检查两个平面是否全部能够连接。由于洞门环板在预埋的过程中可能出现变形或平面度偏差较大的情况,所以有可能出现过渡连接板有些地方无法与洞门环板密贴的情况,这时就需在这些空隙处填充钢板并与过渡板焊接牢固,务必将空隙尽可能地堵住。

⑤反力架及支撑安装:反力架的安装采用类似盾构始发反力架安装方式,反力架紧顶钢套筒后盖,冠球部分不与反力架接触,安装反力架时,首先应在基坑里定好位,然后根据底板与洞门中心的标高在地面上先割去反力架立柱下端多出的部分。反力架立柱在设计时就已经有所预长,使其能更好地适用于标高不同的基坑,所以要根据底板与洞门中心的标高来确定切割长度,并在地面上安装好反力架。

7.6.2 明洞接收

(1) 明洞法接收简介

明洞法辅助接收也称作钢筋混凝土箱体施工工艺,即在盾构接收井内施作承压钢筋混凝土箱体,在箱体内回填材料后封闭,以平衡内外水土压力、防止涌水涌砂,从而达到盾构安全进洞接收的目的,如图 7-76 所示。该工法常用于富含承压水地层且埋深较大的盾构到达接收,且回填材料可视周围地层环境而变化,可以是低强度的砂浆,也可以为粒径分布均匀的砂土。明洞与钢套筒接收工艺相比具有更高的安全性、牢固性和密闭性,同时避免了钢套筒组装加固焊接量大、容易变形、组装精度高、密封性差的缺点,也防止了反力支撑体系的安装及撑坏钢套筒风险的发生。

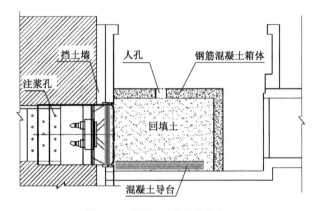

图 7-76 明洞法盾构接收示意图

(2) 明洞法接收流程

明洞法盾构接收的流程如图 7-77 所示。

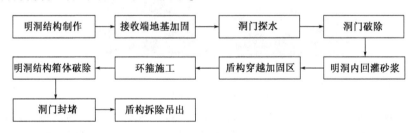

图 7-77 明洞法盾构接收流程图

7.6.3 水下接收

在覆土深、地下水压大的工况下,常规盾构接收工艺不能从根本上避免盾构接收期间的渗漏风险,也没有有效的方法能够避免盾构接收时突发渗漏对成型隧道的影响。因此如何确保在覆土深、地下水压大、渗漏风险高的工况下进行盾构的安全接收,规避风险,避免对周边环境产生较大影响是需迫切解决的难题。为此,水下接收工法就此而生并在很多工程建设中得到了应用。

(1) 水下接收工法简介

盾构水下接收是指为防止或控制在盾构接收过程中地下水土从开放的洞圈中大量涌出而发生工程险情,利用接收井内外水土压力平衡可控制渗透的机理,主动或被动将盾构接收井用水或土回填,而后在水土压力平衡情况下再将盾构安全推入接收井的施工工艺。

(2) 工法使用条件

尽管接收端的恶劣地层环境可以适合水下接收,但工法的使用还需要具备以下条件:盾构井的体积相对较小(一般小于 10000m^3),当盾构井的体积较大时必须设置临时挡土墙,避免接收时回填回灌大量的水土;接收空间是一个相对封闭体,无其他与之联通的结构,避免土方回填时漏水漏泥;附近准备好大量土源和水源(可以确保接收井 24h 内灌满)。

(3) 工法原理及流程

盾构接收前需进行一系列准备工作,包括洞门测量、隧道轴线拟合、场地布置、盾构基座制作、摆放,洞门止水装置的制作、堵漏材料的准备等。当盾构掘进至离洞门围护结构一定距离后暂停掘进,开设样洞观察洞门外地基加固状况,在确保洞门围护结构外加固土体自立、无渗漏的条件下进行洞门凿除。盾构接收准备工作结束,向接收井内回土回水至地下水位标高,建立接收井内外水土平衡,准备进行盾构掘进接收。盾构主体进入接收井后,通过隧道内注浆加固或通过环向冻结管进行液氮冻结加固,封闭井内外隧道与洞圈的间隙,以及杜绝渗漏通道。在确认隧道与洞圈的间隙加固良好,且无明显渗漏通道时,开始进行井内的水土开挖。在接近洞圈处的水土开挖作业应逐步分层实施,将露出水土部位的背覆钢板环管片与洞圈用弧形钢板封闭,随挖随封,直至将洞圈间隙全部封堵完毕。之后,再向隧道与洞圈的间隙内压注水泥浆等堵漏材料,进一步加固和稳定隧道。最后,制作外挂式井接头,避免传统内嵌式井接头需拆除隧道洞圈环管片所导致的渗漏风险。施工过程需对盾构姿态、隧道变形、出土状况、冻结参数、冻土温度等重要参数进行采集、统计、分析,掌握各工序的施工状况及质量。下面介绍水下接收工作的流程:

① 接收端准备工作

在盾构到达前,应做好前期准备工作,具体包括混凝土导台的铺设、钢托架的固定、密封环的安装等,如图 7-78 所示。

 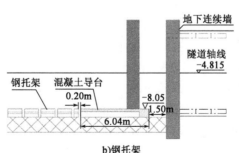 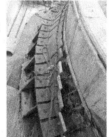

a) 混凝土导台　　　　　　b) 钢托架　　　　　　c) 密封环

图 7-78　接收前主要准备工作

② 盾构到达前施工

盾构刀盘破除洞门前,要做好充分的准备,主要工作如下:

a. 竖井注水：在所有的初期准备工作完成后，竖井注水至比周围地下水位高出一定高度，如图7-79a)所示，目的是为了避免盾构进入竖井时，盾构周围可能出现的水沙流入现象。水压会有利于最后几环管片的拼装，并给盾构推进提供反作用力。在接收过程中，要备有足够供给能力的水泵，来控制竖井水平面高度，以防水流失到地层当中。

b. 接近洞门前盾构要进行良好的掘进控制：当盾构距离洞门较近的位置时，如图7-79b)所示，必须进行测量来验证掘进方向的准确性，给盾构纠偏留下足够的空间。最后一环管片的端面要尽量与接收端头平齐。

a)竖井内注水　　　　　　　　　　b)盾构到达接收井

图7-79　盾构到达施工

c. 盾构刀盘破除洞门的控制：到达洞门前，尽量将土仓内渣土清空，检查密封情况，如有漏水及时注入止水材料（如聚氨酯等）进行封闭。破除洞门过程中要保证盾构推力在一定范围内，不能过大，刀盘轴向压力必须保持在竖井水压附近，推进速度也要严格限制。同时还要通过盾壁孔向盾体周边注入高黏度膨润土浆（一般要求流动度大于90s），用以填充开挖空隙，防止接收端渣土反流入竖井中。

③盾构破墙后施工

一旦刀盘进入接收井内，开挖土仓将被竖井内的水淹没，工作面压力即变成竖井内的静水压力。此时，需要派潜水员检查情况：确认洞门是否完全破除；验证盾构的高度和位置是否适宜托架；检查止水帘布有无局部破损；浆液是否有渗漏现象。

当潜水员确认无误、刀盘通过密封环以后，拉紧钢丝绳，把止水帘布压在盾体上，如图7-80所示。将盾构推上混凝土导台，拼装好每一环管片，并同步注浆，同时要保证管片拼装留有足够时间，以确保浆液能够凝结。拼装最后几环管片时，要注双液浆，这样能够保证浆液可以较早凝结，尽快发挥出早期强度。

④收尾工作

最后一环管片拼装完成，在确认注浆效果达到要求后，竖井中的水可以泵出，但在抽水过程中，必须检查是否有地下水通过环形空隙流出。为了验证密封性，竖井内水位每降1~3m，等待30min，以检查是否有水通过环向间隙流入竖井。如果有水流入，则需要通过第一负环注入止水材料，并在隧道内对最后两环永久管片再次注双液浆。排水完成后，利用管片拼装机拆除第二道负环（底部管片除外），同时清洗竖井，特别是钢板表面，因为托架将在上面滑动。盾构在托架上继续推进,连续安装底部管片,安装管片螺栓,管片和托架之间的空隙用木块塞好,直到盾构到达接收钢托架指定位置。最后,完成盾构拆解、吊出过程。

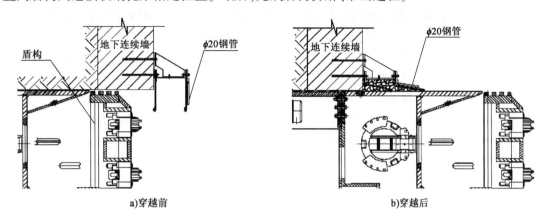

图 7-80 盾体穿越密封环过程

7.6.4 冻结法始发与接收

(1)盾构隧道冻结法简介

冻结法是利用人工制冷技术,使地层中的水结成冰,把天然岩土变成冻土,增加其强度和稳定性,以隔绝地下水与地下工程的联系。在冻结壁的保护下进行地下工程掘砌施工,是一种有效的特殊施工技术。

盾构始发与到达过程中,承受着工作井附近土体产生的巨大土压和水压的变化,可能导致涌水和土体坍塌。目前,常用旋喷技术或注浆法加固土体,效果不是十分理想,常常遇到注浆分布不均匀和盾构刀盘切割浆液结石体等困难,而冻结法却能有效地解决这些问题。由于盾构隧道直径的增大、埋深的加大和盾构机型的复杂化,冻结法的应用越来越多。冻结法适用于各类地层,尤其适合在城市地下管线密布施工条件困难地段的施工,国内外施工的实践经验证明冻结法施工有以下特点:

①可有效隔绝地下水,其抗渗透性能是其他任何方法不能相比的,对于含水率大于10%的任何含水、松散、不稳定地层均可采用冻结法施工。

②冻土帷幕的形状和强度可视施工现场条件、地质条件灵活布置和调整,冻土强度可达 5~10MPa,能有效提高工效。

③冻结法是一种环保型工法,对周围环境无污染,无异物进入土壤,噪声小,冻结结束后,冻土墙融化,不影响建筑物周围地下结构。

④冻结加固土体的效果可根据工程设计要求,在施工过程加以人工控制,从而达到令人满意的效果。

⑤冻结法施工最大缺点是施工成本高,冻融隆沉大,应该采取相应技术措施。

(2)工艺原理

冻结法是土层的一种物理加固方法,它是一种临时加固技术。当工程需要时冻土可具有岩石般的强度,如不需要强度时(当盾构推进时,刀盘切削范围内的土层),又可以采取强制解冻技术使其融化,因此,冻结法是一种既可靠又灵活的辅助工法,尤其适用于软土盾构隧道施工中使用。岩土冻结常采用方法主要有如下两种：

①间接冻结法——低温盐水法,其原理是以氨、氟利昂等制冷工质,经过压缩机对工质压缩成高温液态,经冷却后到蒸发器膨胀汽化,在交换器中吸收盐水中热量,负温盐水作为传递冷量的媒介,把冷量传递给需要冻结的岩土层,达到冻结局部岩土目的。这种冻结方法由三大循环系统构成:氟利昂(或氨)循环系统、盐水循环系统、冷却水循环系统,三个系统完成循环从而获得 $-35 \sim -20℃$ 的低温盐水,用以冻结岩土。

②直接冻结法——液氮法,其原理是液氮在1个大气压下的蒸发温度为 $-196℃$,当要冻结的土体范围不大,或抢险堵水的紧急情况下,可用液氮冻结技术,以达到快速便利的优点;且液氮冻结设备简单,只要槽车输送液氮到液氮储罐内,再通过液氮输送管输送到冻结器(冻结管),最后把汽化氮气排出,即达到冻结的目的。该法施工简单,但施工成本高于低温盐水法。

（3）流程及操作要点

盾构隧道冻结法施工流程如图7-81所示。

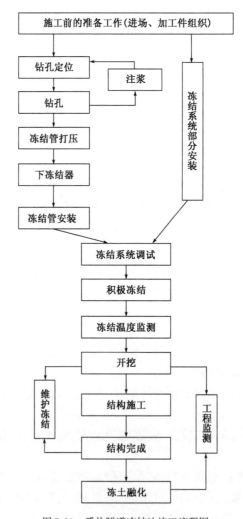

图7-81 盾构隧道冻结法施工流程图

施工时,应不断对每个施工工序进行管理。控制冻结孔施工、冻结管安装、冻结站安装、冻结过程检测的质量。施工的具体操作要点如下:

①冻结孔施工

a. 开孔间距误差要控制在规定范围内(一般为±20mm),在打钻设备就位前,可用仪器精确确定开孔孔位,以提高定位精度。

b. 准确丈量钻杆尺寸,控制钻进深度。

c. 按要求钻进、用灯光测斜,偏斜过大则进行纠偏。钻进一定距离时,测斜一次,如果偏斜不符合设计要求,立即采取调整钻孔角度及钻进参数等措施进行纠偏,如果钻孔仍然超出设计规定,则进行补孔。

②冻结管试漏与安装

安装冻结管后,需进行水压试漏,一般试漏方法为:初压力0.8MPa,经30min观察后,降压需不大于0.05MPa,再延长15min后压力可以保持不降即为合格,否则需要重新钻孔下管。

③冻结系统安装与调试

为确保冻结施工顺利进行,冻结站安装足够的备用制冷机组。冻结站运转期间,要有两套配件,备用设备完好,确保冷冻机运转正常,提高制冷效率。设备安装完毕后进行调试和试运转。在试运转时,要随时调节压力、温度等各状态参数,使机组在有关工艺规程和设备要求的技术参数条件下运行。

④积极冻结阶段

在冻结试运转过程中,定时检测盐水温度、盐水流量和冻土帷幕扩展情况,必要时调整冻结系统运行参数,冻结系统运转正常后即进入积极冻结阶段。积极冻结就是充分利用设备的全部能力,尽快加速冻土发展,在设计时间内将盐水温度降到设计温度。积极冻结盐水温度一般控制在 $-28 \sim -25℃$。积极冻结的时间主要由设备能力、土质、环境等决定,如上海软土地区的积极冻结时间基本在35d左右。

⑤维护冻结阶段

在积极冻结过程中,要根据实测温度数据判断冻土帷幕是否交圈和达到设计厚度,测温判断冻土帷幕交圈并达到设计厚度后再进行探孔试挖,确认冻土帷幕内土层无流动水后(饱和水除外)再进行正式开挖。正式开挖后,根据冻土帷幕的稳定性,提高盐水温度,从而进入维护冻结阶段。维护冻结就是通过对冻结系统运行参数的调整,提高或保持盐水温度,延缓或停止冻土的继续发展,维持结构施工的要求。维持冻结盐水温度一般控制在 $-25 \sim -22℃$,维护时间则由结构施工的时间决定。

⑥工程监测

工程监测作为该工法的一项重要施工内容,其目的是根据监测结果,掌握地层及隧道的变形量及变形规律,以指导施工。冻结施工过程监测的内容主要如下:

a. 冻结孔施工监测:主要监测冻结管钻进深度、冻结管偏斜率、冻结耐压度、供液管铺设长度等。

b. 冻结系统监测:冻结孔去回路温度、冷却循环水进出水温度、盐水泵工作压力、冷冻机吸排气温度、制冷系统冷凝压力、冷冻机吸排气压力、制冷系统汽化压力等。

c. 冻结帷幕监测:冻结壁温度场、冻结壁与隧道胶结、开挖后冻结壁暴露时间内冻结壁表面位移、开挖后冻结壁表面温度等。

d.周围环境和隧道土体变形监测:地表沉降监测、隧道的沉降位移监测、隧道的水平及垂直方向的收敛变形监测、地面建筑物沉降监测。

7.7 刀具的检查与更换

刀具在掘进过程中,刀刃因磨耗超限或脱落、缺损、偏磨时,必须进行刀具更换。刀具可分为切刀、刮刀、撕裂刀和滚刀等,分别适用于不同的地质条件。当地质条件发生变化时,为保证盾构施工安全和加快施工进度,应更换适用于该地层条件的刀具。盾构运行时,刀盘上不同位置的刀具磨损量不一样,因此在刀具检查中,根据磨损程度的不同,可进行位置的更换,以节省施工成本。

7.7.1 刀具检查与换刀技术

(1)刀具检查

刀具的检查与更换必须在确保安全的前提下进行。刀具的检查和更换是一项较复杂的工序,首先除去压力仓中的泥水、残土、清除刀具上黏附的泥沙,确认要更换的刀具,运入刀具,设置脚手架(如果需要的话),然后拆去旧刀具,换上新刀具。更换刀具停机时间比较长,容易造成盾构整体沉降,从而引起地层及地表沉降,损坏地表及埋设建(构)筑物,危及工程安全。为此,更换前应做好准备工作,尽量减少停机时间。更换作业尽量选择在中间竖井或地质条件较好、地层较稳定的地段进行。如必须在地质条件较差的地层进行时,必须带压更换或对地层进行预加固,确保开挖工作面及基底的稳定。其检查过程主要基于以下原则:

①刀盘边缘刀具磨损量推荐值为 10~15mm,正面区域为 15~20mm,中心区为 25mm,刀具磨损量如果超过规定值就需要进行更换,如果条件允许,最好整盘刀具均进行更换。以某刀盘正面区域重型撕裂刀模型为例(图 7-82),撕裂刀由两部分组成,上部为耐磨合金刀,下部是刀身,二者镶嵌其中,在掘进过程中,主要承受磨损的是合金部分,当然在刀身中还有一部分的合金,所以在实际的掘进过程中,虽然控制标准是 15mm,但考虑到经济因素、换刀距离的最大承受能力,磨损量最大值可扩大至 15mm 以上。在实际工程的刀具检查中,要严格采用控制标准为 15mm 的磨损量。

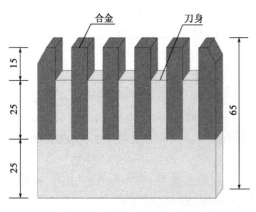

图 7-82 某种重型撕裂刀模型示意图(尺寸单位:mm)

②检查过程如发现个别刀具磨损严重,应首先确定刀具位置并上报,然后可以选择将原来没有超过磨损限制的刀具更换至严重磨损的刀具上。

③尽量保证整个刀盘的刀具所换的磨损量均达到了最大值,使刀具能够掘进最多环数。

④刀具要勤检查、勤更换，目的是尽量避免长时间换刀。

（2）换刀技术

换刀技术按照换刀的目的和计划可分为被动换刀和主动换刀两种，被动换刀是指换刀过程非提前计划好，而是当盾构相关参数（如推力、扭矩、推进速度等）出现明显异常而怀疑刀盘刀具出现严重磨损情况时才考虑并计划换刀的方法；而主动换刀是根据盾构刀具的磨损规律，结合地面施工环境等情况，每隔一定距离预先确定换刀位置，并提前对盾构换刀工作进行筹划、施工占地，待盾构到达预定位置后立即进行检查换刀。相对于被动换刀，主动换刀的技术特点为提前预测换刀距离，确定换刀位置，节约工期。下面主要对这两种换刀技术进行介绍：

①被动换刀技术

被动换刀盾构停机位置不确定，如停机位置现场施工环境复杂，不具备从地面施作换刀井或采取地层加固措施的条件，只能从隧道内采取地层加固措施，或者进行带压换刀，导致换刀技术难度增大，增加换刀施工的安全风险，且延误了工期，也势必造成工程成本的增加。

②主动换刀技术

相对于被动换刀，主动换刀需要提前进行刀具磨损量的计算预测，从而确定换刀距离，如果换刀距离近，会过多地施作换刀竖井或采取地层加固措施，造成工程成本的增加；若换刀距离远，盾构可能未到达预定位置刀具就已经发生严重磨损，无法继续掘进，施作的换刀竖井或采取的地层加固措施无法起到作用，同样造成工程成本的增加，且无法实现主动换刀的目的，只能在盾构停机位置进行换刀，造成工期的延误且增大换刀施工的安全风险。因此，主动换刀的关键是对于刀具磨损量的精准预测和换刀距离的把控。

a. 换刀距离计算。

盾构刀具磨损量计算一般采用 JTS 公式，JTS 公式是日本根据工程实践总结出来的一个基于盾构施工参数和地层特性的经验公式：

$$\delta = \frac{K\pi DNL}{10v} \tag{7-44}$$

式中：δ——刀具磨损量，mm；

K——磨损系数，mm/km，根据工程经验，不同的地层的取值见表 7-11；

D——刀盘开挖直径，m；

N——刀盘转速，r/min；

L——刀具切削长度，m，等同为换刀距离；

v——掘进速度，cm/min。

磨损系数 K 的取值（$\times 10^{-3}$ mm/km） 表 7-11

黏　　土	砂	砂砾/卵砾	刀头材质（合金）
4	15~25	25~45	E-5
2~7.5	7.5~12.5	12.5~22.5	E-3
1.37~5.17	5.17~8.6	8.6~15.5	E-2

将式（7-44）联立贯入度 $P_e = v/N$，$\lambda = \delta_{max}/K$，$D = 2R$ 即可可以得到一个关于切削长度（换刀距离）L 的计算公式，即：

$$L = \frac{5P_e\lambda}{\pi R} \tag{7-45}$$

式中：δ_{max}——限定磨损量，即刀具磨损量 δ 的最大限定值，mm；

R——刀盘半径，m。

该公式可以依据工程中的关键施工参数，得到在磨损量达到工程的控制标准时刀具的切削长度，即盾构的换刀距离。当然，预测得出的换刀距离还要考虑到实际工程中的地质情况，从而在这个基础上进行改进。

b. 主动换刀关键流程。

盾构将要抵达计划换刀位置前采用慢速推进和慢转刀盘的方式掘进，以减小盾构机对隧道工作面土体的扰动。同时采用初凝时间短的浆液进行同步注浆，并利用吊装螺栓孔对连接桥附近的成型隧道进行二次注浆，以提高盾尾附近成型隧道的稳定性。采用转动刀盘和敲击盾壳的方式防止注浆浆液与盾尾固结在一起。开仓换刀（主动换刀）的关键流程如图7-83所示。

图 7-83　主动换刀关键流程

7.7.2　换刀准备工作

换刀前要制订详细的换刀方案、步骤和要求，并做好技术交底和人员培训。同时，还要制订详细的应急预案。刀具更换必须实行土木和机电工程师值班制度；带压进仓作业要有严格的带压进仓方案；带压进仓作业要制订安全措施，并进行交底；刀具更换机具使用按照相关机具操作规程进行；刀具运输和更换注意安全做到自防、互防和联防；刀具更换所使用的废弃物应该统一回收，避免造成环境污染；更换刀具时必须做好更换记录，更换记录主要包括刀具编号、原刀具类型、刀具磨损量、修复刀具的运行记录、更换原因、更换刀具类型、更换时间和作业人员姓名等。

换刀准备工作主要包括以下内容：

①总体规划。在日常工作中负责设备的工程师与土木工程师密切沟通，加强对施工区段地质情况的了解，对地质资料中反映的施工重点和难点要特别留心。在制订刀具、刀具配件计划时，充分估计特殊区段对刀具的破坏程度，同时在制订换刀计划时，及时、有效地与土木工程师、掘进司机沟通，确定最佳的开仓地点。初步提出刀具的更换方案的同时，提前做好材料的准备、人员的培训工作等。

②设备物资供应。设备与材料的准备，是实现快速换刀的根本保证。在确保常用设备（机具）、材料到位的情况下，使用工具例如：风动吊机、手拉葫芦、风动扳手等，开仓换刀前对盾构各个系统进行检查，做好风水电等各个方面的协调工作，保证换刀过程中良好的工作环境。

③人员培训。必须经过专门培训的人员才能进仓进行刀具的更换。

④成立应急救援小组。换刀是一种非常危险的作业工序，必须成立应急救援小组，并严格执行应急准备和响应控制程序，防止意外发生。

⑤开仓审批。开仓技术方案经过工程部与设备部讨论,由机电总工程师和土木总工程师确认,报项目经理签发,业主和监理同意后方可开仓,责任落实到个人,按严格的开仓程序进行。

7.7.3 刀具磨损检测及失效形式

1) 刀具磨损检测

当刀具磨损到一定程度后,必须立即进行更换,否则会增加邻近刀具的负荷,加速剩余刀具的磨损速率,形成恶性循环。因此,对刀具的磨损情况进行准确判断,及时指导刀具更换就显得十分重要。

目前,刀具磨损的检测方法主要有开仓检查、刀具磨损感应装置、刀具上建立液压回路以及异常掘进参数分析等。开仓检查的方法最为直接有效,但却存在较高的风险,可能造成开挖面的坍塌,进而影响隧道周边建筑物的安全。刀具磨损感应装置只能安装于部分刀具上,对其他刀具的磨损则无法感应。异常掘进参数分析在土压平衡盾构和泥水平衡盾构中效果不佳。

在刀具上建立液压回路的方法来监测刀具的磨损。在每把检测刀上都设有一个钻孔通至靠近外表面的地方,通过手动泵来加压,如果刀具被磨损到一定程度,这个漏油孔就被打开,使压力断开,意味着刀具已磨损。这些检测工作均在常压下进行,不需要进入到开挖仓内,如图 7-84 所示。

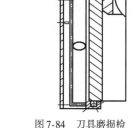

图 7-84 刀具磨损检测(液)

掘进参数分析法是通过对一些最基本、最重要的掘进参数(如掘进速度、千斤顶总推力、刀盘扭矩、刀盘转速、土仓压力等)进行分析后,建立掘进过程中总推力、总扭矩与掘进速度之间的关系:

$$T_t = T_0 W_t \frac{\sqrt{v}}{\sqrt{n}} T_2 \frac{\sqrt{v}}{\sqrt{n}} \tag{7-46}$$

$$W_0 = \frac{T_2}{T_1} \tag{7-47}$$

式中:T_t——总扭矩,kN·m;

W_t——总推力,kN;

v——掘进速度,mm/min;

n——刀盘转速,r/min;

W_0——阻力,kN;

T_0、T_1、T_2——待求参数。采用回归方法求出 T_0、T_1、T_2,代入式(7-46)和式(7-47)得到:

$$v = n \frac{(T_t - T_0)^2}{(T_1 W_t + T_2)^2} \tag{7-48}$$

式(7-46)、式(7-47)是在滚刀完好情况下建立起来的总扭矩与总推力、掘进速度之间关系的半理论半经验公式。因此,可以将滚刀完好时的掘进环作为基准环,直接采用该环掘进过程记录的总推力、总扭矩、掘进速度以及刀盘转速建立速度预测模型。

一般滚刀完好情况下,预测值与实际值之间的偏差值比较小;滚刀磨损后,预测值与实际值之间的偏差将增大,故可以通过对掘进速度或扭矩的预测值与实际值之间的偏差来预报滚刀磨损情况。在一些特殊情况下,如盾构在某一环发生"卡壳"时,即使滚刀在该环没有出现磨损,预测速度或扭矩与实际值之间的偏差也会较大,两个均值差也可能大于设定值。因此某一环预测值与实际值之间出现较大偏差时,还需要对该环的掘进数据进行具体分析,进一步寻找偏差过大的原因。

2) 滚刀失效形式

(1) 正常磨损

刀具进行破岩时,破岩效率与滚刀的刃口宽度有关,随着刀圈磨损量的增加,刃口的宽度增加,当达到一定范围时会影响掘进速度,基至不能再掘进。滚刀的正常磨损是指刀圈刃口宽度超过规定值的均匀磨损,此类磨损使用测量仪进行测量。正常磨损是刀具失效的主要形式,如图7-85所示。

(2) 刀圈断裂

掘进过程中,由于地层突然变硬或刀盘某些部件脱落或其他铁件卡在刀刃与地层之间,会导致刀圈局部过载而使刀圈应力集中发生断裂,同时刀圈与刀体配合过盈量未达到要求也会造成刀圈断裂。

(3) 平刀圈

平刀圈也称弦磨或偏磨,是由于地质原因或刀具的轴承损坏引起的。当掌子面主要为抗压强度较小的塑性黏土岩层、砂砾层及全风化岩、强风化岩时,不能给滚刀回转提供足够的起动扭矩(摩擦阻力),此外由于塑性黏土岩层黏性较大,滚刀及座孔被堵塞,刀盘面板处形成泥饼,使得滚刀相对掌子面不能良好转动,从而造成滚刀偏磨。如果滚刀的轴承损坏,滚刀也不能在隧道开挖面上滚动,使刀圈呈现单侧磨损。掘进过程中出现平刀圈如果未及时发现,不但会加速这把刀的磨损,并且会造成相邻滚刀过载失效,从而迅速向外扩展,直到整个刀盘上的刀具全部失效。刀盘强大的推进力使滚刀贯入岩石,滚刀自回转。当掌子面是上软下硬地层时,即盘形滚刀随刀盘回转至刀盘中上部时,由于全风化岩、强风化岩地质较软,不能给滚刀刀圈回转提供足够的条件,又有泥饼的现状,使得盘形滚刀相对开挖面不能良好转动;当同一把滚刀转至刀盘中下部时,由于抗压强度较高的地层可以提供足够的回转条件,盘形滚刀又能相对掌子面良好转动。这样,在上软下硬的混合岩地层中切削围岩时,盘形滚刀时而回转时而不转,容易造成多边形偏磨,如图7-86所示。

图7-85 刀具磨损

图7-86 刀圈偏磨

(4)刀具漏油

油脂因密封损坏而从滚刀中泄漏出来,刀具发生漏油,主要原因是轴承损坏、刀具过载或浮动油封失效。

轴承损坏:主要原因是轴承寿命已达极限或滚刀装配不当,当刀盖的紧固力矩不足或对轴承内圈进行轴向定位的隔圈尺寸过大,都有可能造成轴承装配过松,降低轴承的承载能力。轴承预紧度偏小时,轴承外圈相对于内圈产生轴向移动,也会影响浮动密封的密封效果。

刀具过载:地质条件发生急剧变化,作用于刀盘的推力超过了盘形滚刀的承载能力。

刀具密封失效:刀具轴承及浮动密封的寿命已达极限。主要表现为润滑油泄漏导致水、渣土渗入轴承,使轴承无法正常转动并损坏。

(5)刀圈剥落

刀圈表面掉落整块的碎片,而整个刀圈没有断裂,称为"刀圈剥落"也称"刀圈碎裂",如图7-87所示。刀圈剥落是由于刀圈表面产生疲劳裂纹,逐步扩展导致微观断裂,因磨损而剥落。如果剥落块较小,一般不影响刀具的正常运转。

(6)挡圈断裂或脱落

挡圈用于避免刀圈沿轴线方向的平行位移,如果挡圈断裂或脱落会引起刀圈位移,如图7-88所示。

图7-87 刀圈碎裂

图7-88 刀圈位移

3)切刀失效形式

盾构切刀的失效有刀具磨耗和刀具脱落两种形式,其中刀刃磨损为切刀失效的主要形式。切刀的磨损包括以下两个部分:一部分是切刀刀刃直接与土体作用而引起的磨损,从磨损的形状来看,表现为切刀刀刃处变短变平,这样会影响切削的效果;另一部分为渣土流动对切刀的磨损,这种类型对切刀、刀体以及刀座甚至刀盘面板都会造成一定的磨损。这两个部分中切刀刀刃直接与土体作用而引起的磨损是切刀磨损的主要组成部分,在切刀对软岩进行作用时,这种磨损形式所占的比例更大。

4)刮刀失效形式

(1)正面区刮刀磨损

正常磨损:刮刀刮削土层、砂砾层和被滚刀挤碎的岩层时所形成的磨损,如图7-89所示。

异常磨损:由于滚刀刀圈掉落,在刀盘同一圆周上的刮刀就直接承受掘进工作面的载荷,刮刀和掘进工作面的相对摩擦,就导致刮刀严重偏磨。

(2)边缘区刮刀磨损

正常磨损:刮削土层、砂砾层和边缘滚刀挤压后的岩层时所形成的磨损,如图 7-90 所示。

异常磨损:由于边缘滚刀刀圈掉落或者边缘滚刀磨损量严重超限,边缘滚刀开挖掘进工作面的径向尺寸小于边缘刮刀的径向尺寸,边缘刮刀被迫直接挤压在掘进工作面上运动,导致刀具磨损。

图 7-89　正面区刮刀磨损

图 7-90　边缘区刮刀磨损

7.7.4　常压换刀

盾构将要抵达计划换刀位置前的掘进采用慢速推进和慢转刀盘的方式,以减小盾构对隧道工作面土体的扰动。同时采用凝固时间短的浆液进行同步注浆,并利用吊装螺栓孔对连接桥附近的成型隧道进行二次注浆,以增加盾尾附近成型隧道的稳定性。采用转动刀盘和敲击盾壳的方式防止注浆浆液与盾尾固结在一起。在盾构停止推进后打开承压壁上的卸水孔进行排水并记录水流量,经审批后实施刀具的检查及更换作业。

1)检查及更换刀具前的准备工作

(1)停止盾构的推进,根据工作面地质情况,排出土仓内 1/2～2/3 的渣土,打开人闸与土仓间的闸门,冷却土仓,释放土仓异味。

(2)检查盾构承力墙上的球阀及闸阀,对堵塞的球阀及闸阀进行疏通,保证能够正常使用。

(3)对加压系统进行检查,保证其功能正常。

(4)对盾构各系统进行检查,保证其功能完好。

(5)对进行换刀的操作人员进行换刀前的技术交底,对换刀的操作程序、安全事项等进行详细的交底。

(6)准备好需更换的刀具及其附件如螺栓、锁块等。

(7)准备好照明灯具、小型通风机、风镐、潜水泵、风动扳手、葫芦、木板、安全带等材料、工具及电焊机等机料具。

(8)对可能发生的突发事件做好充分的估计及应对措施。

2)换刀作业

(1)将刀盘操作切换到人闸刀盘点动控制面板进行操作。

(2)将刀盘需更换刀具的部位旋转到最佳换刀位置。

①正面滚刀的最佳更换位置在 3 点方向,故需将待换刀具转至此位置,使单刃滚刀刀具转轴与水平方向成 0°,如图 7-91 所示。

②正面齿刀、边刮刀的最佳更换位置在 3 点或 9 点方向,如图 7-92 所示。

图 7-91　更换单刃滚刀时刀盘位置示意图　　　　图 7-92　正面切、边刮刀换刀位置示意图

③更换中心双刃滚刀时,需使待更换刀具转至最上方位置,刀刃与垂直方向成 90°,如图 7-93 所示。

④更换边缘滚刀时必须使其处于 3 点位置,保证刀具的安装轴与水平方向成 0°,此时最易更换,如图 7-94 所示。

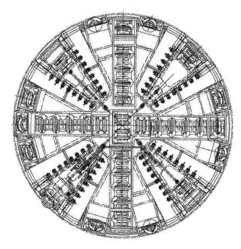 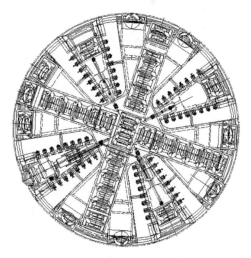

图 7-93　更换双刃滚刀时刀盘位置示意图　　　　图 7-94　边缘滚刀的更换位置示意图

(3)在更换刀具部位上方前体上焊接吊装刀具用的吊耳。

(4)在刀盘更换刀具部位下方焊接支架挂耳,安装换刀作业支撑木板。

(5)将刀具及刀座清洗干净。

(6)利用葫芦将刀具挂好,用风动工具松开刀具螺栓,然后取出刀具(各种刀具的安装方式如图7-95～图7-100所示);测量刀具高度,用风镐修整换刀位置的隧道工作面,保证有充分的刀具安装空间,做好安装刀具前的安装座清洁工作。

(7)将刀具通过人闸运送出去,然后将须更换的刀具运送进去,按拆刀的相反步骤将刀具装好、拧紧至设计扭矩值。

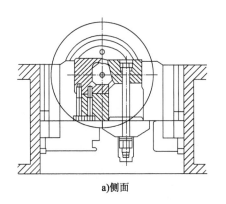 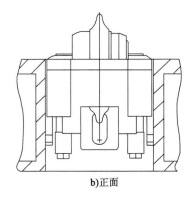

a)侧面　　　　　　　　　　　　　　b)正面

图7-95　单刃滚刀安装示意图

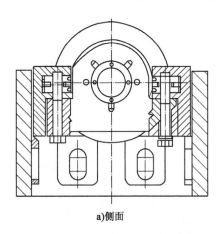 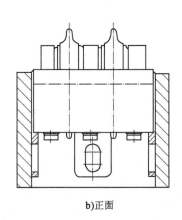

a)侧面　　　　　　　　　　　　　　b)正面

图7-96　双刃滚刀安装示意图

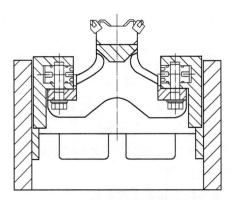 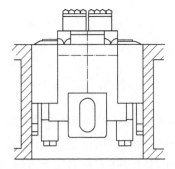

图7-97　中心齿刀安装示意图(背装式,可与中心双刃滚刀互换)　　图7-98　正面齿刀安装示意图(背装式,可与单刃滚刀互换)

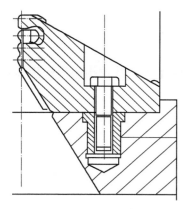

图 7-99 边刮刀安装示意图

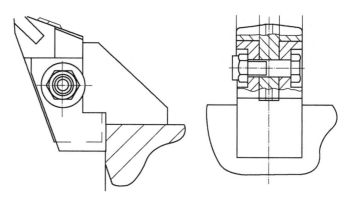

图 7-100 正面切刀安装示意图

3) 安全措施

刀具更换时必须确保作业人员的安全。更换刀具的人员必须系安全带,刀具的吊装和定位必须使用吊装工具。尤其是在更换滚刀时要使用抓紧钳和吊装工具。所有用于吊装刀具的吊具和工具都必须经过严格的检验,以确保人员和设备的安全。需转动刀盘时,必须使进仓人员撤离至安全区域,由在仓内的专人操作,任何其他人员不得擅自启动刀盘。具体措施总结如下:

(1) 对全部参加人员进行安全交底,对进仓换刀的操作人员进行换刀前的技术交底。

(2) 保证充足的照明,准备好换刀所需的材料、工具等。

(3) 对可能发生的突发事件做好充分的估计及应对措施。

(4) 换刀前对刀盘前方的工作面进行认真细致的检查,确认地层条件稳定的条件下进行换刀,在换刀过程中对工作面进行监视;特别应注意工作面突发性的涌水、涌砂现象。

(5) 开仓前,对盾构各系统进行检查,保证其正常运转。

(6) 严格按以下检查程序检查操作:

① 首先对换刀区域的渣土进行分析确认是否需要进行加固或降水等辅助措施,完成以上工作并拼装管片后进行排土。

② 刀盘位置由 0°旋转到 90°然后旋转到 270°。

③ 螺旋输送机运转将渣土排出。

④ 打开承压板上的泄水孔,进行泄水。

⑤ 在开始之前所有读数要求被记录,如压力传感器指示的水土压力、所有推进液压缸压力及伸长量、VMT 的测量距离,在检查期间应经常监控以便任何变化均能够被注意到。

⑥ 所有刀盘和土仓承力墙上的水和泡沫阀人工关闭。

⑦ 从第 2 次刀盘转动开始,每次漏掉的渣土增加量、变化情形均要记录。

⑧ 允许大约 30min 的土压力监控,当土仓为空时任何变化均要被记录。

⑨ 在拼装完管片后,将木楔从推进液压缸之间楔进管片与盾尾的空隙中,以支撑最后的拼装完成的管片,防止长时间停机造成管片运动;在竖曲线段进行换刀作业时,为防止盾体、电瓶车、台车、管片进给小车后退,在台车行走轮和进给小车的前后方加防动楔块。

⑩ 从最后推进时用的浆液取出样品记录凝结时间。

⑪清洁并打开在承力墙上的人闸室门,使用照明进行外观检查。
⑫使用气动扳手和46mm的套筒从承力墙上人闸门移开所有门闩。
⑬慢慢地从后面拿开保留的块并打开门。
⑭使用 Samsons 系统进行通风,或者用空气管接在 Samsons 上或者从盾构通风机延伸管道通风。
⑮清洁并固定工作平台。
⑯在进入以前进行气压测试。
⑰安装照明装置。
⑱由具有相关资质的人员进行地层监测和所有情况的报告,例如进来的水、裂缝位置,碎片或者材料的破裂。
⑲记录所有地层的情形和低煤气监控。
⑳在推进完成后,如果需要加压缩空气到土仓,需要按照上述要求加压。
㉑在检查期间提前进行地表沉降监测,控制室直接和监控人员保持联系,任何变化必须记录,并立即执行指令。

7.7.5 土压平衡盾构的带压作业

1）作业条件

实施带压作业地段的刀盘前方周围地层要保证不发生气体泄漏或该段地层经加固处理后达到带压作业所需的气密性要求;刀盘前方没有股状水出露或经加固后刀盘前方没有股状流水;适用于工作压力0.36MPa 以内的带压作业,工作压力超过 0.36MPa 的带压作业,须有单独的方案。

2）工法原理

经过对刀盘前方及周围地层加固处理后,在保证刀盘前方及周围地层和土仓满足气密性要求的条件下,通过在土仓建立合理的气压来平衡刀盘前方水土压力,达到稳定掌子面和防止地下水渗入的目的,为在土仓内进行带压换刀或维修作业创造工作条件。

3）工艺流程

带压作业工艺流程如图7-101 所示。

4）操作要点

（1）超前地层加固

为确保刀盘前方周围地层的气密性和有效封堵刀盘后部来水,带压作业前需利用设备自带的超前注浆孔或从地面对刀盘前周围地层进行注浆加固。在施工过程中注意以下几点:

①在注浆前需向刀盘及土仓内注满膨润土,注入压力稍高于掘进时的土仓压力,保证刀盘、刀具不被注浆体固结,同时可使泥浆能在可注性较好的地层有一定的扩散范围和在掌子面形成一层封闭泥膜,增强刀盘前方地层的气密性和提高掌子面的自稳能力。

②注浆管采用自加工的小导管,小导管按作业允许空间分节加工,通过设备自带的超前注浆孔分节打入地层,每节段间采用丝扣连接;每个孔注浆完成并待浆体初凝后,及时抽出注浆管。

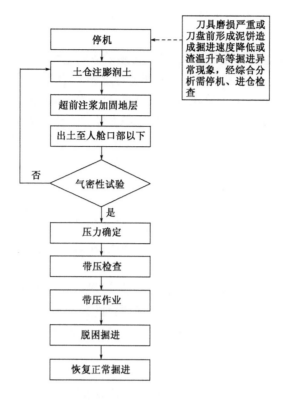

图 7-101　土压平衡盾构带压作业工艺流程图

③注浆浆液宜选用扩散性好、凝结时间合理的水泥—水玻璃双液浆,以达到充分加固地层的目的,提高掌子面地层在拟定压力范围的自稳能力和气密性。

④要选择合适的注浆压力和终浆压力,同时注意土仓压力变化,一方面保证地层的加固效果,另一方面不能因注浆压力过高而击穿盾尾、铰接密封(以注浆压力瞬间值不大于盾尾和铰接密封的额定压力值为标准)。

⑤注浆完成后等待龄期一般为 8h,这时应不停地转动刀盘,防止刀盘凝结无法转动。

(2)出土及气密性试验

为了确保带压进仓作业安全顺利进行,进仓前必须进行土仓压气试验、测定土仓渗水量和人舱气密性试验等工作。

在超前注浆工作全部完成并达到强度后,即可进行刀盘前和土仓内的渣土输出,在出渣过程中,边出渣边补充气压,并随时注意土仓压力变化,土仓压力不小于停机前掘进时的土仓压力,出渣至土仓渣土面低于人舱口部以下(不能全部出空,以免发生螺旋输送机漏气现象)。在出土和进行气密性试验过程中注意以下几点:

①出土要分阶段进行,打开盾构自动保压系统设定为设计值,将土仓中的渣土输出约 1/3,观察土仓压力值的变化,同时安排人员观察地面上漏气是否严重。若土仓压力无法保持,则重新恢复注浆;若土仓压力保持 2h 没有变化,则继续出土至 2/3,观察土仓压力值的变化,若土仓压力保持 2h 没有变化或不发生大的波动时(压力变化值小于 5kPa),则表明土仓压气试验合格。

②土仓渗水量测定。注浆封水只能封堵盾壳周围岩层、管片背后岩层中的裂隙水,对于掌子面上较大的裂隙水在压气情况下仍会不断地进入土仓。根据现场经验,测定的渗水量若大于 $0.5m^3/h$,则不能安全地实施带压进仓作业,必须采取安全稳妥的排水措施。

③人舱气密性试验。人舱是人员出入土仓进行维修和检查的转换通道,出入土仓的工具和材料也由此通过,通常情况下人舱处于无压模式、带压作业时处于加压模式,而气密性试验是通过升压、降压试验来检查人舱门、土仓门、仓壁上各种管路是否漏气。根据实践经验,从 0 升压(不装消音器)至设计值不超过 10min 即为合格;降压操作过程中通常会出现土仓门漏气现象,造成气压降不到 0,现场实践得出若降压后气压能小于 30kPa 则为安全,若气压降不到 30kPa 以下,则需要带压进行土仓门密封的处理。

(3)带压进仓检查

为了进一步判断掌子面的地质情况和刀盘刀具磨损情况,首先要由专业工程技术人员带压进仓对掌子面的地质情况和稳定性进行检查、确认,同时对刀盘、刀具磨损情况进行检查,确定换刀方案和各种带压换刀前的各项准备工作。

地质检查的工作内容有:掌子面地质情况素描、地层加固效果验证、掌子面出露水情况、地层取样,综合以上因素对掌子面稳定性进行判定,同时拍摄工程照片。

刀盘、刀具检查的工作内容有:测各种刀具的磨损量,测刀盘面板的磨损量,拍摄细部照片等,并根据检查结果制订下一步工作方案。

(4)带压进仓作业

根据技术部门制订的工作方案,施工人员在专业操仓人员和救生人员的配合下进行换刀、处理断螺栓、凿刀槽等工作。

①减压方案的确定:工程技术人员首先根据进仓检查情况和当前位置处的水土压力确定工作气压值,专业医务人员根据工作气压值、工作量大小、人员身体素质确定安全、稳妥的减压方案。

②更换刀具:刀具更换的原则是先易后难,螺栓拆除采用风动扳手,螺栓紧固采用扭矩扳手,确保刀具安装质量。换刀过程中当遇到断螺栓时,一般采用以下两种处理方案:若断口在螺孔外,则直接拆除;若断口在螺孔内,则要用风动手钻打孔,用取丝器取出断螺栓,严禁采用电动工具。

当刀具发生偏磨后,在硬岩段掘进时就会在掌子面形成突出掌子面的岩石,为了使新安装的刀具在开始转动时以较小的贯入度切削岩石,同时避免新装刀具先接触岩面而出现局部偏载现象,必须将突出的岩石按技术要求凿除,否则就会损坏新装刀具,严重影响施工效率,甚至造成其他严重后果。

③减压出仓:一般情况下,每组有效带压作业时间为 3h 左右(在带压情况下作业人员很容易疲劳),工作结束后按既定的减压方案进行减压、出仓,下一组人员进仓。

(5)完成收尾工作恢复推进

换刀工作完成后,作业人员将土仓内所有的铁制工具拿出仓外,机电技术人员对所有的刀具安装质量进行检查,确认无误后关闭土仓门恢复推进。

5)带压作业需配置的设备

因带压作业属特种作业,除盾构自带的气压设备外,还应准备表 7-12 中的设备和机具。

带压作业设备和机具配备表 表7-12

设备或机具名称		规 格	数量	备 注
应急备用设备	内燃空气压缩机	$10m^3$,压力$10.3kg/cm^3$	1台	—
	电动空气压缩机	$10m^3$,压力$10.3kg/cm^3$	1台	—
	减压医疗仓	—	1套	急救用
	对讲机	—	3台	
换刀机具	风动扳手	—	1把	—
	扭矩扳手	—	1把	
	导链	—	1台	
	照明灯	—	若干	并备用手电筒4把

表中$10m^3$内燃空气压缩机是在当供风量不足、带压条件下须使用风动机具,突然停电须供风等情况时启用;$10m^3$电动空气压缩机是在供风量不足、盾构自带空气压缩机发生故障时启用;减压医疗仓(含供氧装置),自带人舱减压发生故障时,进仓施工人员应迅速进入医疗仓减压。

6)对准备工作的技术要求

由于带压进仓作业的特殊性,要求施工前的各种准备工作必须充分,并经过技术部门的严格检查、确认。

技术人员及操作工人对盾构上的自带设备进行检查、试运行;备用设备采用一列机车编组运至盾构拖车附近,正确连接后进行试运行。

对作业人员的身体检查、培训应委托有经验的专业单位完成,按照规范严格对进仓人员进行筛选;并对进仓人员进行带压作业注意事项的交底培训。

对带压进仓地段的地表(水下施工时为河床)进行声呐探测,其主要目的是探测地表(或河床)有无塌陷,确认带压进仓的边界条件有无发生变化,为下一步的注浆封水、注浆加固方案确定提供依据。

7)注浆封水、加固的质量控制

在带压作业前,首先要在盾构掘进过程中通过试验测定预定停机位置处地层的涌水量大小,并据此判断土仓与盾壳周围岩层、管片背后岩层的连通程度,从而确定注浆封水的工作量。注浆封水一般在两个部位进行,均采用水泥—水玻璃双液浆。

(1)管片背后封水

对邻近盾尾的1~3环管片,利用螺栓吊装孔进行周圈定压定量注浆,以封堵管片背后岩层中的裂隙水。

(2)切口环部位封水

利用盾构前体上的超前注浆孔进行注浆,以封堵盾壳周围岩层中的水,必要时在拱顶部位的孔中打入注浆芯管,同时对地层进行加固,具体步骤如下:

利用铰接液压缸向前推进,行程达到80~110mm即停止,收缩铰接液压缸使刀盘离开掌子面50~80mm,以便带压换刀。

注浆前必须利用加泥系统将土仓内充满泥浆,泥浆量依据土仓压力来控制。

自下而上利用超前注浆孔注浆,浆液采用定压不定量,凝结时间一般控制为1min。注浆过程中容易出现浆液流入土仓,凝结后造成刀盘无法转动,这时应采取保压注浆,即利用自动保压系统向土仓加入一定气压,气压值应选小于刀盘主轴承密封的承压值,略大于注浆设定的孔口压力值,防止浆液流入土仓,同时要不停地低转速转动刀盘。

拱顶超前注浆孔注浆时要尽可能地将注浆芯管打入岩层,封堵切口环的同时对地层进行加固。

注浆完成后等待龄期一般为8h,这时也要不停地转动刀盘,防止刀盘凝结无法转动。

7.7.6 泥水平衡盾构带压换刀

泥水平衡盾构带压换刀系统指采用压缩空气支撑开挖面,作业人员进入泥水仓,在压缩空气的环境下,进行换刀作业。根据作业人员呼吸气体的不同,分为常规压缩空气带压换刀和饱和潜水带压换刀。采用常规压缩空气带压换刀时,作业人员呼吸压缩空气;采用饱和潜水带压换刀时,作业人员呼吸氦氧饱和气体。饱和潜水是从海洋打捞领域借用的词汇,是指潜水员呼吸氦氧饱和气体进行潜水作业。饱和潜水带压换刀一般情况下也是在高压空气的环境下进行换刀作业,只有少数特殊情况,需潜水作业,潜水作业时作业人员需装备潜水服。

采用常规压缩空气带压换刀时,当作业压力超过一定限度(0.45MPa)后,作业人员患上减压病及"氮麻醉"的风险将显著增大,而且由于减压时间的增加,作业效率将大打折扣。饱和潜水带压换刀方法作业时呼吸的是由惰性气体和氧气组成的混合气体,避免了"氮麻醉"对身体造成的伤害,同时避免了作业人员每次作业后烦琐的减压程序,使减压时间并不随着带压作业的延长而增加,大大提高了工作效率。

1)泥膜及建膜技术

泥水平衡盾构带压进仓更换刀具通常需要降低泥水仓液位以方便带压进仓作业人员作业。此时盾构开挖面前方上部与中部土层全由气体支撑。在不(弱)透水地层压缩空气可直接支撑于开挖面气压能平衡开挖面的水土压力。在强透水地层,大量的压缩空气会通过地层之间的孔隙携带细颗粒向上逃逸,加大地层孔隙,造成气压不稳定,无法平衡开挖面的水土压力。为实现强透水地层开挖面稳定,需在开挖面表面建立一层气密性泥膜。

2)带压换刀技术

带压换刀作业流程如图7-102所示。

常规压缩空气带压换刀人员呼吸的是压缩空气,作业人员直接进入盾构的压力人闸,在人闸内加压后进入泥水仓进行换刀作业。作业完成后,由泥水仓返回人闸逐步减压,减压完成后返回地面常压状态休息。

饱和气体带压换刀作业人员需一直生活在一定压力的氦氧饱和气体环境的生活仓内,开始作业时,由生活仓经穿梭仓摆渡至盾构作业面,完成作业后再由盾构作业面经穿梭仓摆渡至生活仓。

常规压缩空气带压换刀在盾构人闸内减压,减压作业由专业人员操仓,专业操仓人员要严格按照相关潜水作业规范所规定的减压方案进行减压。通常情况下,减压速率不能大于0.018MPa/min,减压至0.12MPa时开始吸氧。

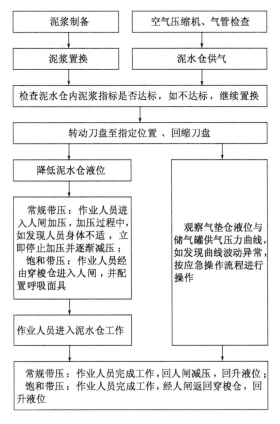

图 7-102 带压换刀作业流程图

饱和潜水带压换刀作业人员完成工作后,经由人闸进入穿梭仓,在穿梭仓内减压至生活压力(通常比作业压力低约 0.05MPa)后,再进入生活仓。饱和潜水作业周期一般在 2~4h,完成一个作业周期后减压出仓时间严格按照国家相关规范执行。

盾构配置的刀具特别是滚刀质量较大,刀具的更换和搬运须通过专用机具和人工搬运相结合的方式来完成。考虑到带压环境下作业人员的体力消耗远比常压下同等作业要大,因此,应尽量缩短搬运路径,减少倒运次数特别是垂直搬运量。通常安排在时钟的 3 点和 9 点位置拆装刀具比较安全省力。

3) 带压进仓条件

(1) 开仓工作应在预定地点进行,并做好开仓前的所有准备。

(2) 当盾构在 $0.7 \times 10^5 \sim 3 \times 10^5 Pa$ 压力下工作时,带压进仓中技术人员或潜水员由压缩空气供给来呼吸,泥水平衡盾构的潜水员在膨润土中工作。在泥水平衡盾构中可以采用降低膨润土液位的方法,较自由地进入开挖仓,转动刀盘进行换刀作业。压力为 $0.7 \times 10^5 Pa$ 时,人员在压缩空气中最长工作时间约为 4h,$3 \times 10^5 Pa$ 时约为 2h 45min。

当盾构在 $3 \times 10^5 \sim 5 \times 10^5 Pa$ 压力下工作时,带压进仓中技术人员或潜水员由压缩空气或混合气体供给来呼吸,技术人员在压缩空气下工作,泥水平衡盾构的潜水员在膨润土中工作。压力为 $3 \times 10^5 Pa$ 时,人员在压缩空气中最长工作时间为 2h 45min,$5 \times 10^5 Pa$ 时为 1h,需要在换刀的地方,降低膨润土液位,使自由进入开挖仓。

当盾构在大于 5×10^5 Pa 压力下工作时,技术人员在压缩空气下工作,潜水员在膨润土中工作,采用进入半饱和及饱和气压方法,由 2 台穿梭式运输仓配合工作。需要在换刀的地方,降低膨润土液位,使自由进入开挖仓。

适用于工作压力 6.9×10^5 Pa 以内的带压作业,超过 4.5×10^5 Pa 时需较高的潜水技术和设备。以上这些数据仅供参考,还须严格遵循国家相关规范的规定。

4) 泥水仓液面控制操作程序

进入开挖室内进行刀具更换作业,必须使用压缩空气调节系统保持泥水仓和气垫仓的压力,加压速率不超过 0.06MPa/min,并实时监测气压损失情况。若作业人员在加压过程中出现不良反应,则立即停止加压,待减压出仓后对其进行必要的医疗处理。

定义:P_0 为大气压力,P_1 为切口压力。加压作业流程如下:

(1) 初始情况下,$P_1 > P_0$:初始状态下,只有开挖仓和气垫仓处于压力状态下,如图 7-103 所示,P_0 处皆为进仓所需要的辅助仓。如果加压和减压的所有条件都具备,可以开始带压作业。

(2) 在主仓内加压,$P_1 > P_2 > P_0$,如图 7-104 所示。

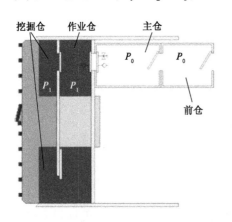

图 7-103 初始情况下压气作业

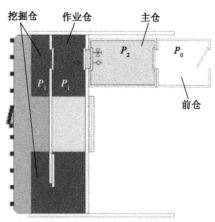

图 7-104 主仓加压时的压气作业

(3) 压力平衡后人员进入作业仓,$P_1 > P_0$,如图 7-105 所示。

(4) 通过前仓进行加压(向压力作业区域添加人员)。

① 如果其他人员要进入主仓,加压是必需的。该人员在前仓内进行加压,当适应主仓的压力后方可进入主仓,$P_1 > P_2 > P_0$,如图 7-106 所示。

② 前仓进行压力补偿,额外加压人员进入主仓,$P_1 > P_0$,如图 7-107 所示。

5) 仓内作业

(1) 带压进仓作业期间,刀盘必须处于锁定状态。

(2) 进仓后,作业人员先对泥膜形成质量、开挖面气密性进行检查,确认安全后,方可进行作业。

(3) 带压进仓检查刀具。作业人员从上部人闸与泥水仓之间的门进入泥水仓,进行检查刀具作业,如图 7-108 所示。

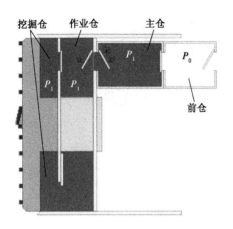

图 7-105　压力平衡后的压气作业

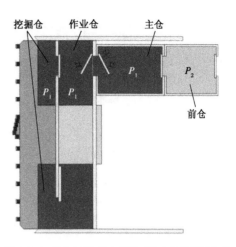

图 7-106　前仓加压,进入额外工作人员的压气作业

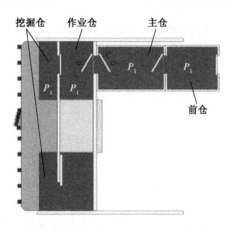

图 7-107　额外加压人员进入主仓的压气作业

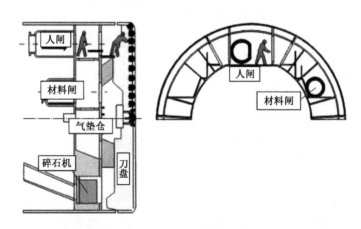

图 7-108　带压进仓检查示意图

(4)带压进仓换刀,作业人员从上部人闸与气垫仓之间的门进入气垫仓,然后经由气垫仓与泥水仓之间的门进入泥水仓进行带压换刀。进仓路线如图7-109所示。

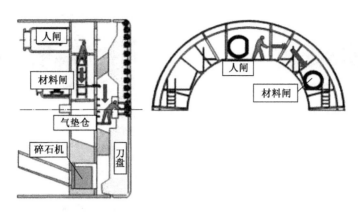

图 7-109 进仓路线示意图

6）减压出仓

一次带压作业完成后,作业人员进入人闸进行减压,减压作业由专业操仓医生操作。专业操仓人员要严格根据相关潜水规范制订相应减压方案进行减压。每组进仓人员进仓作业到规定时间后,必须及时返回带压人闸进行减压。

思考题

1. 简述盾构现场组装调试的流程。
2. 简述盾构始发的流程。
3. 简述盾构始发试掘进过程中的控制要点。
4. 某区间隧道工程采用外径 6.28m 的土压平衡盾构施工,在某一断面的隧道埋深为 6.0m,地下水位位于隧道拱顶以下 1.0m,各土层的参数如图 7-A 所示。

(1) 掌子面支护压力的计算采用哪种方法最合适？请说明理由。

(2) 试计算盾构掌子面中心位置的土仓压力。

5. 简述土压平衡盾构开挖过程中土仓内渣土应具备的特性,列举至少 3 种典型改良材料,并概括叙述每种改良材料的作用原理。
6. 简述同步注浆的作用,并分析良好的同步注浆浆液所应具备的性能及判别指标。
7. 简述盾构导向系统的工作流程。
8. 与土压平衡盾构相比,泥水平衡盾构具备哪些优势？
9. 泥水平衡盾构施工中的泥水指标有哪几种？请简述每种指标的意义及测量方法。
10. 简述直接控制型泥水平衡盾构与间接控制型泥水平衡盾构的工作原理,并说明二者的优势和不足。
11. 简述盾构到达的阶段和准备工作。
12. 列举 3 种盾构到达阶段端头加固的方法,并详细叙述每种方法的流程和施工要点。
13. 介绍 3 种特殊的盾构始发或接收关键技术,并叙述每种技术的适用条件及优缺点。
14. 简述盾构刀盘刀具磨损的检查原则。
15. 什么是主动换刀？相较于常规换刀方式具有哪些优势和特点？

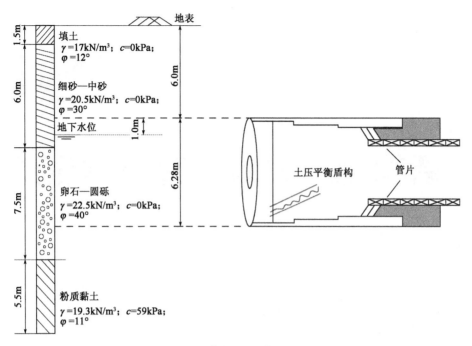

图 7-A 盾构穿越地层情况示意图

16. 简述滚刀的失效形式。

17. 常压换刀与带压换刀的区别是什么？请概括说明。

18. 盾构施工在拼装管片后会对开挖间隙进行同步注浆,当盾尾脱出管片后,整环管片完全被流动的浆液包裹,由于受浮力作用,管片会向上运动,工程上称这种现象为"管片上浮",管片上浮会导致管片错台,影响整体隧道衬砌结构的稳定性。请分析：

(1) 除了常规浮力因素外,引起管片上浮的因素还有哪些?

(2) 请列举几种控制管片上浮的施工控制方法。

19. 在砂卵石地层中,特别是地层富水时,土压平衡盾构施工中渣土改良方案一般会采用泡沫＋膨润土＋高分子聚合物的组合形式,请分析每种渣土改良材料的作用。

20. 某工程盾构覆土深、地下水丰富、水压大、接收端狭小,不满足大型场地加固及降水条件,请从环保、工期、经济和安全的角度设置一种合适的盾构接收方案,陈述理由并详细说明接收前的准备工作和施工流程。

第 8 章
CHAPTER 8

盾构施工风险管控及绿色施工

8.1 地层变形控制

盾构法隧道施工技术经过一百多年的发展,已经有了很大的进步,盾构施工引起的周围建(构)筑物的损坏程度也在减轻,但是盾构施工还是会不可避免地对地层有所扰动,引起地层变形及地表沉降,特别是在软土盾构隧道中,这种现象尤为严重。扰动导致土体强度和压缩模量的降低将引起长时间内的土体固结和次固结过程。当地层变形超过一定范围时,就会危及邻近建(构)筑物和地下管网的安全,造成一系列的环境岩土问题,由此可见,研究盾构施工对周围地层的扰动机理及其发展规律具有重大意义。

了解盾构开挖中的地层变形现象并研究其预测方法,主要有两个目的:一是预先掌握盾构施工对邻近建(构)筑物的影响,以采取适当的处理措施;二是根据动态观测结果判断施工的优劣,并改进施工方法。第一个目的即是要事先预测盾构施工对施工环境和邻近建(构)筑物的影响,并且提出满足周围环境和建(构)筑物要求的施工措施。第二个目的是在现场对盾构施工过程进行监控,并依据监测结果判断施工措施是否合理,为合理调整盾构施工措施、提高盾构工程质量提供基础资料。

8.1.1 致使地层变形的因素

综合国内外若干成功经验,可认为造成地层变形的主要原因是盾构法施工过程中产生的地层损失引起的地层移动。进一步细致分析,盾构开挖中地层变形的表现方式因盾构直径、覆土情况和地层状况及盾构施工状况的不同而异。具体而言,盾构施工引起地层变形有以下7个方面的因素:

①开挖面土体的移动;盾构掘进时,如果出土速度过快而推进速度跟不上,开挖面土体则可能出现松动和崩塌,破坏了原来地层应力平衡状态,导致地层沉降(土压不稳);盾构的后退

也可能使开挖面塌落和松动引起地层损失而产生地表沉降。

②用降水疏干措施时,土体有效应力增加,再次引起土体固结变形。

③土体挤入盾构开挖空隙;盾构开挖直径较管片外径大,这部分开挖空隙靠同步注浆填充,如果注浆量不足或者浆液质量较差,无法有效填充开挖空隙,隧道周边土体会发生位移,引起地层变形。

④盾构推进方向的改变、纠偏、仰头推进、曲线推进都会使实际开挖面形状大于设计开挖面,引起地层损失。

⑤盾壳移动与地层间的摩擦和剪切作用,引起地层位移。

⑥土体受施工扰动的影响而产生再次固结作用。其中次固结沉降往往要持续几年,在软土中它所占的沉降量的比例基至高达35%以上。

⑦在水土压力的作用下隧道衬砌产生变形,会引起少量的地层损失。

综合多年来的盾构实践经验可以得出:盾构推进引起的地层移动因素有盾构直径、埋深、土质、盾构施工情况等,其中隧道线形、盾构外径、埋深等设计条件和土的强度、变性特性、地下水位分布等地质条件,属于客观因素;而盾构的类型、辅助工法、衬砌壁后注浆、施工管理等情况,则属于主观因素。

图8-1中显示出了覆土厚度(H)/盾构直径(D)与隧道中心地面最终沉降量的关系。它是以某地的冲积、洪积地层为对象,通过对多个工程、多个观测点的观测,分不同地层类型,不同盾构机型归纳得出的,显示了黏性土和砂性土的一般趋势。从图可以看出,当H/D小于1.5时,沉降量显著增大,而当H/D变大时,地表沉降变小,曲线也趋于平缓;当H/D小于1.5时,砂性土的沉降比黏性土更甚,但当H/D增大时,黏性土的沉降又相对较大。

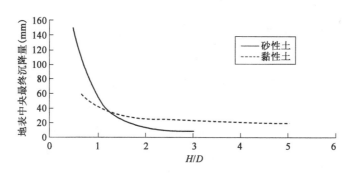

图8-1 H/D与地表中央最终沉降量关系

8.1.2 地层变形的特征与机理

根据对盾构施工引起的地层变形大量实测资料分析表明,按地层沉降变化曲线的情况,可以将盾构施工引起的地面变形大致分为以下几个阶段:盾构到达前的地面变形;盾构到达时的地面变形;盾构通过阶段的地面变形;盾构通过后瞬间的地面变形;地层后期固结变形,下面对各个阶段的变形机理进行分析(其实盾构施工引起的地层内不同深度的变形阶段也是如此)。

①盾构到达前的地面变形:在盾构的掘进过程中,由于开挖面涌水、管片拼装不良等种种

原因引起地下水位降低,地下水位的降低就相当于地层有效覆土厚度增加,从而引起盾构开挖断面前方相当距离的观测点沉降。

②盾构到达时的地面变形:在盾构开挖面无限靠近观测点并到达观测点正下方这个过程中所产生的地面沉降或隆起现象。这是由于盾构的正面土压力偏小或者过大等导致开挖面土压失衡,开挖面压力又与盾构的推进速度和出土量等施工参数密切相关。当盾构正面土压力等于开挖面静止土压力时,掘进对土体的影响最小;当盾构推力不足,其正面土压力小于开挖面的静止土压力时,开挖面土体下沉;当盾构推力过大则会引起开挖面土体隆起。当正面土压力偏离静止土压力一定范围内时,地层的变形处于线弹性阶段,而且变化的斜率较小;如果偏离较大的话,则土体发展为塑性变形。总体来说这是一种因土体的应力释放或者盾构开挖面的反向土压力、盾构周围的摩擦力等作用而产生的地基变形。图 8-2 简单地示出了盾构推力大小对土体变形的影响。

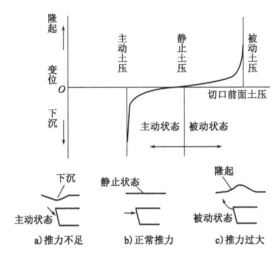

图 8-2 盾构正面土压力与周围地层变形模式

③盾构通过阶段的地面变形。指从盾构开挖面达到观测点到盾构尾部通过观测点这一过程中所产生的沉降。这个沉降主要是由于盾构的通过破坏了原来的土体状况,盾构的开挖直径一般比盾体外壳的直径大,从而在盾壳与土体之间形成开挖间隙,造成土体的扰动。

④盾尾通过后瞬间的地面变形。指盾构尾部通过观测点正下方时产生的沉降。由于盾尾通过时会产生一个盾尾间隙(这个盾尾间隙一般是指盾壳外径与管片外径的差值),这个盾尾间隙的上方及周围土体应力释放引发了土体的弹塑性变形。目前通过盾尾同步注浆使浆液有效地填充在该盾尾间隙中,可以减少部分地层损失,也减少了盾尾通过时的地层变形。

⑤地层后期固结变形。由于盾构通过时对地层产生了扰动,再加上前述各种残余影响,在相当长的一段时间内,地层将继续发生固结沉降和蠕变沉降。

一般来说,上面的各种沉降并非同时发生,地层条件和施工措施的不同,也会影响到沉降的大小和类型。随着当前盾构的改进,盾构工法的技术水平越来越高,目前的土压平衡盾构对正面土压力的控制越来越理想,基本可以将其控制在静止土压力附近,日渐成熟的同步注浆技术也使地面变形逐渐减少。

8.1.3 地层变形影响范围

在盾构推进过程中,地层变形呈现以盾构为中心的三维扩散分布。这个分布随着盾构的推进而发生同步移动。由于盾构推进时,盾构前后各部位对周围土体环境的影响机理是不同的,如图 8-3 和图 8-4 是依照经验和工程实例得出的地层变形分布图。

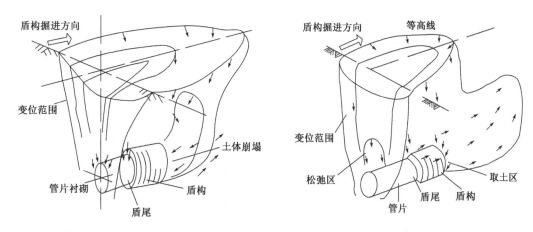

图 8-3　盾构正常掘进情况下冲积黏性土体的变形示意图　　图 8-4　盾构正常掘进情况下冲积砂性土体的变形示意图

对于黏性土,其地层变形分布主要特点如下:

①在盾构开挖面的正前方有一个取土区,这一部分土体将发生移动,移动的方向与盾构的施工状况相关。如果盾构的推进速度大而出土量小,相应的结果就是盾构正面土压力过大,导致开挖面受到反向土压力,取土区的土体就向远离盾构推进的方向移动;相反如果改变盾构施工参数,则可能导致该部分土体向盾构刀盘方向移动。

②盾构推进过程中与周围土体产生摩擦,周围土体在摩擦力的作用下向前移动。

③开挖面前方的取土区中土体的移动将直接导致地层的下沉或者隆起,如果开挖面土体向盾构刀盘方向移动,则会引起地层下沉,如果背向盾构刀盘方向移动,则会导致地层隆起。

④盾构通过后的瞬间在盾壳外皮和管片外皮之间产生了空隙,称之为盾尾间隙,现在一般使用同步注浆来充填这个盾尾间隙。如果盾构施工的同步注浆量不足或充填不及时,此处的土体发生应力释放而导致地层沉降,如果注浆操作合理、充填及时、注浆量充足,也可能减少或者消除这个沉降。

对于砂性土,从图 8-3 和图 8-4 中可以看出其地层变形特点与黏性土大致相同。但是在砂性土中,盾构推进时,在盾构的顶部产生了类似于拱的效应:隧道正上方有一个松弛区,该区域内的沉降较大,而再往上时,地层的沉降反而小。这是因为"拱"下面松弛区域的土应力释放比较严重,导致了较大的沉降;而由于"拱"的存在,"拱"上方的土体受到它的支撑作用,因而沉降较小。在黏性土和砂性土中,还有一个比较明显的不同,那就是盾构在砂性土中掘进时,一般盾构正面土压力作用较大,土体的隆起较黏性土要明显。

图 8-5 和图 8-6 是现场监测到的黏性土和砂性土地层变形分布图。

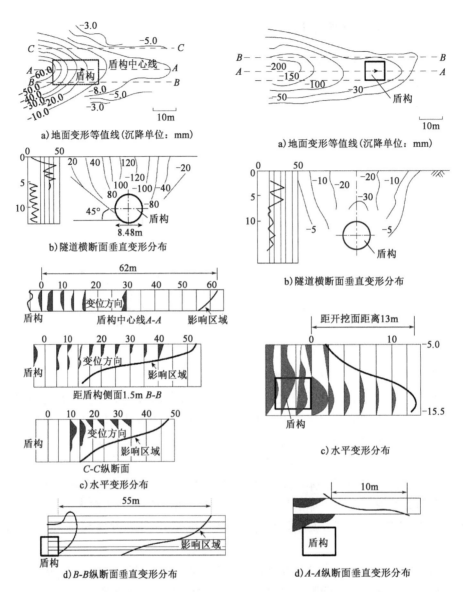

图 8-5 黏性土的地层变形分布示意图　　图 8-6 砂性土的地层变形分布示意图

从图中可以看出,在黏性土中,地层变形从盾构下端开始向上以近似45°角发散。盾构两侧的土体在摩擦力的作用下向前移动。仔细观察图 8-6b),可以发现盾构正上方的沉降有30mm,而再往上一点,土体沉降却小于30mm,这就是前面所提到的拱效应的结果。再比较图 8-5c)和图 8-6c),分别是黏性土和砂性土中土体水平位移图,在盾构前方,两者地层变形的影响范围也有着较大的差别。

以上所介绍的地层变形分布和影响范围都是关于冲积土地层的,在工程实践中,除了冲积土地层外,经常接触的还有一种洪积土地层。洪积土地层相对较硬,在盾构开挖的过程中,其地层变形值一般都要远远小于冲积土地层,横断面上的变形发散也不如冲积土地层明显,横断面方向的影响范围约为盾构的宽度;上部扰动范围大约为盾构直径的 1~1.2 倍,再往上时,土体就发生刚性移动(也就是整体下沉)。把冲积土和洪积土地层的两种不同变形模式加以对比可发现,随着盾构隧道埋深变浅,地层变形峰值位置发生移动,洪积土地层有向前移动的趋势,而冲积土地层有向后移动的趋势。另外,在冲积土地层中,地下和地面的变形值有一定的差别,而洪积土地层中几乎没有差别,图 8-7 反映了两者的区别。

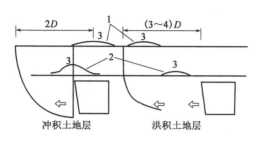

图 8-7 地层变形的比较
1-地位变形;2-地下变形;3-变形峰值

8.1.4 地层变形预测

盾构在开挖过程中引起地层变形的因素种类很多,包括施工方法、施工状况、地层条件,就目前来说还没有一个分析计算方法能够考虑所有的影响因素。根据前人的研究成果,地层变形预测方法按照所考虑的因素大致可以分为以下三类:

①只根据规划条件和设计条件来进行分析计算。这类方法考虑的因素仅仅限于盾构的直径和覆土分析。其中具有代表性是 Bringgs、Rozsa、Peck、村山松冈等人提出的方法。这些方法都是几十年前提出来的,由于当时的计算机技术尚未普及,因此都是用几何作图法来分析预测沉降量,加上所考虑的因素有限,因此预测的结果与工程实际还是有一定的差距。

②考虑地层条件的分析计算。随着研究的进一步深入,除了前面所说的规划条件和设计条件,工程技术人员也开始考虑地层条件,虽然考虑的地层条件比较简单,但是这种预测方法相对第一类方法来说有了很大的进步。这种预测方法的典型代表有吉越法、Jeffery 法等。

③有限单元法。随着盾构技术的不断发展,需提出一种更加科学更加严谨的预测方法。伴随着有限元法和计算机技术的发展,盾构隧道施工变形的预测分析也开始集中到这种方法的应用上来。有限单元法不仅可以考虑上述的种种条件,而且可以考虑地层结构、盾尾间隙、壁后注浆等施工条件。最新引入的边界元法可以使深层开挖的工程缩小分析范围,减少计算量。

按照盾构开挖过程中地层变形的机理,我们又把地层变形分为三类,分别分析计算各类沉降,再将各类沉降进行合理组合从而求出总沉降量。

①压缩固结沉降。这部分沉降主要是由地下水位的降低引起有效覆土厚度增加引起的,因此要首先预测分析地下水位的变化,按照通常的压密沉降计算方法来进行这部分地层沉降的计算。

②应力变化引起的地层变形。导致这部分沉降的因素有多种,包括:开挖面崩塌、盾构压入开挖面、盾构通过时的土体扰动、盾构空隙(包括开挖间隙和盾尾间隙两部分)等。这些因素导致土体应力释放或者产生反向土压力或者对土体产生扰动,从而使土体发生弹塑性变形

或者压缩变形。通常按照弹性或者弹塑性分性对地层沉降进行计算。

③蠕变沉降。这部分沉降是由于地层开挖后土体继续固结或者压缩而产生，通常是根据黏弹性进行分析计算，或者根据工程实测值的统计对该项进行分析。

1) 地层沉降预测

(1) 土层沉降预测分析的模型

在预测地层沉降时，必须考虑到一些实际限制条件，如盾尾空隙量和管片刚性等，如果忽略这些因素，在无支撑开挖模型中预测出来的结果可能不符合实际情况，如地层变形有可能超出管片的位置。因此预测模型必须要能考虑到这些因素，相应的计算程序也应能判定盾尾空隙量与地层变形大小关系，计算程序的框图如图8-8所示。

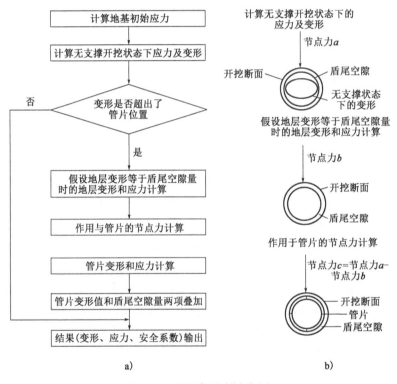

图8-8 地层沉降预测分析框图

按照程序，首先要计算无支撑开挖状态下的地层变形，然后判断地层变形值是否大于盾尾空隙量。如果变形值大于盾尾空隙量，则以盾尾空隙量作为地层变形值，并据此来计算作用在管片上的力，然后以这个力为节点力作用于管片上，求出管片的变形，再将管片变形值与盾尾空隙量叠加即得到最后的地层变形值。如果无支撑开挖状态下地层变形值小于盾尾空隙量，即可将该变形值作为地层变形的预测结果。使用该模型可以在分析计算中考虑注浆量、超挖量以及开挖面崩塌对地层沉降量的影响。通过改变松弛范围内土体的弹性模量可以模拟盾构通过时对土体的扰动作用。地层沉降预测分析模型如图8-9所示。

(2) 模型土体参数

土体模型的参数包括很多方面，这里主要介绍土体弹性模量的取值方法。在盾构推进过程中,地层变形呈现以盾构为中心的三维扩散分布,并且随着盾构推进而发生同步移动和扩展,在此过程中地层的弹性模量也在发生着变化,地层变形区域内土体的弹性模量相对变形区域外的土体弹性模量要明显变小,其变化趋势如图8-10所示。

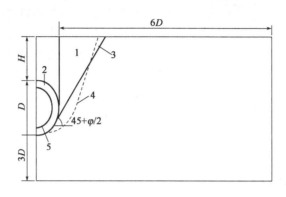

图8-9 地层沉降预测分析的横断面模型

1-松弛范围;2-盾尾空隙;3-模型中用于计算的松动范围;4-实测松弛范围;5-管片松弛范围,取$45°+\varphi/2$(φ为内摩擦角)的斜线即可,虽然这是一个近似的范围,但计算结果与实际结果没有太大的区别;对于模型的分析范围,一般深度取盾构直径的3倍,宽度取盾构直径的6倍就能获得足够的精度

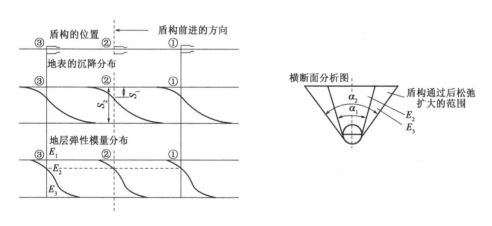

图8-10 土体弹性系数和松弛范围的推移分析

从图中可以看出,地层变形随着盾构推进经历了一个逐步增大的过程($0 \to S_1 \to S_2$),松弛范围从0增大到α_1和α_2,伴随着这些地层变形的是地层土体参数由于扰动而发生了从E_3到E_2再到E_3的变化。

在按照有限元法计算地层最终沉降量时,就以E_3作为土体参数,取α_2作为松弛范围来进行计算。根据目前的经验,取$\alpha_2 = 45° + \varphi/2$,$E_3 = E_1/2$就能够获得足够的计算精度。对于冲积土来说,如果覆土的厚度超过了盾构直径的2.5倍,计算结果与实测值几乎是完全一致的。

2)地层隆起分析

(1)隆起分析模型

根据前面的分析,在盾构推进过程中,过大推力会对开挖面施加反向土压力,同时盾壳还会产生对其周围土体的摩擦作用,土体的隆起就是在这些被动压力作用下形成的。在二维分

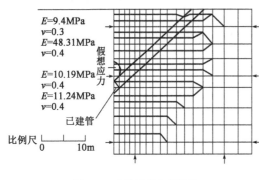

图 8-11　土体隆起分析模型

析模型中,不可能直接在模型中输入盾构对开挖面的土压力和对周围土体摩擦力,因此建立一个合理的假想模型来模拟土体的隆起变形是必要的。如图 8-11 所示为某一实际工程的土体隆起分析模型,把过大推力产生的反向土压力荷载横向分力作为假想应力作用于土体开挖面上,同时再将松弛区域内的土体弹性模量折减到与沉降分析相同的水平,其中该工程的下方有一个管道也正在用盾构法施工。

在分析计算过程中,假想应力并没有特定的公式定律所循,主要是靠工程实践经验来决定,因此也可用工程实践来反算假想应力。

(2) 用工程实测数据来反算假想应力

假想应力的反算方法为:先定出三个假想应力,通过上面的模型计算出各自的地表隆起分布和最大隆起量,然后以这个计算结果与工程实测值进行比较,取与实测值比较符合的那个结果所对应的假想应力为合理假想应力。

图 8-12 和图 8-13 分别是两个实际工程的分析结果和实测结果对比图,从图中可以看出地表隆起的分析结果与实际情况非常相似。通过对比不同假想应力得出的隆起曲线与实际隆起曲线,可以发现工程 A 中假想应力为 0.03MPa 时分析结果比较接近实际,而工程 B 中假想应力为 0.04MPa 时比较符合实际。

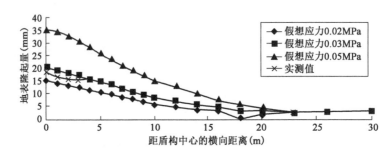

图 8-12　工程 A 地表隆起分析结果与实测结果对比图

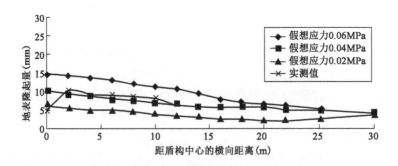

图 8-13　工程 B 地表隆起分析结果与实测结果对比图

根据上面的分析结果,可以大致得出盾构推进产生的假想应力为27kPa和46kPa,工程A中盾构推力为430kPa,工程B中盾构推力为560kPa,这两个假想应力的数值占盾构推力的6%~8%。因此也可以认为在闭胸式盾构中,6%~8%的盾构推力将作用在开挖面上引起反向土压力而导致地表隆起。

8.1.5 地层变形分析及控制措施

1)地层变形分析

(1)地层变形原因

盾构施工是关联性和连续性比较强的工程,掘进过程中施工参数和施工质量等因素的综合作用决定了地表沉降的多少,归结起来,影响地表沉降的原因主要如下:

①盾构推进时对开挖面及周边土体的扰动。

当盾构隧道掘进时,对土体的扰动可分为两方面,一方面是开挖面土体的水平支护应力可能大于或小于原始侧压力,开挖面前方土体从而产生下沉或隆起;另一方面则是刀盘旋转对周围土体产生扰动,因此掘进过程中参数的合理匹配控制以及推进模式的选择至关重要。

②管片与地层之间的间隙及时有效地填充。

土体挤入盾尾空隙,由于向盾尾后部隧道外围建筑空隙注浆不及时、注浆量不足、注浆压力不适当等,使盾尾后部分周边土体失去原始三维平衡状态,引起地层损失。盾构在曲线中掘进或纠偏掘进过程中实际开挖断面不是圆形而是椭圆形,周围开挖间隙的增大也会引起地层损失,此时,一般会采取加大同步注浆量或二次补浆的方式缓解地层损失,但对于注浆量、注浆压力等参数的精确把控是一个复杂的过程。

③管片衬砌的变形和移位。

在盾构穿越后,由于地层应力释放及压力差的作用下,隧道管片衬砌会产生一定的变形和移位(如管片上浮等),当管片变形或移位较大时会引起不可忽略的地层损失,进而造成不可忽略的地层沉降变形。

④受扰动土体的固结沉降。

由于盾构掘进过程中的挤压作用和盾尾注浆作用等因素,使周围地层形成超孔隙水压,需经过一段时间后才能消散复原,在此过程中因地层发生排水固结变形引起地层变形沉降。

(2)分阶段沉降分析

前文8.1.2节中已经对地表沉降的5个阶段进行了分析,本节考虑时间因素影响,可以将这几个阶段的地层变形整理如图8-14所示。一般情况下,第1阶段和第5阶段属于前期和后续的变形,对总体变形量影响较小,而沉降(隆起)变形主要集中在第2~4阶段。因此,实际工程中对于沉降的控制措施应主要考虑2~4阶段。

2)地层变形控制

本节就上述5个阶段提出相关的地层变形控制方案及措施:

(1)第1、2阶段

第1、2阶段的沉降为前期沉降,其主要为盾构推进过程中对土仓压力(泥水压力)的控制,可总结为如下几点:

①土压平衡盾构需做好渣土改良,并严格控制出土量;泥水平衡盾构要根据地层特性调整好泥浆指标,保证泥膜的稳定形成。掌子面的支护压力要在地层的主动土压力和被动土压力之间找到平衡点。

②协调刀盘扭矩与推进速度参数之间的平衡,同步监测刀盘正上方及前方的地面沉降或隆起量,调整切口水压及出土量以达到第2阶段的零沉降。个别情况下隆起的危害要大于沉降所带来的危害,所以要根据实时反馈的地层变形信息进行调整。

③对特殊地层,如大粒径卵漂石地层、级配不均地层,盾构掘进的扰动不可避免,如土压平衡盾构,只能通过添加材料对土仓的渣土进行改良,从而做到减轻扰动、流畅出土。

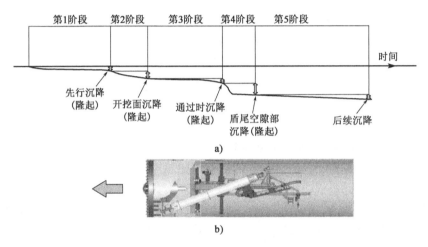

图 8-14 盾构施工阶段地表分阶段沉降

(2)第 3 阶段

对于控制盾体上方地层变形最好的办法就是保证推进速度,让盾构快速通过该地段,并通过盾尾同步注浆来填充其空隙。但实际施工中盾构的推进速度受地层影响不可控,地质条件良好能达到 20~30min/环,而地质条件不理想情况下为 1~2h/环,甚至还有可能发生不可控因素而不得不停机,所以,快速施工的办法并不完全可行。而盾构一般拥有两套完整的注浆系统,即位于中盾位置的径向注浆系统和盾尾位置通向管片壁后的同步注浆系统,中盾径向注浆系统的存在给盾体开挖间隙的填充提供了可能,为此,产生了中盾注浆工法。

中盾注浆工法的原理是通过中盾位置直接向盾体和地层的开挖间隙中填充浆液,以达到有效填充开挖间隙、控制地层沉降的目的。显然,中盾注浆材料相较于传统同步注浆浆液有很大区别,一方面要考虑浆液与土体的作用效果,另一方面则要考虑浆液对盾壳的摩擦和黏滞作用,因此,中盾注浆材料除了应具有一定的强度和良好的抗压缩性能外,还要求对盾壳产生的阻力不能过大,以防止浆液卡住盾壳,造成推力过大或盾构无法推进的情况发生。

中盾注浆材料的研制与应用也正处在不断研发、改进与应用阶段,例如,目前工程上广泛使用的克泥效材料在中盾注浆工法中取得了优异的成绩。

(3)第 4、5 阶段

第 4 阶段的盾尾间隙沉降控制的关键是采用适宜的同步注浆材料和对注浆参数的调整、

控制,具体如下:①选用效果良好(强度高、初凝时间短、结石率高等),注入地层后能够稳定(抗水稀释性能好等)的浆液,用同步注浆方式及时有效地填充盾尾间隙;②根据地质条件、工程条件等因素,合理选择单液注浆或双液注浆,正确选用注浆材料与配合比,以确保拼装好的衬砌结构及时稳定;③加强注浆量与注浆压力控制。

第 5 阶段的沉降控制在地面沉降未平稳之前,要根据地面沉降的实时监测情况,及时进行二次补浆。

3)地层变形控制特殊方法

实际上,工程中对于地层变形控制的措施无外乎是对于上述 5 个阶段的施工措施,如在渣土改良、中盾开挖间隙填充、盾尾同步注浆方面等,下面主要介绍几种沉降控制的特殊方法:

(1)速凝效方法

速凝效材料为一种乳白色液体,pH 值为 6.8 左右,呈中性,相对密度约为 1.06,其作用机理如图 8-15 所示。在与不含黏土成分的砂石及膨润土混合后,原本松散的砂石被"凝结"在一起,手感较软,如图 8-16 所示,说明速凝效材料对砂性土改良的作用效果明显。

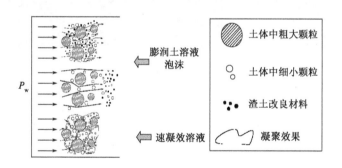

图 8-15 速凝效作用机理示意图

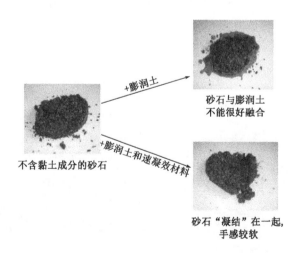

图 8-16 速凝效对砂石的作用效果

速凝效方法一般应用于两个方面,一是渣土改良,即通过添加速凝效材料进行渣土改良,可以达到良好的止水、流塑性效果,从而利于出渣、利于土仓压力的稳定控制,还可以作为防止螺旋出土器喷涌的材料;二是可以与膨润土等黏性土材料混合注入中盾位置开挖间隙中,作为中盾注浆材料的重要原料,能够起到减小盾壳与地层间的摩擦,进而减小盾构推力、防止盾构被抱死的作用。

(2) 克泥效工法

克泥效是由合成钙基黏土矿物、纤维素衍生剂、胶体稳定剂和分散剂构成,其与水玻璃混合后的效果如图 8-17 所示。克泥效工法是将高浓度的泥水材料与塑强调整剂(即水玻璃)两种液体分别以配管泵送到指定位置,再将此两种液体以适当比例混合成高黏度塑性胶化体后,再通过径向孔注入,填补盾壳与地层之间开挖间隙的一种工法。混合后的流动塑性胶化体不易受水稀释,且其黏性强度也不随时间而变化。

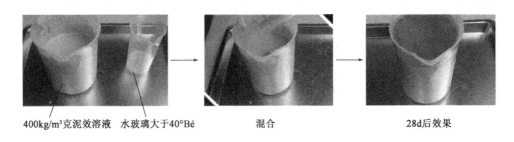

图 8-17　克泥效与水玻璃混合后的效果

克泥效在施工过程中主要起到两个作用:①为同步注入及时填充掘进开挖面所产生的间隙,直接减少第 3 阶段沉降量;②渗透进土体,在开挖表面形成泥膜,保护同步注浆质量,辅助控制第 4 阶段沉降。

(3) 衡盾泥工法

衡盾泥是一种以无机黏土为主要材料,通过改性后与增黏剂反应形成一种高黏度的触变泥浆,如图 8-18 所示,其具有良好的和易性和黏附性,在水中不易被稀释带走,成膜稳定,附着力好,是一种绿色环保材料。

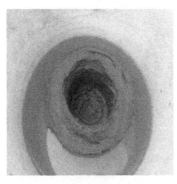 

a) 隔水性　　　　　　　　b) 裹挟性

图 8-18

c) 附着力　　　　　　　　　　d) 承载力

图 8-18　衡盾泥现场试验效果

盾构在带压开仓或长时间停机过程中,如遇到复杂的地质环境,如全断面砂层、富水断层破碎带、砾卵石地层、裂隙发育岩层、上软下硬地层,采用传统的泥膜护壁法难以达到持续性良好的保压效果,此时,如果压力控制不稳定,轻则严重引起地层的沉降变形,重则会造成安全事故,因此,完善的保压措施十分重要。衡盾泥浆体泥膜护壁简化了常规泥浆制作稠度分级,具有较好的时效耐用性,封闭保压效果稳定,能满足保压开仓作业的需要。

8.2　盾构穿越环境风险工程控制措施

盾构施工阶段会穿越各种不同类型的环境风险源,如重要建(构)筑物、市政管线、既有隧道(上跨或下穿)或铁路、桥梁、道路、江、河、湖泊等,这些风险工程按照与盾构隧道的净距、地层环境等因素可分为特级风险、一级风险、二级风险工程等,对于不同风险的控制需要各自完善的施工措施。

8.2.1　下穿地表建(构)筑物、重要管线

(1) 风险难题

8.1 节中已经对地层变形的影响范围进行了详细分析,在该变形影响下,建(构)筑物可能发生整体塌陷下沉、倾斜、开裂破坏等,如图 8-19 所示,每种破坏均会对建(构)筑物造成严重的影响。同样,对于市政管线而言,土层的不均匀变形会导致管线破裂、损坏等,因此,对于建(构)筑物和管线的影响主要在于对地层变形的控制,必要时可采取一定的加固措施。

(2) 控制措施

① 施工准备期

施工前对沿线盾构施工影响范围内的建(构)筑物和地下管线进行全面的调查,收集相关资料,列出需重点保护的对象名称及反映其所处里程、地面位置、类型、结构等详细参数的清单。按其沉降要求做全面的统计,并计算出沉降预警值、允许最大沉降量和不均匀沉降要求,为以后施工提供指导。针对需要重点保护建(构)筑物、管线,提前作出预案,并准备相应材料设备。

　　a) 整体坍塌下沉　　　　　　　　　　b) 倾斜　　　　　　　　　　c) 开裂破坏

图 8-19　地表建(构)筑物破坏形式

②施工过程控制

对于盾构施工过程的控制,可按照地层变形控制的 5 个阶段来执行,特殊情况可采用特殊工法(速凝效方法、克泥效方法和衡盾泥方法等)进行辅助施工,下面主要列出穿越过程中的各参数的控制注意事项及控制方法:

a. 严格控制盾构正面土压力:在施工过程中根据地表沉降监测结果,结合模拟段施工时总结的最佳参数来确定盾构穿越建(构)筑物的土压值。安装在土仓内的土压传感器可以实时将刀盘前部的土压值显示在控制室屏幕上,盾构司机根据地面监测信息的反馈及时更改、设定土压力。施工中土压力与出土量联系紧密,应及时总结最合理的土压力及出土量,减小对土体的扰动,使地层变形量最小。

b. 推进速度控制:盾构推进通过土压传感器的数据来控制千斤顶的推进速度,并保持推进速度、刀盘转速、出土速度和注浆速度相匹配,在推进过程中务必保持稳定。

c. 出土量控制:与推进速度一样,出土量的控制同样要与相关参数进行匹配,同时保持稳定。

d. 同步注浆量:施工过程中严格控制同步注浆量和浆液质量,严格控制浆液配合比,使浆液和易性好,泌水性小;为减小浆液的固结收缩,试验室应定期取样,进行配合比的优化试验。实际施工中浆液的用量及注浆压力要结合前一阶段施工的用量以及监测数据进行合理选择,并合理选择注浆孔位,尽可能保证匀速、均匀、连续地压注,防止推进尚未结束而注浆停止的情况发生。

e. 严格控制盾构纠偏量:盾构进行平面或高程纠偏的过程中,必然会增加开挖空隙,造成一定程度的超挖。因此在盾构进入建筑物影响范围之前,将盾构调整到良好的姿态,并且保持这种良好姿态穿越建筑物,如果不能保证这种良好姿态进行穿越工程,则需要及时增加同步注浆量和二次补浆量。

f. 管片拼装:在盾构处于拼装状态下时,不当的千斤顶收缩会引起盾构机的微量后退,因此在盾构推进结束之后不要立即拼装,等待几分钟之后,待盾构稳定后再进行合理的千斤顶回缩,回缩的千斤顶数量尽可能少,满足管片拼装要求即可。在管片拼装过程中,安排最熟练的拼装工进行拼装,减少拼装的时间,缩短盾构停机时间;对于土压平衡盾构,拼装过程中如发现前方土压力下降,可以采用螺旋输送机反转的手段,将螺旋输送机内的土体反填到盾构的前方,起到维持土压力的作用。拼装结束后,尽可能快地恢复推进。

g. 改良土体或改善泥浆指标:对于土压平衡盾构来说,穿越建(构)筑物的过程中土层性质差异较大(上硬下软)会对掘进不利,可以利用加泥孔向前方土体加膨润土、泡沫剂等合适的改良材料来改良土体,增加土体的流塑性。这样可以使盾构前方土压计反映的土压数值更加准确;确保螺旋输送机出土顺畅,减少盾构对前方土体的挤压,并及时充填刀盘旋转之后形成的空隙。而对于泥水平衡盾构,主要也是通过改善泥浆指标、以压力控制为准。

③穿越后措施

由于同步注浆进行时,有浆液可能会沿土层内的空隙或裂隙渗透,使得开挖空隙的充填依旧存在一定的不足,且浆液的收缩变形也引起地面变形及土体侧向位移,受扰动土体重新固结产生地面沉降。根据实际情况(监测结果)需要,在管片脱出盾尾一定环数后,可采取对管片后的建筑空隙进行二次注浆的方法来填充,一般采用双液浆进行;也可在地面对建筑基础进行补充注浆对基础进行加固抬升,二次注浆根据地面监测情况随时调整,从而使地层变形量减至最小。

④盾构施工中对建筑物、管线的保护

由于盾构的推进,地层会被扰动而产生沉降,建筑物的基础、结构、周围管线必然会受到影响,因此有时需要提前或同步对建(构)筑物进行加固处理。具体如下:

a. 建(构)筑物地基加固。

对地基实施加固的措施一般有:加固盾构隧道周围的土体,防止土体松弛和扰动,控制盾构上部地层的变形;隔离因盾构掘进而引起的地基变形,在建(构)筑物与盾构隧道之间,施工隔离帷幕排桩;加固建(构)筑物的地基,提高地基强度和承载力,控制建(构)筑物的沉降。

b. 建(构)筑物结构加固。

对建(构)筑物结构的加固措施主要通过对结构本体(梁、柱、墙等)进行加固处理,如加支撑、钢架加固、注浆等。

c. 管线周围的加固防护。

对地下管线周围的加固和防护一般采用双液注浆进行,该方法适用于软土地基加固,尤其对控制建(构)筑物沉降和防水堵漏更为有效,而且对市政重大建筑项目在市区建筑群地下施工时,保护重要建筑管线或地下基坑开挖区域附近的重要管线(如煤气、电缆和大直径水管等)以及控制不均匀沉降,防止管线破裂的效果尤为明显。

双液注浆由于具有在几分钟内初凝的特点,能够起到强化和加固作用,同时注浆过程中浆液流失少而有效充填量提高,及时补充了由诸多原因造成的土体损失,限制管线密集部位发源处附近的位移,达到穿越过程中对管线影响最小的效果。如图8-20所示,当双液浆在充填土体中的空隙达到一定饱和后,会在压力作用下逐渐扩散不断充填空隙,能对周围土体产生挤压并劈入土体的薄弱部位,形成交叉网状凝固体,起到骨架作用,增强了土的密实度和压缩模量,扩大应力场和摩擦系数,提高了承载能力,从而大大减少了地层的扰动。另外,双液注浆工法在其他风险加固领域也有很多的应用,其原理和效果也是如此。

⑤建(构)筑物、管线变形的实时监测

盾构穿越地面建(构)筑物前,根据建筑平面和结构,在受影响的建筑周边和关键位置布置监测点,监测点布设的要求:点位尽量布设在建筑物四角和承重结构上;较长的建(构)筑物每隔10~20m设置一个观测点,观测点布设在房屋承重结构附近;当房屋有伸缩缝或沉降缝时在其两侧布设观测点。

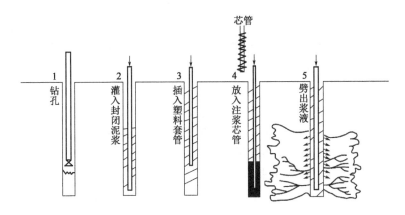

图 8-20　双液注浆加固示意图

对于地下管线的监测,如果环境条件允许,可在隧道开挖影响范围内($2D$)的主要地下管线上沿管线轴线布设地下管线沉降测点。同时,要确定好监测频率,当盾构穿越重要建(构)筑物、地段需要加强的地方可以适当加强监测频率,并根据实际变形情况进行适当的调整;可根据施工条件和沉降情况提高或降低监测频率,随时将地表监测信息报告给施工人员。

8.2.2　穿越既有隧道、铁路

(1)风险难题

随着城市地铁建设的大力发展,隧道也会越来越多地面临穿越既有线路和铁路,区别于常规下穿越工程,既有线路和铁路主要还会面临着轨枕变形的风险、既有地铁线路运营的动荷载影响以及加固过程中方式和时间的合理安排等。一旦既有隧道或铁路变形超限,影响的将不仅仅是新建隧道的施工,严重的会使已有线路停止运营,引起交通瘫痪、运营停止,造成巨大的经济损失。因此,对于穿越既有线路或铁路的风险控制一直是一个巨大的挑战。

(2)控制措施

8.1 节中已经对盾构穿越过程中对地层变形的控制措施进行了详尽的介绍,而这些常规措施也同样适用于对既有隧道和铁路的控制:

①施工前对既有线路或铁路进行详细的调查、统计和资料收集,设计下穿方案。

②施工过程中对施工参数、相关指标进行严格的控制与调整,必要时可采用特殊辅助方法(如速凝效方法、克泥效方法或衡盾泥方法等)。

③盾构穿越风险区域后,同样也要根据监测结果进行完善的二次补浆等措施。

④对既有线和结构的保护可采用注浆方式,如需进行深层加固也可采用特殊的深孔注浆方案。另外,地铁线路运营动荷载的影响更加不容忽视,而有时只靠注浆的方式未必能达到安全保障,对此可采用钢结构骨架支撑的方式对既有隧道结构进行临时加固,如图 8-21 所示。钢结构的安装既不影响地铁线路运营,也能够在施工完成后进行拆除,不占用隧道资源。除此之外,对既有结构和轨枕的加固可根据实际情况采用其他合理施工方案。

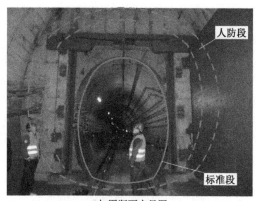 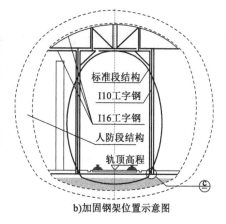

a)加固断面实景图　　　　　　　b)加固钢架位置示意图

图 8-21　某工程既有马蹄形隧道钢骨架加固

⑤施工的全过程均要严密监测既有结构和轨枕的变形,且监测点的布置要全面,要能够实时反馈数据信息并及时做出调整。

8.2.3　穿越江、河、湖泊

(1)风险难题

与常规地表建筑及既有结构的风险不同,盾构穿越江、河、湖泊的风险控制难题主要是高水压的作用及隧道施工的密封效果。如果隧道内密封效果不好,会造成涌砂涌水,严重的还会使隧道崩塌,甚至引发安全事故。

(2)控制措施

①穿越前准备

a.对河流段地层及环境进行详细的调查和资料收集,在周围地面上布设深层沉降测点,必要时预埋跟踪注浆管,布设加密监测点,配合防汛管理部门做好沉降信息化监测控制。

b.盾构穿越前必须对机械、电气设备等进行检修,保证其顶进时具有良好的性能。

c.对整套监测系统进行调整,保证所采集数据的正确性。

②穿越过程控制

a.合理控制土压力(泥水压力)值,防止超挖和欠挖,特别对于土压平衡盾构,要严格做好渣土改良的方案及措施,备好应急材料,以防螺旋出土器喷涌的发生,必要时可采取特殊方法来补救。

b.降低推进速度,控制好总推力,同时调整好盾构姿态,减少纠偏次数及纠偏量。

c.优化同步注浆浆液配合比,合理控制好注浆压力和注浆量。同时,严防盾尾漏水,并时刻检查盾尾密封、管片密封及错台情况,必要时及时采取注浆封堵措施。

③穿越后监测

盾构穿越风险后的一定时间内,定期对河流周边情况和隧道内部进行巡查,隧道内部主要观察有无渗漏水情况,并采取相应的封堵措施。

8.3 常见灾害事故预防与应急预案

8.3.1 常见灾害事故预防

施工时,为了预防灾害的发生必须采取必要的防护措施。对盾构工程特有的作业环境、作业条件、作业方法等起因的灾害要特别注意。

(1)火灾的预防

①由于烟和一氧化碳的存在,在灭火时不能只考虑灭火,还必须考虑二次灾害发生的可能性。

②由于火灾发生于掌子面与洞口之间,所以洞内的工作人员难以避难。

③如火灾引发停电,会使避难变得更加困难。所以应充分认识到消防、避难等方面的困难,认真制订出消防措施。尤其在采用泥水平衡盾构时,必须注意避难时气闸室的出入、在压气条件下燃点的降低、火灾传播速度加快、灭火器具效率降低等问题。

④液压设备的工作油被指定为危险品。带入隧道内必须办理必要的手续。带入量少于规定量时,可作为少量危险品储存在指定处,当超出指定量时则应根据消防规定,作为危险品进行处理。

⑤为了防止火灾,应尽量减少隧道内可燃物,并尽可能不动用明火。同时应建立防火体系,明确责任制,对火源、可燃物进行严格管理,排除火灾隐患。采取措施将火消灭在初期阶段也是很重要的,采用气压盾构时,禁止将火种、火柴、打火机或其他易燃物带入隧道内。原则上,禁止进行焊接、气割等明火和电弧作业。

⑥此外,需使有关人员知道对火源的监督管理体制,对不同火源所使用的灭火设备的配置,明火作业场所监督人员的配置等,以便开展初期消防活动。

⑦初期消防失败时,隧道内短时间内会处于危险状态。所以必须根据相关规定,立即退到安全区,以防火灾扩大。

⑧盾构工程中,由于施工条件限制,有可能会影响消防演习活动顺利进行。因此,必要时最好从施工计划阶段开始,与有关部门建立密切的联络关系和协商。

(2)瓦斯爆炸的预防

当开挖沼泽填筑地、污浊港湾围填地等腐泥层、甲烷地带、腐殖土层时,甲烷等可燃性气体就会从围岩涌出,或从隧道内涌水中游离出来,有在隧道内引起瓦斯爆炸和燃烧的危险。

在进行盾构施工时,必须事先对盾构预定通过地区及周围的地形、地质、水文等进行调查,同时也必须对现场周围以前或正在施工的工程进行充分的调查。预计有可能出现可燃性气体时,必须通过钻探或其他方法对有无可燃性气体及其状况进行必要的调查。另外,也可以根据需要在盾构掘进之前对地层进行加固或重新考虑盾构类型,或设法使机电设备、机器防爆化或采取其他措施。

有可能发生可燃性瓦斯时,必须做好隧道内通风,排出可燃性气体,为此必须慎重研究选择合适的通风设备、通风方式和通风能力。

另外,还必须认真研究并制订出隧道内防止漏水和出渣的方法。在施工时,应由专人或专用设备测量瓦斯浓度,每天作业开始之前,对有可能滞留瓦斯的地方进行瓦斯浓度测量。

测量可燃性瓦斯的装置有测量个别地段用的便携式或经常使用的定位式等。测量瓦斯浓度时,必须连续观察瓦斯的涌出量,必要时做到能自动报警。采用可适应瓦斯变化的测量方法进行测试。

目前,对可燃性瓦斯、有害瓦斯、氧气浓度的测量已研制出各种测量装置及器具,有遥控自动测量、集中管理测量、自动记录等,也有可自动报警的装置。对这些瓦斯测量装置必须做好维修管理工作,每天检查一次以上,以保证其功能完善,使其处于正常使用状态,同时记录、保存其测量结果。

当发生的可燃性瓦斯浓度超过容许值时,必须立即使作业人员退至安全区域,禁止使用明火或其他易燃源物品,并进行通风和排气。甲烷等可燃性气体易停留在开挖面上方、隧道顶部和通风不畅的地方,这些地方会产生浓度很高的甲烷层。因此,除了使用主要通风、排气设备外,还需考虑采用移动式辅助通风设备,充分搅拌稀释隧道内空气。

(3) 缺氧及瓦斯中毒事故的预防

外边的新鲜空气无法流入或通风不畅之处,由于空气中氧的消耗,会导致含氧量少的气体(缺氧气体)漏出,加之空气以外的气体(甲烷、二氧化碳、硫化氢等)的漏出,会造成缺氧及瓦斯中毒事故。因此,在进行盾构施工时需根据盾构通过地区及其周边的预先调查资料预测缺氧气体、有害气体的危险性。通过钻探或其他方法,做好事前调查。

缺氧气体产生的原因及发生状态,根据土质条件、施工方法及气压变化的影响不同而呈复杂化、多样化。但是,通过或靠近以下所列的地层和地域时,隧道内有发生缺氧气体的危险:

①没有地下水或地下水少的砂砾层和砂层且上部有不透水层。

②含有氧化铁或氧化锰等还原性化合物的地层。

③含有甲烷、乙烷的地层。

④含有腐殖物、有机质的地层。

⑤涌水或有可能涌出碳酸水的地层。

⑥有缺氧气体滞留的地层。

⑦在附近有其他工程采用压气法施工的地域。

因此,在进行调查时,除了地质条件外,还必须对现场周围曾经施工或正在施工的工程进行周密调查。此外,在气压盾构中有与本工程同时施工的盾构推进施工时,需密切注意其相互影响,必须考虑到将漏出的缺氧气体带入邻洞的可能性。

为了防止缺氧气体及瓦斯中毒事故的发生,隧道内必须具备充足的通风量,使隧道内的氧气浓度不低于允许浓度,而有害气体浓度不超过允许浓度。为此,需认真研究,并慎重选择合适的通风设备和通风能力。

另外,在施工过程中,应经常在作业场所测量气体成分,一旦测出有缺氧气体和有害气体存在时,必须立即采取充分的通风措施。关于施工中空气中的氧气浓度、有无有毒气体、有害气体状态的测量及其记录的必要事项,都应按有关规定进行。

(4) 高气压病的预防

从事压气作业的人员,有患减压症、耳和副鼻腔障碍、沉箱病(多痰症)等影响健康的疾病的危险,为了防止这些高气压病的发生,必须依据医学上认可的方法,正确处理高气压隧道内的作业时间、气闸室内的加减压速度、作业结束后的有害气体压力减少时间等。对从事这些压气作业下的作业人员必须事先进行健康检查,并对合格者每隔 6 个月检查一次。另外,应使作业人员各自留意日常健康状态,并做好健康管理工作,对员工健康问题做经常指导。

其他压气施工法的各种设备,对其结构、设置方法、使用管理、维修检查等必须严守相关规定,尽力实现安全作业。

(5) 起吊、运输、轨道事故的预防

需防止在隧道内、竖井内运输材料时,废渣运输、起吊作业时发生事故。为此应考虑相关设备的设置方法和安全性,根据需要设置防脱索装置,必要时应设置接触防止、飞逸防止等设备,特别是对采用自动组装管片的自动化装置要有确保十分安全的机械装备,应制订相关人员的作业规程。此外,相关机械设备结构、规格除了要符合规定外,还要依照法规规定的事项对这些机械设备进行使用管理、维修检查。同时制订出与现场条件相适应的运输、运行规定,并使相关作业人员通晓有关规定。

8.3.2 紧急情况下的应急预案

为防止紧急事故发生,需对隧道内外所有机械、设备及通信设施采取备用措施。同时,建立能与隧道内外的各作业场所、相关部门立即取得联系的机制。

隧道内发生火灾、开挖面坍塌、涌水等紧急事故时,或者因有害气体、缺氧气体、可燃性气体的涌出发生中毒、瓦斯爆炸等事件时,必须立即停止作业,采取切实可行的措施,使作业人员迅速退到安全地带。

(1) 通信联络设备

必须充分注意隧道内外的通信联络设备以及报警设备的配置、备用设备的配置、检查维修等。必要时除通常的通信设备外,还可考虑设置无线通信设备。

(2) 避难用设备器具

根据需要,在适合的地方配备空气呼吸器、氧气呼吸器等呼吸保护用具和便携式照明器具等避难用具。除采取确保避难通道畅通的措施外,还必须使作业人员对此有详细的了解。用于可能出现可燃性气体涌出地段的便携式照明器具应采用防爆型或用化学发光剂发光的制品。除了经常保持避难、救护设备随时可使用以外,还需对作业人员进行避难、救护方面的教育和训练。特别是对于确保呼吸的用品,由于使用的环境条件不同,其性能变化较大,故需熟知其性能及正确的使用方法。

(3) 急救措施

作业人员负伤或生病时,必须采取最有效的急救措施。事先准备好隧道内外的护送设备,指定急救医院和制订护送注意事项等措施。

(4) 急救设备和器材

敞开式盾构在暂时或长期停止开挖时,应将开挖面全部封闭,需事先备好挡土板及填充围岩空隙的材料。

(5)应急医疗设备

在 100kN/m² 以上的压力下工作时,应设有医疗闸或急救时可利用的医疗设备,同时必须具有送排气设备、与外部进行联系的设备、暖气设备以及消防设备等。

8.4 绿色施工技术

绿色施工是指工程建设中,在保证质量、安全等基本要求的前提下,通过科学管理和技术进步,最大限度地节约资源与减少对环境负面影响的施工活动,实现四节一环保(节能、节地、节水、节材和环境保护)。

8.4.1 作业环境保护和维持

1)作业环境

施工中必须设置必要的设备,采取必要的措施和对策,使作业环境一直保持安全和卫生。盾构施工时必须考虑地下开挖作业的特殊性,认真保持和维护作业环境,以便能够安全、舒适地进行施工。在隧道内需确保通风设备、照明设备及通道等的安全,采取消除影响作业人员健康的措施。

(1)通风

必须根据地质条件、盾构规模、施工方法、进度、有害气体的多少等选用合适的通风方式和通风设备。此外,在事前调查中发现有发生缺氧气体、有害气体的可能时,应认真研究其对策,使隧道内具有足够的通风能力,同时还需考虑能否处理意外事态的发生。采用压气施工时,除研究开挖面的稳定性外,还需从安全的角度出发研究所需供气量以及其他因素来计划压气设备。

通常,仅隧道内作业人员的呼吸对空气的污染就需每人 $3m^3/min$ 的通风量。出现缺氧气体及有害气体时,除含氧量不得低于允许值外,还必须使有害气体、可燃性气体的浓度不超过其允许值,若超出允许浓度,必须立即采取措施改进通风设备和通风方式。

表 8-1 所示为隧道内有害气体、可燃性气体的允许值,表中的限制参考值是根据有无危险确定的。由于盾构设备产生的热量提高了隧道内的温度,必须采取措施使隧道内的温度降低于允许值37℃以下。其措施一般是采用通风装置送冷空气。在隧道外也要注意始发竖井以及到达竖井中的机械组装和解体时的焊接、切割作业生产的临时污染。此外,采用以低温液氮进行冷冻施工时,必须注意液态氮从配管接头漏出时引起的缺氧危险。

隧道内有害气体、可燃性气体的允许值　　　表 8-1

气体分类	气体特征			预计事故及危险	限制参考值
	相对密度	颜色气味	爆炸极限容量(%)		
一氧化碳	1.0	无色、无臭	12.5~74	中毒、爆炸	10^{-4}
二氧化氮	1.5	—		中毒	3×10^{-6}
二氧化碳	1.5	无色、无臭	—	缺氧症	1.5%

续上表

气体分类	气体特征			预计事故及危险	限制参考值
	相对密度	颜色气味	爆炸极限容量(%)		
硫化氢	1.2	无色、臭蛋味	4.3~45	中毒、爆炸	10^{-5}
亚硫酸气	2.3	无色、硫黄臭	—	中毒	2×10^{-6}
氧	1.1	无色、无臭	—	缺氧症	18%
甲烷	0.6	无色、无臭	5.3~14	爆炸	1.5%

(2)照明

在作业场所以及通道必须有照明设施,以尽量防止灾害发生,保护作业环境。对开挖面、拼装机、各种机械的操作部位、注浆处、皮带输送机等直接作业的照明,需确保可安全作业的充足照度,照度宜为70 lx 以上。使用照明设备时,应尽力减小明暗对比,以防晃眼。由于移动型照明设备在频繁移动的情况下容易损害,故应采用有防水外壳的照明设备,并需经常进行检修。

即使是作为通道使用的区域,为了确保作业人员行走安全和轨道车辆的行驶安全,也必须进行必要的照明。有时在整个通道上保持同样照度比较困难,但在最暗的地方也需保证在20lx 左右。有的照明根据盾构的断面大小而定,一般多采用40W 的荧光灯,配置间隔为5~8m,这些固定式照明设备由于需长期使用,除考虑耐久性外,还需经常进行维修检查。此外,对于特殊危险地方,需设置警戒标志灯。

(3)排水

为了在施工中不发生事故,必须进行隧道内排水。由于大量的意外涌水和排水设备的故障等,有可能引发重大事故,故需充分考虑备用排水设备和停电时的对策。必须注意排水泵的使用,对断路器、接地、移动电线等应采取安全措施,以防触电。

(4)安全通道

为了防止隧道内轨道车辆等发生事故,作业人员通行安全,必须确保通道安全。安全通道必须具有足够的空间,以防止作业人员接触运行中的轨道车辆。同时,安全通道的路面也需保证安全,并采用适当的照明设备。通道与轨道和运输道路之间要用栅栏、安全绳等明确地区分开。

(5)劳动保护用品

除安全帽外,根据作业内容,需配备呼吸保护用具、安全带、口罩、耳塞、防护眼镜、防振手套、防水服等劳保用品,根据不同的需要供作业人员使用。对于这些保护用品,必须使用合格的产品而不能使用破旧品,同时作业人员应充分了解其使用方法。

(6)噪声防止

噪声不仅给作业人员造成不适,还会妨碍以对话和声音进行联系的信号,从而导致影响安全作业,同时还会影响人的生理机能,造成噪声性耳聋。盾构施工时的主要噪声发生源有竖井的打桩机、挖土机以及隧道外施工用的门式起重机、泥水处理设备、土砂料斗、鼓风机等。因此需选用噪声较小的机械设备。另外根据工程和作业方法,对形成噪声源的机械设备还可采取音源改善、隔音、吸音等措施,以降低噪声程度,若有产生噪声性耳聋的可能时,除定期测量噪声等级外,还应检查防止噪声的效果,并考虑噪声程度和噪声的传播时间等,必要时采取工人带耳塞的方法。

(7) 防振措施

在盾构工程中,除风镐、混凝土振动器等振动工具以外,有时也采用其他的施工和运输器械。应选用配有有效的防振装置的机械、工具,使用防振手套等保护用品,并对有振动的作业进行管理。

2) 周围环境保护

虽然盾构法与明挖法相比,具有噪声小、振动小、对交通及环境影响小的优点,但由于盾构工程大多数是在房屋集中或商业密集等城市活动频繁的地点建设,所以环境保护还是应该特别加以注意。近年来,随着社会发展,人们越来越关心建设工程对环境的影响。因此,要求在遵守有关法规的同时,还需对法规之外的一些问题根据不同地区的具体情况采取相应的措施。

(1) 盾构工程环境保护的特点

盾构工程污染环境的因素包括噪声、振动、地层变形等,基本与其他建筑工程相同。此外,它还有特殊污染,主要集中在竖井部分,其原因如下:

①作为公害产生源的盾构法施工的辅助设备大部分设在竖井。

②竖井内的作业时间很长。

特别是施工时间,从建竖井到盾构掘进完毕直至浇筑二次衬砌,有时长达数年之久,结果使得工程范围内局部区域(竖井周围)的人们长期受到影响。因此,对盾构工程的环境保护措施来说,竖井部分的保护是极为重要的。另外,特殊情况下还应考虑缺氧、井水枯竭和地下水污染的问题。

(2) 环境保护实施步骤

实施环境保护,要根据周围环境状况综合考虑。有时视周围的土地利用状况不需要采取对策,有时为了防止噪声而设置隔音墙,但由此又可能对采光和景观产生影响。

环境对策的实施步骤基本上与其他建设工程相同,若按工程进度归纳,可分为设计阶段的预防、施工阶段的管理和完工后的善后处理。

为预防环境污染,要分析对环境造成影响的因素,并据此对现场状况进行调查,确定应对方案。在施工阶段,要在切实管理好各类设备的同时,调查在盾构施工过程中对环境产生的影响,并采取相应措施将对环境不利的因素控制在最小范围。

完工后进行事后调查,并针对具体问题采取相应对策。此时应注意地基变化等在完工后的较长时间(约1年)内仍将存在的不利影响及地基变化结束时间。

3) 环境影响因素及对策

(1) 噪声与振动

噪声与振动是所有建设工程中最难处理的公害,在盾构工程中也必须重点考虑。盾构工程的噪声和振动来源有两个:一是建竖井时拆路面,打挡土桩、开挖等作业造成的噪声和振动;二是盾构掘进时由竖井的出渣设备、注浆设备、通风设备、空气压缩机和泥水处理设备等造成的噪声和振动。

盾构掘进所产生的噪声与振动要比建竖井时产生的噪声与振动小。一般噪声产生的问题要比振动产生的问题多。此外,盾构在埋深浅的地点掘进时也会产生振动。

①噪声对策

施工产生的噪声通常是控制在该地区噪声限制标准以下。当加上工程现场周围的暗噪声

(该地点平常的噪声),有时会超出噪声限制标准值。因此,降低噪声水平的期望值(即将工程噪声降至多少分贝)是根据暗噪声和考虑周围居民的反映而确定的,为此,需事先测定工程现场周围的暗噪声,并调查周围房屋状况及其密集程度等。

暗噪声的测定时间可根据该地区的生活时间来确认。控制噪声发生的主要对策有:选择噪声低的施工方法以及施工设备;对施工设备进行隔音处理或加罩或安装消音设备;定期检修设备并注意操作方法;合理布置施工设备;设隔音设备(一般为隔音墙,隔音墙有两种结构:一种是用格板将发生噪声的机械从外部围起来的整式结构,另一种是用格板覆盖至房顶的屋顶式结构);采用适当的作业时间带。

②振动对策

振动的特点是除了像噪声那样使人感到不快外,还会对房屋和一些设施造成破坏。振动源和噪声源大致相同,故其对策也基本与噪声对策相同,主要对策有:选用振动小的施工方法以及低振动的机械;安装防振装置;合理布置施工设备;限制冲台式作业,缩短振动时间。

(2) 地层沉降

盾构工程中的地层沉降分为盾构掘进过程中产生的沉降与竖井开挖过程中产生的沉降。

①盾构掘进过程中产生沉降的原因及对策

盾构掘进时,若正上方发生 4cm 以上的沉降,就会造成地表破坏,其主要原因有:地应力变化导致地层内部变形;开挖面围岩坍塌及发生扰动;掘进时围岩产生扰动;盾尾空隙的壁后注浆施工不充分;纠偏及弯道施工时超挖太多。发生沉降不是上述某一种原因单独造成的,而是各种因素综合作用的结果。

具体控制措施见 8.3 节,在此不再赘述。

②竖井部分地基沉降的原因和对策

竖井部分地基沉降的原因有:地基隆起、隆胀、涌砂;防坍支护变形;从脱落掉块处的背面产生涌砂。解决这些问题的主要对策有:根据开挖深度、土质等选择合适的防坍支护施工法;切实保证基础埋设深度;对脱落掉块部分进行化学注浆,防止从该处产生涌砂;注意施工管理并在发生过大移位和泥沙流入等情况时,进行合理的处理;通过底层土体加固等来加强底板。

(3) 防止水质污染

盾构工程中的水质污染有两种:一是隧道内和泥水分离站的污水流入公共水域、下水道等;二是作为辅助工法采用的化学注浆液体流入地下水。其防止措施有以下几项:

①将现场的污水排入公共水域或下水道之前,必须通过沉淀池、沉砂池(有时使用凝聚剂)除去悬浮物质,若呈碱性或酸性则进行综合处理。对污水中的油污可通过使其上浮,然后吸附分离除去。

②化学注浆时,应注意药液的选择,同时应设观测井,以监测水质状况。如果担心会有污染时则可重新考虑施工计划,采用其他的施工方法或改变药液。

(4) 缺氧

缺氧对周围环境的影响是采用气压盾构施工法必须注意的事项。即压缩空气经过土体进入地下洞室、水井等时,若该处地层具备以下条件,则氧气将在土体中被消耗,进来的空气则呈缺氧状态:

①上层有不透水的砂砾层,其中含水,或者砂砾层中没有涌水或很少有涌水的地层。

②含有亚铁盐类、亚锰盐类的地层。
③含有甲烷、乙烷、丁烷的地层。
④渗出或可能渗出碳酸水的地层。
⑤腐泥层。

此外,地下原先存在的缺氧气体有时会被压缩空气挤出流入地下空间。若空气中氧气的浓度在18%以下即为缺氧。氧气浓度的变化对人体的影响见表8-2。

氧气浓度下降对人体的影响　　　表8-2

呼　吸		动脉血中氧气分压（kPa）	动脉中氧气饱和程度（%）	症　状
氧气浓度(%)	氧气分压(kPa)			
16~12	16~12	8~6	89~85	脉搏跳动加快和呼吸急促,精神不易集中,毛细血管不畅,头痛等
14~9	14.1~9.04	7.32~5.32	87~74	判断力迟钝,精神状态不稳定,对刺伤等无感觉,酩酊状态,记忆丧失,体温增加
10~6	10.11~6	5.32~2.66	74~33	意志不清,中枢神经障碍,痉挛
6以下	6以下	2.66以下	33以下	昏睡→呼吸缓慢→呼吸停止→6~8min 心脏停止跳动

为防止缺氧危害健康,主要考虑土质条件和地下洞室周围的情况等,采取更合适的施工方法。如果采用压气施工法则要注意:切实搞好施工管理;对可能漏出缺氧气体的地点用注浆施工法等堵塞;将施工现场周围废弃的井填埋。

(5)废弃物(弃土)

建设工程自然要考虑工程现场周围的环境,但更重要的是应考虑使现场产生的废弃物不对现场以外的环境造成影响。盾构工程的废弃物主要是弃土,改良弃土的方法有物理改良法和化学改良法两种。物理改良法主要有脱水、晒干、强制脱水等方法;化学改良法主要有水泥类、石灰类、高分子类改良等方法。近年来经常使用的密闭型盾构施工法,有时会产生含水率高的塑性流动弃渣,必要时需进行适当的处理。

①晒干

建立弃土的临时堆场,暂时存放弃土,使其干燥降低含水率。这种方法虽然不需要外加剂,但占地面积较大,城市难以确保场地,故一般多设在远离现场的地方。

②强制脱水

开挖土中的水分用泥沙筛筛走,用液体旋风分离器筛出粒径较大的泥沙,然后对粉砂与黏土加凝聚剂后加压脱水。这种方法常用于泥水平衡盾构的弃渣处理。

③添加水泥类改良材料

将水泥类改良材料加入开挖土中使之混合,并与开挖土中的水分发生反应从而形成稳定的水化物。它可降低土中的含水率,并提高土的强度。这种方法的改良效果虽好,但形成的是碱性改良土,而且设备及其布置需要占用一定的场地。

④添加石灰类改良材料

在开挖土中加入石灰,混合使之与土中的水分子发生反应,降低含水率,同时通过使水分子与黏土矿物发生火山灰反应来加以改良。这种方法的改良效果虽好,但形成的是碱性改良土,且设备的布置需要占用一定的场地。

⑤添加高分子类改良材料

在开挖土中加入高分子类改良材料,使之与土混合,改良剂吸收土中的水分,同时其自身黏度增加,从而使弃渣土得以改良。这种改良剂加量少见效快,改良土呈中性,但改良强度比添加水泥类改良材料和石灰类改良材料的低。

(6)日照及景观

近年来,国外盾构施工中,作为一种防噪声的方法,设置隔音墙的案例不断增加,这种方法虽然效果很好,但有的情况下临时隔音墙高度达 10m 以上,导致日照时间减少,破坏周围景观。因此,设置隔音墙时,对于与景观的协调问题要充分考虑。

8.4.2 绿色施工技术

在盾构或 TBM 施工过程中,一般都会存在资源浪费、经济投入成本大、环境污染等诸多问题,因此,应用绿色施工技术,能够从根本上实现节约资源,同时提高建设质量和水平,降低经济投入成本,提高建筑施工企业市场竞争力,常见的绿色施工技术如下。

(1)渣土绿色改良技术

土压平衡盾构的渣土改良材料一般包括泡沫、膨润土、高分子聚合物、分散剂等材料,经这些材料改良后的渣土富含化学添加剂、渗透性高、空隙率大,需要在特定地点的堆放和处理,造成资源的浪费和一定的环境污染。因此,基于"绿色改良"理念,亟须对渣土改良剂提出以下几点要求:

①渣土改良配合比及添加合理化,以达到既能满足工程高效安全施工,又能够将改良剂的种类及添加量降至最低。

②研发新型的"绿色改良剂",以达到最大程度地减小对环境的影响。

(2)渣土循环再利用

盾构渣土最初采用自然固化处理,即建造大规模的泥浆沉淀池和晾晒场,将盾构渣土泥浆通过沉淀池沉淀后挖出晾晒,满足要求后出渣消纳。该方法方便简单、成本低、便于操作,但也存在着占地大、效率低、容易造成污染等不足。为减少盾构废弃渣土对城市环境的影响,提倡渣土的综合利用、绿色利用,实现最大程度地有效利用。盾构渣土综合利用包括如下几个方面:

①高含量粉细砂类的渣土经分离处理,筛分出粒径级配合理的砂料,再依据所需砂浆配合比,用于调整壁后同步注浆砂的含量,作为壁后同步注浆的原材料。

②黏细颗粒土含量高的地层,出渣后的泥浆可以通过现场分离,再加入一定改良添加剂,制备成开挖面改良渣土所需要的泥浆,实现就地取材,循环使用,减少渣土运输量及渣土堆放所需场地,减少泥浆制备所需的膨润土原材料。

③利用盾构渣土制备成砖,主要工序:碾压→搅拌→成型→干燥→焙烧,可制成新型空心砖、琉璃瓦等房屋建筑材料,加入特殊添加剂的空心砖还可用于高层建筑的墙体及地铁车站等结构物的建设。

④砂卵石地层分离出来的粗细集料,可用于城市道路的路基填料,以此解决城镇公路施工

路基原材料匮乏等问题,既减少砂卵石外运所需能源的消耗,又可节省大量资金和提高渣土资源利用率。对于地基结构较为软弱地层,分离出的集料可用于施作夯扩桩等基础工程,还可以用于扩大桩端面积和挤密地基。

(3)泥浆绿色处理

泥水平衡盾构施工广泛采用膨润土或聚合物作为泥浆添加剂,从而造成添加剂泥浆性能参数难以控制、废浆处理成本高、制浆材料用量过多、对环境污染性强。因此,需对泥浆进行绿色处理,通常包括精准掌控添加剂用量和研制新型泥浆添加剂两方面。

随着施工技术的进步,盾构或 TBM 施工正衍生出其他绿色施工技术,如节能减材、水资源利用及污染防治措施、能源再利用、大气污染防护、废弃排放等。绿色施工技术与环保意识息息相关,未来的工程技术与发展必将在环境资源保护的基础上开创新的理念。

思考题

1. 分析盾构在砂性土和黏性土地层施工过程中引起地层变形分布的特点和区别。
2. 盾构施工过程中影响地层沉降的主要因素有哪些?请分别叙述。
3. 盾构施工引起的地层变形可以分为几个阶段?请画图并详细叙述各阶段变形的原因及控制方法。
4. 请介绍三种控制地层变形的特殊方法,并分析每种方法的特点及适用性。
5. 简述盾构下穿地表重要建筑物及周围管线的控制措施。
6. 某工程盾构始发后仅 23m 即上跨既有运营隧道,既有隧道的运营时间为每天 5:00~23:00,且列车的通行频率为平均每 5min 一次。试分析盾构施工的重难点,并提出一套合理的施工风险控制方案。
7. 某工程采用土压平衡盾构施工,开挖直径为 6610mm,中盾直径 6600mm,盾尾直径 6590mm,盾尾间隙约 30mm,管片衬砌选择 C50 混凝土,环宽 1.2m,为控制地层变形,在下穿风险源过程中的 68 环期间采用中盾开挖间隙注浆填充辅助工法,填充的浆液采用一种新型泥浆,其配合比见表 8-A,用量及价格见表 8-B。试对比克泥效工法计算采用新型泥浆能够节省多少成本?

新型泥浆材料配合比　　　　　　　　　　　　　　表 8-A

A 液				B 液	
水泥(g)	粉煤灰(g)	膨润土(g)	水(mL)	水玻璃(mL)	水(mL)
96	36	54	442	150	60

新型双液浆与克泥效泥浆单价及用量　　　　　　　表 8-B

价　格	新型双液浆				克泥效泥浆	
	水泥	粉煤灰	膨润土	水玻璃	克泥效粉末	水玻璃
单价 p(元)	400/t	180/t	600/t	650/m³	8000/t	650/m³
每方用量 m	0.236t	0.098t	0.148t	0.164m³	0.4t	0.012m³

第 9 章
CHAPTER9

盾构掘进测量及导向系统

盾构的外径尺寸通常为几米至十几米，重量一般在几百吨至上千吨，对于在地层中如此大型的刚体结构来说，要想改变方向不是一件容易的事。所以若推进中不及时管理，致使偏离预定的计划中心线，则后果不堪设想。因此，需要在推进过程中时刻监测盾构所处位置（三维坐标）、姿态（倾角），并与设计路线时刻对比，出现偏差立刻纠正。盾构隧道的测量主要分为联系测量和盾构导向系统相关测量。

9.1 盾构联系测量

盾构隧道施工时，需把设计隧道路线的基准点（三角点、水准点）、中心点、主要控制点（曲线的始、终点、交点）等基本测量点引交给施工方。施工方在准备工程时，首先应在测量成果的基础上实施基准点和路线中心点的校核测量。在工程结束前，参照基本测量桩设置的参照点（桩点）应始终保持不被移动和破坏。

（1）基准点、水准点的洞内导入

盾构位置测量中用到的基准点和临时水准点经竖井导入盾构隧道内。竖井导入测量时，在中心线上设置参考桩点进行校核，以便作精密测量，测量点导入竖井的过程如图 9-1 所示。

平面联系测量采用几何测量的形式，即联系三角形测量，在竖井和盾构井中分别悬挂两根钢丝传递坐标和方位。具体实施时有如下要求：

①两悬吊钢丝间距处不小于 6m。

②定向角 α 应小于 3°。

③a/c 及 a'/c' 的比值小于 1.5。

竖井高程联系测量导入的目的是把地面高程传入竖井底。进行高程传递时，用挂 49N（检验时采用的拉力）的钢尺，两台水准仪在井上和井下同步观测（图 9-2），将高程传至井下固定点。共测量三次,每次应变动仪器高度,且三次测得地上、地下水准点的高差比较差应小于 3mm。

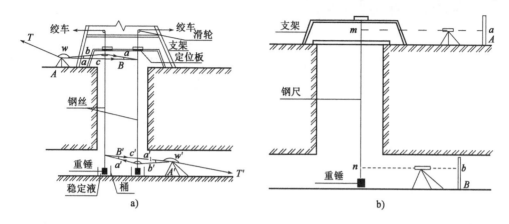

图 9-1 基准点、水准点导入竖井示意图

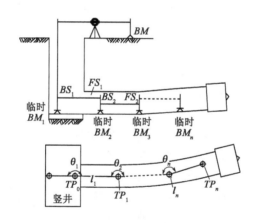

图 9-2 基准点、临时水准点导入竖井示意图
BM-水准点;BS-后视;FS-前视;TP-基准点;θ-导角;l-距离

(2) 基准点的检核

由于管片承受盾构推力发生变形和位移,所以盾构洞内设置的基准点也存在微小位移,故必须定期检核。根据实际数据研究推力的影响范围发现,当在 50～80m 范围内设置基准点的场合下,定期检核结果表明基准点存在自动测量系统分类,也就是说在该范围内设置基准点具有可信性。

由竖井导入的基准线,因其长度短,所以必须检核与地表的基准线的吻合程度。例如:5m 的基准线导入时产生 1mm 的误差,则 1km 的隧道将产生 200mm 的误差。

检核时,通常是在初期掘进完成前后进行。另外,在曲线段及到达前也应进行检核,检核方法有两种:①从地表向隧道钻观测孔的方法;②使用精密陀螺经纬仪测定洞内基准线的真北方位角,随后再与地上基准线的方位角比较,修正基准点坐标。

9.2 盾构导向系统

自动测量系统,即实时检测盾构位置(三维坐标)和姿态(纵倾、横斜、高差)的设备。该系统可分为全站仪式和陀螺式两类,如图9-3所示。可据隧道内径、曲率半径等施工条件选用。

$$\text{自动测量系统}\begin{cases}\text{全站仪式}\\(\text{光学式})\begin{cases}\text{固定电子测速仪式}\\\text{移动电子测速仪式}\end{cases}\\\text{陀螺式}\end{cases}$$

图9-3 自动测量系统

9.2.1 全站仪测量系统

全站仪测量系统,又称光学测量系统,这是由于全站仪中的关键部件是光学测距仪,其光源多采用激光、红外光、发光二极管等光源。

(1)全站仪简介

全站仪是既能测角也能测距的全能仪器,由电磁波测距仪、电子经纬仪及电子计算机构成,是目前所有主流的导向系统都会使用的一种重要测量仪器,如图9-4所示。目前全站仪有两种测距模式,分别为棱镜测距和无棱镜测距,虽然二者都可以理解为通过精确测量激光脉冲发射与接收的时间差 t,然后通过光速来计算两者之间的距离,即 $SD = t \times C/2$,但棱镜测距具有更高的精度与稳定性,激光脉冲的时间非常短,测试时肉眼无法看到;而无棱镜测距时一般可见指示红色激光,但其并不参与测量,仅做指示。

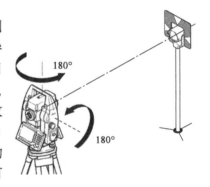

图9-4 全站仪测量示意图

对于角度的测量来自全站仪自身的测角系统,它可以测得全站仪的观察垂直角 Ver 和水平转角 $Hort$,所以对于一个目标的测量,全站仪可获得距离 SD、垂直角 Ver 和水平转角 $Hort$,通过下列公式即可得到目标点的相对坐标:

$$\begin{cases}X' = SD \times \sin(Ver) \times \sin(Hort)\\Y' = SD \times \sin(Ver) \times \cos(Hort)\\Z' = SD \times \cos(Ver)\end{cases} \quad (9\text{-}1)$$

注:水平转角 $Hort$ 与设站有关。

已知全站仪在施工坐标系中的设站坐标 (X_t, Y_t, Z_t),就可以通过简单的平移计算得到测量目标点在施工坐标系中的坐标 (X, Y, Z):

$$\begin{cases} X = X' + X_t \\ Y = Y' + Y_t \\ Z = Z' + Z_t \end{cases} \tag{9-2}$$

第一款应用于盾构导向系统上的全站仪为 20 世纪 90 年代的 TCA1100 型徕卡全站仪,如图 9-5a)所示,目前全站仪在地铁建设工程中已经普遍使用。

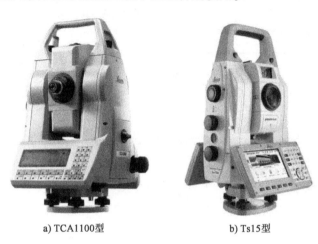

a) TCA1100型 b) Ts15型

图 9-5 徕卡全站仪

(2) 棱镜测量在导向系统中的意义

由于棱镜具有使激光原路返回的功能,如图 9-6 所示,无论测距脉冲从何方向射入棱镜,激光都会原路返回,其反射强度也最大,所以通过反射激光强度的测量,全站仪可以自动搜索、瞄准和测量棱镜。全站仪的这种功能称之为自动目标识别(Auto Target Recognition,ATR)功能,通过 ATR,全站仪就可以自动搜索,瞄准目标棱镜,从而实现测量的自动化。无论何种导向系统,只要有全站仪作为核心组件,就必须要有棱镜,对棱镜的测量是导向系统的基础。此外,全站仪具有数据接口功能,如徕卡系列的 GEOCOM 端口,通过该接口全站仪可以接收来自外部程序的控制指令,这使第三方程序控制成为可能。所以,全站仪的 ATR 功能和数据接口功能是导向系统中全站仪的最基本特征,也是其被称为"自动导向系统"的原因。

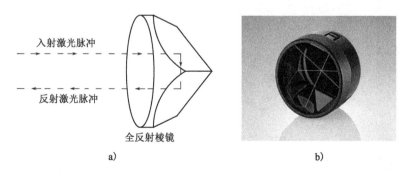

图 9-6 棱镜测量的工作原理

(3) 导向系统的布置

盾构导向系统就是一套高度自动化的跟踪测量与计算装置,它是利用全站仪和其他传感器实现对盾构姿态的实时监控测量。由上可知,无论何种设备类型,只要是使用全站仪式的导向系统,在系统布置、数据传输方面都几乎一样。如图9-7所示,系统控制计算机会记录全站仪和参考棱镜的设站信息,即二者的施工坐标,可以通过有线或无线的数据接口向全站仪发出测量指令,并接收其测量结果,同时系统可以实时读取测角模块测得的盾构滚动角度与仰俯角。盾构导向系统界面如图9-8所示。

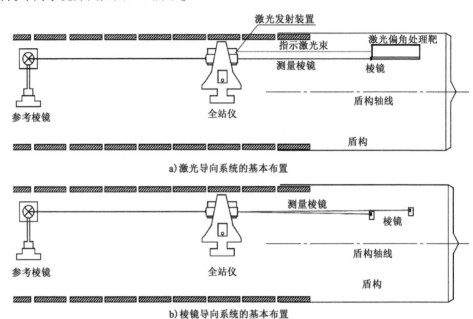

图9-7 导向系统的布置示意图

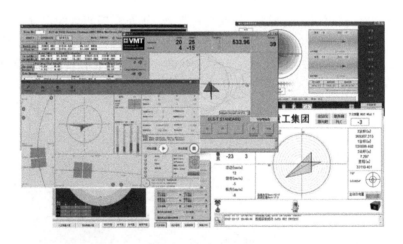

图9-8 盾构导向系统

(4)其他相关测量工作
①中线计算
隧道中线是盾构测量和导向系统工作最基本的数据。将隧道设计线路曲线转换成导向系统可以识别的散点坐标,包括隧道里程、方向、海拔等信息,一般采用平曲线与竖曲线分开计

算的方式。隧道中线的计算方法多种多样,可以利用自编公式或专门的计算软件。隧道中线是导向系统的核心数据,所以一定要保证其绝对正确,计算完成后要挑选出多个设计转换点与变坡点,并与设计值逐个比对。隧道中线的计算结果将直接影响导向系统的精度与工程质量。

导向系统所需要的中线为隧道的中心线,即为指导盾构掘进施工的轴线,该轴线与轨道交通中的设计中线存在一定的区别。轨道交通中的设计中线一般指轨面的设计中线,是盾构工程的最终目标,它并不能作为指导盾构掘进施工的隧道中线,实际隧道的中心线要在各种线路条件和特殊工况需求下去"适配"线路中线,如图9-9所示为一种常用的中线坐标格式。在隧道中线计算时需要注意以下问题:

a. 平曲线是"左转"还是"右转",竖曲线中是"凹"还是"凸"。
b. 平曲线计算时,曲线段的偏移量与起止位置。
c. 竖曲线计算时,如存在"减振段"的设计,要注意竖向的偏移量与起止位置。
d. 轨面中心与线路中心的差别。
e. 长、短链的设计与实际里程的差别。

```
ST  6775.1630 m  E 41537881.9700 m  N 4627225.1320 m  H  27.6332 m
ST  6776.1630 m  E 41537882.0800 m  N 4627226.1260 m  H  27.6352 m
ST  6777.1630 m  E 41537882.1900 m  N 4627227.1200 m  H  27.6371 m
ST  6778.1630 m  E 41537882.3000 m  N 4627228.1140 m  H  27.6391 m
ST  6779.1630 m  E 41537882.4000 m  N 4627229.1080 m  H  27.6411 m
ST  6780.1630 m  E 41537882.5100 m  N 4627230.1020 m  H  27.6431 m
ST  6781.1630 m  E 41537882.6200 m  N 4627231.0960 m  H  27.6451 m
ST  6782.1630 m  E 41537882.7300 m  N 4627232.0900 m  H  27.6471 m
ST  6783.1630 m  E 41537882.8400 m  N 4627233.0840 m  H  27.6491 m
ST  6784.1630 m  E 41537882.9500 m  N 4627234.0790 m  H  27.6511 m
ST  6785.1630 m  E 41537883.0600 m  N 4627235.0730 m  H  27.6531 m
ST  6786.1630 m  E 41537883.1600 m  N 4627236.0670 m  H  27.6551 m
ST  6787.1630 m  E 41537883.2700 m  N 4627237.0610 m  H  27.6570 m
ST  6788.1630 m  E 41537883.3800 m  N 4627238.0550 m  H  27.6590 m
ST  6789.1630 m  E 41537883.4900 m  N 4627239.0490 m  H  27.6610 m
ST  6790.1630 m  E 41537883.6000 m  N 4627240.0430 m  H  27.6630 m
ST  6791.1630 m  E 41537883.7100 m  N 4627241.0370 m  H  27.6650 m
ST  6792.1630 m  E 41537883.8200 m  N 4627242.0310 m  H  27.6670 m
ST  6793.1630 m  E 41537883.9200 m  N 4627243.0250 m  H  27.6690 m
ST  6794.1630 m  E 41537884.0300 m  N 4627244.0190 m  H  27.6710 m
ST  6795.1630 m  E 41537884.1400 m  N 4627245.0130 m  H  27.6730 m
ST  6796.1630 m  E 41537884.2500 m  N 4627246.0080 m  H  27.6750 m
```

图9-9 设计中线坐标格式

②管片复核

由于盾尾间隙的存在,管片中心与盾构中心并不是绝对重合,所以管片复核是一项重要的盾构测量内容,及时、准确的管片姿态复核测量可以直观了解管片姿态与掘进姿态的三维差别,修正导向系统的误差,了解地层对管片的影响。一般实际工作中,盾构项目采用自制的铝合金长尺(图9-10、图9-11),如直径6m左右盾构的长尺约4m,长尺置有反射片或测量棱镜,通过调整使水平尺的气泡居中,测量点即为隧道平面中心;并将高程偏差设为固定值,然后利用全站仪测量出其坐标,再与中线进行对比得到管片偏差;具体的计算方法并无固定要求,如可以通过计算计辅助设计(CAD)量取,或也可通过一些专门的制图软件完成。

③盾构特征点观测与姿态复核

当盾构在地下掘进时,其具体的空间位置并不能直接获得,所以为了方便人工复核,在盾构掘进前,施工人员会在盾构上安装若干与盾构轴线三维坐标关系已知的监测特征点,使用时只需要测量这些点的坐标即可以计算出盾构与设计线路的偏差,从而用于检查并复核盾构姿态,该方法盾构姿态基本独立于导向系统,是最重要的一种盾构姿态复核手段。图9-12给出了盾构监测特征点位置设置与采用的部件。

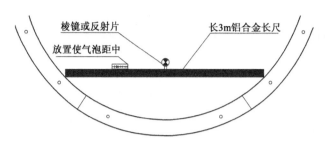

图9-10 管片中心简易观察尺　　　　图9-11 工程现场实际操作情况

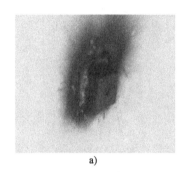
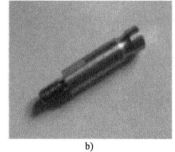
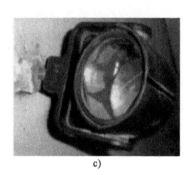

a)　　　　　　　　　　b)　　　　　　　　　　c)

图9-12 监测特征点位置设置与采用的部件

④换站

换站测量工作流程同 7.3.1 节。

(5) 固定全站仪测量系统

该测量系统方法是把全站仪固定在盾构后方事先已固定好的管片上,用光束在盾构掘进中长期自动跟踪设置在盾构上的棱镜靶板,测定盾构位置的系统。该系统多用于大、中直径盾构工程现场,如图 9-13 所示。其原因是当利用全站仪设置的位置视准盾构时,由于中间存在后方台车使视准空间受限,但当用于中等直径以上的盾构时则可视准的范围较宽,故基本不受影响。

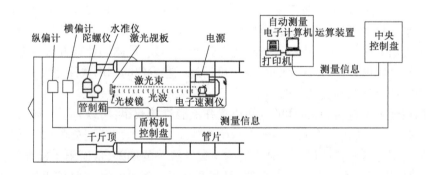

图9-13 固定全站仪测量系统示意图

(6) 移动全站仪测量系统

该系统是把自动跟踪全站仪设置在盾构上,如图9-14所示,或者后方台车上,如图9-15所示。在原有管片上设置几个靶板,用后方交会法算出全站仪的位置。该系统的优点是全站仪视准的空间大,无须使用替换全站仪,但因全站仪设置在移动物体上,所以自身位置的检测程序复杂,且掘进中存在不能实时自动测量的情况。

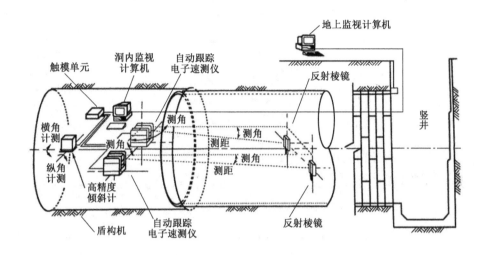

图9-14　移动全站仪测量系统示意图(设于盾构上)

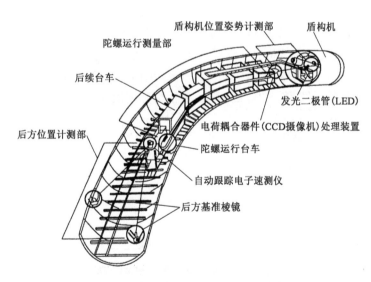

图9-15　移动全站仪测量系统(设于后方台车)

9.2.2　陀螺式自动测量系统

该系统由陀螺仪、水准管水平计、倾斜计、偏转计及盾构千斤顶行程计构成,且设置在盾构设备上。该系统先用全站仪或人工方法测出盾构的起点坐标,且以此为基准,当盾构推进一定

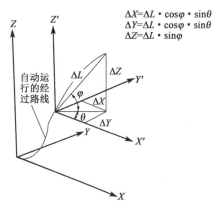

$\Delta X = \Delta L \cdot \cos\varphi \cdot \sin\theta$
$\Delta Y = \Delta L \cdot \cos\varphi \cdot \sin\theta$
$\Delta Z = \Delta L \cdot \sin\varphi$

图 9-16 计算盾构位置坐标、姿态方法
θ-俯仰角;φ-偏角;ΔL-运行距离

距离(即行程计的读数)后,则可由陀螺仪测得的水平方向角的变化量、水准管水准仪测得的高程差、行程计的读数,经数学计算后得出盾构的位置坐标及姿态,如图 9-16 所示。全部测量数据的记录、储存及运算处理均由计算机实现。

该系统具有体积小,无须替换作业,适于曲线段、小直径等施工使用,具有经济性的优点。但因测量基准点设置在管片上,在推进下一环时基准发生微变(无法保证绝对不动),从而导致测量误差。另外,若盾构推进过程发生水平滑动,则陀螺无法检测,总的推进距离越长,陀螺的累积误差越大,行程计的累积误差也越大,即盾构推进距离长时,该系统的精度不高。

9.2.3　曲线顶管自动遥控测量系统

前面介绍的盾构位置和姿态的测量方法,对于小直径、小曲率半径、长距离的隧道而言,均不同程度地存在一些弊病。而顶管法与盾构法相比,因全部管节都要移动,所以每顶进一节管片就必须返回竖井的基准点重复测量一次,故测量作业更麻烦、更艰苦。本节介绍一种小直径($D=600$mm)、小曲率半径($R=50$m)、顶进距离 100m 时误差不大于 20mm 的无人化曲线顶管遥控测量系统。

(1) 系统构成

自动遥控测量系统如图 9-17 所示。该系统由起点测量系统、运行测量系统、终点测量系统及中央控制台等几个主要子系统构成。该系统的优点是测量人员不进入顶管隧道内,以竖井侧壁上的基准点坐标为基准即可求出后续管节的坐标(包括方位角)。因后续管节与顶管掘进机是固定在一起的,若已知后续管节的位置、姿态,就能够确定顶管掘进机的位置、姿态。

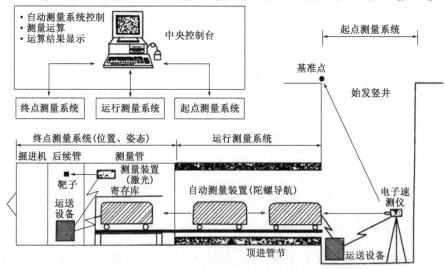

图 9-17　自动遥控测量系统示意图

①起点测量系统

用位于竖井中的全站仪测定自动运行测量装置(陀螺导向仪)的初始坐标值和方位角。

②运动测量系统

把装有方位仪和测距仪的自动运行测量装置(以下简称"自运测量装置")设置在运行车上,使其在顶进管节内的轨道上往返运行,求出运行轨迹。

③终点测量系统

为了保护自运测量装置,在顶管机一侧的终点部位设置了收容该装置的寄存库。若后续管节的内部空间可以容纳寄存库,那么寄存库应设置于后续管节内;若后续管节的内部空间较小,很难满足设置寄存库的要求,则可在后续管节的背后续接一个管节,即所谓的测量管节。先用自运测量装置的坐标、方位角,求出测量管节的坐标、方位角,进而用激光测量装置测定后续管节的位置、姿态。

④中央控制台

中央控制台对测量系统进行总体控制,除此之外,还可对各子系统送来的数据进行运算并显示结果。

(2)测量流程

系统的测量流程如图 9-18 所示。

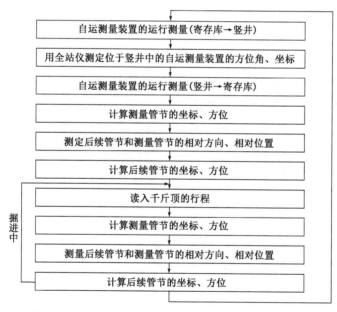

图 9-18 测量流程图

图中的程序以自运测量装置的工作状态为中心加以说明,步骤如下:

①控制台发出运行命令,使运行测量装置从寄存库向竖井进发。自运测量装置运行的同时连续测量方向角的变化和运行距离。

②当自运测量装置靠近竖井一侧时,运行测量装置中的磁传感器探查到安装在轨道上的磁铁,则自运测量装置立即停止前进,设置于竖井内的全站仪立即进行起点测量,求出自运测量装置停止位置的坐标和方位角。

③控制台再次发出运行命令使自运测量装置向掘进机一侧运行,同时连续测量方位角的变化和运行距离。当该装置中的磁传感器探查到设置在寄存库下方导轨上的磁铁时,运行自运测量装置停止在寄存库内,随后中央控制台根据采集到的测量结果,求出自运测量装置停止位置的坐标和方位角。

④根据测出的自运测量装置与寄存库方位角的偏离,求出测量管节的坐标和方位角。

⑤测出后续管节相对测量管节的位置和方位角的偏离,求出后续管节的坐标和方位角。

⑥掘进中还要检测千斤顶的行程和自运测量装置方位角的变化,跟踪测量管节和后续管节的动差(实时测量)。如果停止掘进,则可使自运测量装置再次进发。

(3) 自运测量装置

运行测量中使用的自运测量装置如图 9-19 所示,在运行台车上安装有方位计、测距仪、无线调制解调器、直流电动机、台式计算机和各种传感器。该自运测量装置以 2km/h 的速度在轨道上运行,同时每隔 40ms 测量一次方位角的增量($\Delta\varphi$)和运行距离(Δl),然后可根据式(9-3)~式(9-5)计算得出移动轨迹,如图 9-20 所示。

$$X_n = X_0 + \sum_{i=1}^{n} \Delta l_i \cos(\varphi_{i-1} + \varphi_i)/2 \tag{9-3}$$

$$Y_n = Y_0 + \sum_{i=1}^{n} \Delta l_i \sin(\varphi_{i-1} + \varphi_i)/2 \tag{9-4}$$

$$\varphi_i = \varphi_0 + \sum_{i=1}^{n} \Delta\varphi_i \tag{9-5}$$

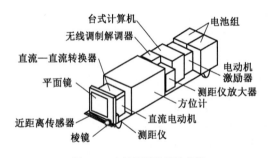

图 9-19 自运测量装置示意图

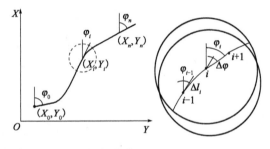

图 9-20 自运测量装置的轨迹计算

测量方位角变化的方位计是一个把惯性传感器(由环形激光陀螺和 2 个速率积分陀螺及 3 个加速度计构成)直接安装在运行车上,并将其输出用计算机处理,求出横偏角、纵偏角及方位角的装置,即使自运测量装置倾斜也可以确定竖直旋转轴的旋转角。

环形激光陀螺与以往的带旋转部件的机械陀螺不同,它以激光器作为光源,靠置于三角形各顶点上的镜子反射激光,挡光板可以顺时针旋转也可以逆时针旋转。如旋转挡光板,则光路长度变化,光的通过时间变化(萨格克效应),因此产生相位差,两速反向传播的光波相互干扰,测定相位差的变化即可求出旋转角速度。

测距仪是激光非接触型横移量的测定装置。如果把激光射到框光栅的表面上,则粗糙面上产生的反射光传播中微妙地出现路程差,故此产生光的干涉。把光的干涉条纹称作斑点图像,若移动汇集传感器的测量台车,则图形也移动,用图像传感器捕捉这些图像变化的结果,如图 9-21 所示。

显然,由图 9-21 中的①到②,仅移动了靠测量台车一侧的一个图像传感器(例如 20μm)。

这种方法无须加工光栅的表面,即使光栅框上沾有泥水也可以测量。

另外,自运测量装置前后安装有光电开关和环形围绕接触传感器,这是为了探测运行中的障碍物而设置的。用计算机判断这些传感器送来的信息,可使其自运测量装置急停。

(4) 导轨

自运测量装置的运行导轨,如图9-22所示,由尼龙树脂木和铝制导轨构成,每条导轨的长度与顶进管节相同(2.430m、轨距192mm),每条顶进管节使用6条枕木,所以节距是400mm。

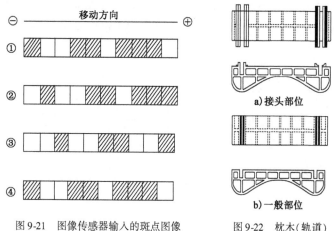

图9-21 图像传感器输入的斑点图像　　图9-22 枕木(轨道)

安装顶进管节时应续接导轨,导轨仅在枕木上引入,故整个操作时间较短。曲线顶进时跟踪曲线的导轨不固定在顶进管上,但曲线部位为了适应导轨的伸缩,导轨接头部位使用特殊的枕木。

在轨道的竖井一侧和终点处,设有操纵自运测量装置台车的磁铁。台车的下面安有磁开关,可以探测到台车的减速、停车。

(5) 起点测量

首先由已知点的坐标求出全站仪中心点的坐标及与基准点的方位角,如果自运测量装置位于竖井一侧,则自动开盖调整固定在自运测量装置上的平面镜使其与全站仪光轴垂直,求出离开基准点的水平角 α,如图9-23所示。

在全站仪物镜中心刻有中心标记,调整平面镜上映出的中心标记与十字线准确重合,则平面镜与光轴重合。

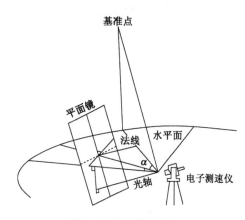

图9-23 起点测量方法

采用这种方法,必须先测量平面镜的安装角度(自运装置中心轴与平面镜法线的夹角),则可高精度地求出方位角。横向设置平面镜视准棱柱,求出平面镜与全站仪对中点的水平距离,因为对中点的坐标是已知的,所以由距离和方位角可以明确自运测量装置的坐标和方位角。

目前,较为先进的系统是在全站仪的目镜处设置CCD电视摄像机,在地表操作室内进行监控,同时用远程操纵装置返回及进行测距、测角作业,也可以把这些作业改进成自动作业。

(6) 终点测量

当自运测量装置停在寄存库内时,可以以起点的测量结果和运行测量结果为基准进行计算,求出停止位置的坐标和方位角。

由安装在自运测量装置前后的两个点上的近距离传感器测定安装在寄存库内侧面上的反射板距离,再依据两个测量距离的差及传感器的设置间隔,即可计算出寄存库与自运装置中心轴的偏角,进而求出寄存库的坐标和方位角。寄存库与测量管节的位置关系因设置时已经明确,所以可以通过简单计算,求出测量管节自身的坐标和方位角,如图9-24所示。

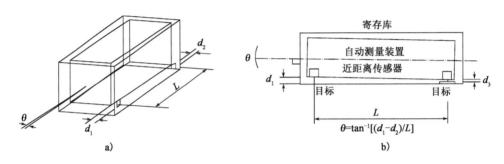

图 9-24 测量管节位置、姿态的测量

9.3 盾构设备方向控制

方向控制即及时纠正盾构设备推进中产生的方向偏离,使推进方向时刻与设计路线保持一致。近年来各种自动测量系统和盾构千斤顶操作无人化的方向控制系统大量问世,"自动化""省力化"已是当前的社会需求,将来这些新的系统必然得以广泛应用。不过需要说明的是,即使是在利用计算机自动化系统测量的场合下,管理者也必须很好地理解测量和方向控制原理,以便对测量结果进行校核及对方向修正正确判断。本节先介绍方向控制的基本知识,随后介绍模糊理论及人工智能输入等自动化方向控制系统。

9.3.1 修正偏离的原则

盾构方向控制的基本原则如下:①偏离量增大之前及早修正;②在场地条件受限不能修正,只能按现时方向掘进的场合下,通常可提前 10~20m 控制偏离量;③遵循偏离量的管理值和允许值,确立偏离修正方针。

为了把施工时的实际偏离量控制在规定的允许偏离量以内,首先应确定偏离量的管理值(以允许值的 50%~80% 为目标),并在该目标范围内修正偏离进行推进管理。必须确立连续修正偏离的意识,但是,如果不明确修正的程度和方法,则会出现反复偏离。如果在已经发生偏离的场合下修正盾构方向,则因超挖和盾构外周面摩擦的增大,周围地层将发生扰动,还会致使沉降,因此,从防止沉降的观点出发,纠偏的原则还要尽可能减小偏离量。

9.3.2 盾构方向控制

1) 决定方向修正量

在决定盾构方向修正量时,应进行盾构位置、方向变化的模拟,必须明确偏离修正的方针。设盾构推进微小距离 ΔL 时,对应的方向变化角为 θ,则对应设计线形的偏离量的变化为 δ,如图 9-25 所示,δ 可按下式计算:

$$\delta = \delta_1 + \delta_2 \tag{9-6}$$

$$\delta_1 = (\delta_{h0} - \delta_{t0}) \cdot \frac{\Delta L}{L} \tag{9-7}$$

$$\delta_2 = \delta_p + L_1 \cdot \sin\theta \tag{9-8}$$

$$\delta_p = R \cdot (1 - \cos\theta) = \frac{\Delta L \cdot (1 - \cos\theta)}{2 \cdot \sin\left(\frac{\theta}{2}\right)} \tag{9-9}$$

式中:δ_1——偏离计划方向差的变形量,mm;

δ_2——方向修正的变形量,mm;

δ_{h0}——掘削面实时偏离量,mm;

δ_{t0}——盾尾实时的偏离量,mm;

δ_p——盾构旋转位置的变形量,mm。

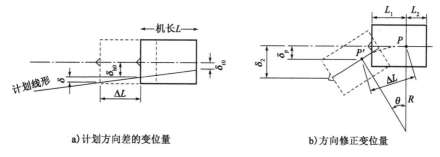

a) 计划方向差的变位量　　b) 方向修正变位量

图 9-25　盾构位置预测方法

θ-方向变化角;R-盾构旋转半径

同时,必须注意盾构的实际掘进方向与其姿态、方向的不一致情况,特别是纵断方向的盾构高程变化,由盾构自重与地基承载力的关系可知,盾构的方向与实际掘进的方向必然存在一定的差异。

在预测盾构位置时,应选用包含这种变化的模型决定方向修正量。在掌握盾构变化时,应考虑给出某方向修正量时偏离量变化的实际值。为此,应作出描绘盾构偏离状态的图像,随后用计算机分析处理这种倾向,最后提升为成果示例和报告。

2) 方向控制方法

盾构机的方向控制,有控制推进千斤顶群的工作模式(以下简称模式法)和控制千斤顶推进压力(以下简称压力法)两种方法。

(1) 模式法

模式法是靠选择推进千斤顶群的工作模式实现方向控制的方法。这是一种根据测得的水平、竖直两方向上的姿态偏差,选择所谓的最佳推进千斤顶的工作模式,即让千斤顶群中的部分千斤顶工作,而另一部分千斤顶不工作,与此同时修正上述两个方向姿态偏差的方法。该方法存在如下问题:

①当要求停止推进的千斤顶再次工作时,盾构必须停止掘进直到该千斤顶触及管片,即必须间歇一段时间,所以工作效率低。

②控制属于阶跃性控制,另外因需水平方向和竖直方向同时纠偏,故控制精度不高。

③因千斤顶模式选择属经验技术,故操作人员的技术因素致使偏差存在较大的起伏。

④自动控制时,必须输入以操作人员经验判断为基础的参数,所以初期调整需要一定时间。

(2) 压力法

①压力法概况

为了克服模式法的诸多弊病,开发出了压力法,即把盾构的推进千斤顶分成多组,如图 9-26 所示,各组千斤顶推力的变化特点是连续变化,而不是阶跃性变化。这种控制方式具有如下优点:

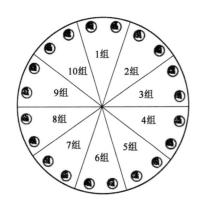

图 9-26　千斤顶分组状况

a. 因为输入千斤顶操作点即推进千斤顶的合力点容易,故设定目标方向容易,所以即使经验不足的操作员也可正确控制盾构的姿态。

b. 因为通常全部千斤顶参加推进,纠偏时靠追加给工作千斤顶上的压力完成,无千斤顶停止工作的现象,故效率高。

c. 尽管千斤顶上的推力存在一定的梯度,但推力变化平滑,所以管片上偏载荷极小。

d. 因为水平方向和竖直方向可以单独控制,所以使用一般的比例积分微分(PID)控制,即可方便地实现自动控制。

②推力的检测与控制

因为使用电磁比例阀可以方便地实现千斤顶的压力控制,所以提出了这种盾构的方向控制方案。当掘削地层取入土砂的同时由于地层硬度、土砂装入状况及组装管片的约束等原因,致使千斤顶的推力不断变化,故给实用化带来了一定的难度。因此,提出了边检测推力边控制推力的检测控制法,该控制方法的系统构成如图 9-27 所示,利用陀螺测量盾构的掘进姿态,并把测量结果输入运算装置。在运算装置中算出盾构的姿态与目标方向的偏差,进而计算修正该偏差的各个千斤顶所需的推力分布状况,并把结果输入控制装置。在控制装置中把推力最大的一组千斤顶的压力控制阀设定在规定的最大压力值上(35MPa),并把该组定为推力检测组,使盾构按设定的速度掘进;根据检测到的油压泵的压力,求出盾构必要的推力,由修正姿态所需推力分布状况和检测出来的推力分布状况,计算各组千斤顶的目标推力值(设定最大压力的一组除外),按维持该目标推力值的原则控制各组千斤顶的压力。连续反复上述操作,则盾构不仅可以维持姿态修正的推力分布，同时还能使其合力符合必要的推力条件要求。

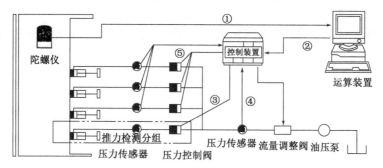

图 9-27 检测控制法示意图

③推力分布的计算方法

推力分布可由千斤顶操作点的方向角 θ 和单推强度 γ 求得。如图 9-28 所示，把 θ 方向延长线与圆(千斤顶作用点构成的圆)交点的推力记作最大值，从图中可以看出推力呈坡度正比于 γ 的圆筒状分布，则各个千斤顶的推力可由其相应的位置求取。

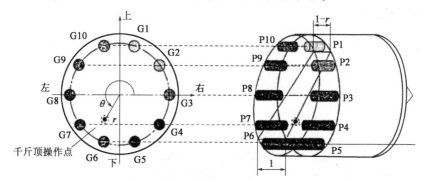

图 9-28 推力分布状况及计算方法

千斤顶操作点如图 9-29 所示，由盾构水平角度和竖直角度相对目标角的偏差 θ_x、θ_y，求出水平分量 x 和竖直分量 y，该系统可由以下的 PID 控制计算公式求出。

$$x = \frac{100}{PB_x}\left(\theta_x + \frac{1}{Ti_x}\int \theta_x \mathrm{d}t\right) \quad (9\text{-}10)$$

$$y = \frac{100}{PB_y}\left(\theta_y + \frac{1}{Ti_y}\int \theta_y \mathrm{d}t\right) \quad (9\text{-}11)$$

式中：θ_x、θ_y——分别为目标角偏差，°；

PB_x、PB_y——比例带，%；

Ti_x、Ti_y——积分时间，s。

3) 推进中的方向变化管理

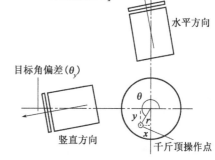

图 9-29 千斤顶操作点

就平面方向而言，方向修正量通常是把方向角度变化量或者掘削面(盾尾偏离量的变化量)，换算成左右推进千斤顶行程的变化量，如图 9-30 所示。对纵断面方向而言，同样是换算成上下千斤顶的行程变化量，或者参考倾斜计给出纵向变化量。

推进中的方向变化可通过行程计测得的左右推进千斤顶的行程差、陀螺方位角的变化、倾斜计的纵向角等参数的变化掌握。监测这些推进数据与目标值的对比结果,从而改变千斤顶的模式控制盾构的方向。在软弱地层急弯曲线施工的状况下,由于地层抗力偏低的原因,方向会稍有变化,在横滑状态下盾构容易向曲线外侧偏离,这种情形下,应暂时停止推进,重新测量确认盾构的位置。

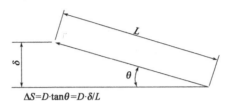

图9-30 方向修正量的计算方法

ΔS-行程的变化量;D-管片的外径;θ-盾构方向角变化量;δ-掘削面到盾尾的偏移变化量;L-盾构机长

9.3.3 管片组装管理

在修正盾构方向的同时,还必须慎重地进行管片组装管理。如果管片与盾尾的间隙减小,则会对盾构推进带来以下多种不利影响:

①对管片组装作业构成障碍,严重时无法组装。
②进行无管理组装,则隧道的真圆度下降,同时接头错位、缝隙增大,致使漏水。
③由于管片和盾尾的贴近,致使推力上升,容易造成管片自身出现裂纹等损伤。

因此,为了满足盾构方向修正的需要,盾构推进完成且管片拼装完成后,均应测量尾隙,并必须使用楔形管片修正管片的方向。

如图9-31所示,如果上下、左右的行程存在差异,即使在直线段推进时,一侧的尾隙也会慢慢变小,直至最后该侧盾尾间隙消失。因此应准备好修正用的楔形管片,曲线段使用的楔形管片必须充分考虑曲率的楔形量、形状(单楔或双楔)及组装模式等。

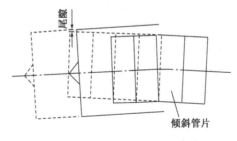

图9-31 倾斜管片方向的修正

❓ 思考题

1. 简述盾构自动测量系统的分类。
2. 简述导向系统的布置。
3. 导向系统在隧道中线计算时需要注意哪些问题?
4. 什么是换站?简述换站的工作流程。
5. 简述盾构掘进方向控制的两种方法。
6. 简述管片与盾尾的间隙减小对盾构掘进的不利影响。

附录一
管片结构设计算例

1. 工程及计算参数

某工程盾构区间隧道结构顶部覆土 14.8～31.3m,管片内径 5.4m,外径($2r$)为 6m,衬砌厚度 0.3m,环宽 1.2m,管片为 C50 混凝土,管片衬砌内外侧钢筋保护层厚度外侧为 35mm,内侧为 25mm,弹性模量 34.5GPa。覆土最深处结构上覆土层重度加权平均值为 $\gamma_1 = 19.9 \text{kN/m}^3$,覆土最深处结构所在土层重度加权平均值为 $\gamma_2 = 20.0 \text{kN/m}^3$,覆土最浅处结构上覆土层重度加权平均值为 $\gamma_3 = 19.5 \text{kN/m}^3$,覆土最浅处结构所在土层重度加权平均值为 $\gamma_4 = 20.1 \text{kN/m}^3$,覆土最深处结构所在土层静止土压力系数加权平均值为 $K_0 = 0.39$,覆土最浅处结构所在土层静止土压力系数加权平均值为 $K_{01} = 0.47$。

2. 荷载及内力计算

1)计算原则及过程

本算例选取了隧道上覆土最深($h_1 = 12.7\text{m}$)和最浅($h_0 = 12\text{m}$)两种工况作为计算考虑的最不利工况,将两种工况下计算得出的内力最大值作为配筋及结构验算参考的依据。计算采用同济曙光盾构隧道管片结构计算与配筋软件,模型取用等效均质圆环模型,考虑管片结构的影响对衬砌环整体刚度进行适当折减,取衬砌环整体刚度折减系数 $\eta = 0.8$,接头弯矩传递系数取 $\xi = 0.3$,衬砌环在接头处的接头弯矩按公式 $M_1 = (1-\xi)M$ 进行修正,与接头位置对应的相邻管片截面弯矩按公式 $M_2 = (1+\xi)M$ 进行修正。

2)荷载计算

(1)覆土最深位置(附图 1-1)

①最低水位荷载

结构顶部土压力: $q_1 = \gamma_1 h_1 = 19.9 \times 12.7 = 252.7 (\text{kN/m}^2)$

结构侧向土压力: $e_{11} = K_0 q_1 = 0.39 \times 252.7 = 98.6 (\text{kN/m}^2)$

$$e_{12} = K_0(q_1 + \gamma_2 \times 2r) = 0.39 \times (252.7 + 20.0 \times 6) = 145.4 (\text{kN/m}^2)$$

②抗浮水位荷载

结构顶部土压力：$q_1 = (\gamma_1 - \gamma_w)h_0 = (19.9 - 10) \times 12.7 = 125.7(\text{kN/m}^2)$

结构侧向土压力：$e_{11} = K_0 q_1 = 0.39 \times 125.7 = 49.0(\text{kN/m}^2)$

$$e_{12} = K_0[q_1 + (\gamma_2 - \gamma_w) \times 2r] = 0.39 \times [125.7 + (20.0 - 10) \times 6]$$
$$= 72.4(\text{kN/m}^2)$$

结构顶部水压力：$q_{w1} = \gamma_w h_1 = 10 \times 27.2 = 272(\text{kN/m}^2)$

结构底部水压力：$q_{w2} = q_{w1} + \gamma_w \times 2r = 272 + 10 \times 6 = 332(\text{kN/m}^2)$

结构侧向水压力：$e_{w1} = q_{w1} = 272(\text{kN/m}^2)$

$$e_{w2} = q_{w2} = 332(\text{kN/m}^2)$$

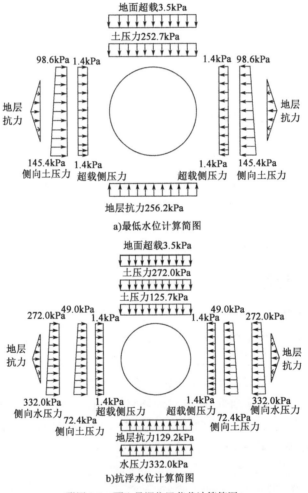

附图1-1 覆土最深位置荷载计算简图

(2) 覆土最浅位置（附图1-2）

①最低水位荷载

结构顶部土压力：$q_1 = \gamma_3 h_0 = 19.5 \times 12.0 = 234(\text{kN/m}^2)$

结构侧向土压力：$e_{11} = K_0 q_1 = 0.47 \times 234 = 110(\text{kN/m}^2)$

$$e_{12} = K_0[q_1 + \gamma_4 \times 2 \times r] = 0.47 \times [234 + 20.1 \times 6] = 166.7(\text{kN/m}^2)$$

②抗浮水位荷载

结构顶部土压力：$q_1 = (\gamma_3 - \gamma_w)h_0 = (19.5 - 10) \times 12 = 114(\text{kN/m}^2)$

结构侧向土压力：$e_{11} = K_0 q_1 = 0.47 \times 114 = 53.6(\text{kN/m}^2)$

$$e_{12} = K_0[q_1 + (\gamma_4 - \gamma_w) \times 2 \times r] = 0.47 \times [114 + (20.0 - 10) \times 6]$$
$$= 81.8(\text{kN/m}^2)$$

结构顶部水压力：$q_{w1} = \gamma_w h_1 = 10 \times 14.6 = 146(\text{kN/m}^2)$

结构底部水压力：$q_{w2} = q_{w1} + \gamma_w \times 2 \times r = 146 + 10 \times 6 = 206(\text{kN/m}^2)$

结构侧向水压力：$e_{w1} = q_{w1} = 146(\text{kN/m}^2)$

$$e_{w2} = q_{w2} = 206(\text{kN/m}^2)$$

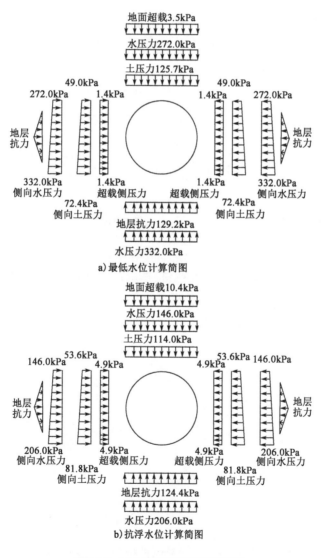

附图1-2 覆土最浅位置荷载计算简图

3) 内力计算
(1) 覆土最深位置
①最低水位内力计算结果(附图1-3)

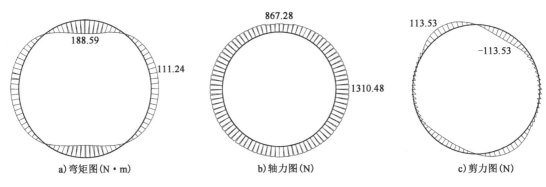

附图1-3 内力计算结果(覆土最深、最低水位)

②抗浮水位内力计算结果(附图1-4)

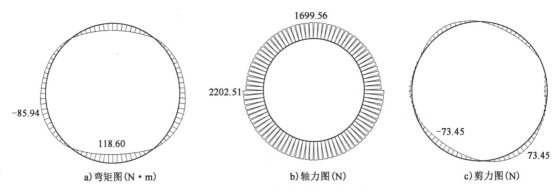

附图1-4 内力计算结果(覆土最深、抗浮水位)

(2) 覆土最浅位置
①最低水位内力计算结果(附图1-5)

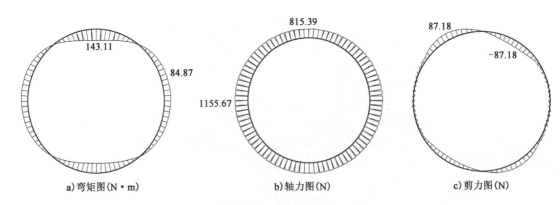

附图1-5 内力计算结果(覆土最浅、最低水位)

②抗浮水位内力计算结果(附图1-6)

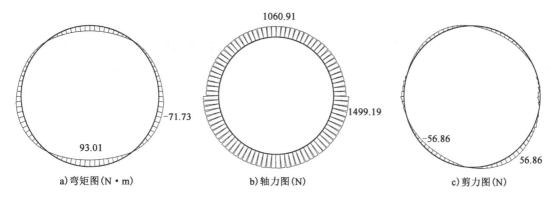

附图1-6 内力计算结果(覆土最浅、抗浮水位)

3. 管片结构设计验算

(1) 管片配筋计算

本算例设计的受力主筋为HRB400钢筋,按偏心受压构件进行计算,管片强度及裂缝宽度计算见附表1-1和附表1-2。本次设计考虑管片内侧配置8Φ18主筋,外侧配置8Φ18主筋。

管片衬砌结构强度计算　　　　　　　　　　　　　　　　　　附表1-1

截面位置	基本组合内力		强度验算			
	弯矩 (kN·m)	轴力 (kN)	需配钢筋面积 (mm^2)	实配钢筋	实配钢筋面积 (mm^2)	配筋率 (%)
最大正弯矩截面	188.59	867.28	1535	8Φ18	2036	0.57
最大负弯矩截面	111.24	1310.48	720	8Φ18	2036	0.57

管片衬砌结构裂缝宽度验算　　　　　　　　　　　　　　　　附表1-2

截面位置	内力		裂缝宽度验算	
	弯矩 (kN·m)	轴力 (kN)	实配钢筋面积 (mm^2)	裂缝宽度 (mm)
最大正弯矩截面	141.61	646.62	2036	0.095
最大负弯矩截面	83.59	982.52	2036	可不验算

(2) 管片结构抗剪验算

经过内力计算结果,最大剪力值为$V=113.53$kN,该截面对应轴力$N=995.85$kN。对该截面进行抗剪强度验算:$[1.75/(1+\lambda)]f_t b h_0 + 0.7N = [1.75/(1+1)] \times 1.89 \times 1200 \times 246/1000 + 0.07 \times 995.85 = 585.2kN>V$,故按照设计的箍筋配置可以满足要求。

(3) 环向螺栓抗剪验算

环向螺栓采用5.6级M24普通螺栓,螺栓抗拉强度$f_{tb}=210$N/mm^2,螺栓抗剪强度$f_{vb}=190$N/mm^2,幅宽方向螺栓个数$n=2$,偏于安全考虑,忽略混凝土端面的抗剪能力,假定剪力由两根螺栓承担,其计算截面最大剪力为113.53kN<171.9kN,接头端面螺栓所受剪力均小于其承载能力,安全。

(4)吊装孔管片抗冲切验算

按最重管片验算,管片自重 $G = 1.21 \times 25 = 30.25 \text{kN}$,假设管片抗冲切破裂面与管片径向成 $45°$ 角。板的厚度 $h = 300 \text{mm}$,截面有效高度 $h_0 = h - a_s = 300 - 54 = 246 \text{mm}$;作用面的直径取注浆管外径 $d = 58.7 \text{mm}$,柱位置影响系数 $\alpha_s = 40$;局部荷载设计值取 5 倍管片重,$F_1 = 151.25 \text{kN}$;混凝土强度等级为 C50,$f_t = 1.89 \text{N/mm}^2$;计算截面的周长 $u_m = \pi(d + h_0) = \pi \times (58.7 + 246) = 957.2 \text{mm}$;作用面积形状的影响系数 $\eta_1 = 0.4 + 1.2/\beta_s = 0.4 + 1.2/2 = 1$;计算截面周长与板截面有效高度之比的影响系数 $\eta_2 = 0.5 + \alpha_s \cdot h_0/4u_m = 0.5 + 40 \times 246/(4 \times 957.2) = 3.07$;影响系数 $\eta = \min\{\eta_1, \eta_2\} = \min\{1, 3.07\} = 1$;抗冲切验算:$0.7\beta h \cdot f_t \cdot \eta \cdot u_m \cdot h_0 = 0.7 \times 1 \times 1890 \times 1 \times 0.9572 \times 0.246 = 311.5 \text{kN} > \gamma_0 \cdot F_1 = 166.4 \text{kN}$,混凝土强度可以满足要求。

(5)接缝张开量验算

衬砌外侧张开量按下式计算:$B = \Delta l \cdot h/h_e$,其中,Δl 为内螺栓伸长量,$\Delta l = [\sigma]/E \times l$;$h$ 为管片宽度;h_e 为螺栓中心到管片近边的距离。假设环向螺栓达到允许应力时的衬砌外侧张开量作为验算标准,取螺栓允许应力为 $6.4 \times 10^5 \text{kPa}$,螺栓长度为 0.46m,$E = 2.1 \times 10^8 \text{kPa}$。计算得:$\Delta l = 1.4 \text{mm}$、$B = \Delta l \cdot h/h_e = 1.4 \times 300/120 = 3.5 \text{mm} < 4 \text{mm}$,环向接缝张开量满足要求。

(6)螺栓位置管片局部承压验算

取螺栓达到抗拉强度设计值时的螺栓拉力作为管片局部承压压力设计值,局部压力设计值 $F_1 = 95.0 \text{kN}$,局部受压区的直径 $d = 60 \text{mm}$,孔道面积 $A_k = 491 \text{mm}^2$;混凝土强度等级为 C50,$f_c = 23.1 \text{N/mm}^2$;间接钢筋的螺旋直径 $D_1 = 80 \text{mm}$,钢筋的直径 $d_1 = 6 \text{mm}$,间接钢筋的间距 $s = 35 \text{mm}$;间接钢筋的抗拉强度设计值 $f_y = 270 \text{N/mm}^2$。

①局部受压区截面尺寸的验算

混凝土局部受压面积:$A_l = \pi d^2/4 = \pi \times 60^2/4 = 2827 (\text{mm}^2)$;$A_{ln} = A_l - A_k = 2827 - 491 = 2337 (\text{mm}^2)$

局部受压的计算底面积:$A_b = 4(A_{bx} + A_{by}) = 23936 (\text{mm}^2)$

混凝土局部受压时的强度提高系数:$\beta_1 = (A_b/A_l)0.5 = (0.02394/0.003) \times 0.5 = 2.91$

配置间接钢筋的混凝土结构构件,局部受压区的截面尺寸应符合下式要求:

$F_1 \leq 1.35\beta_c \cdot \beta_1 \cdot f_c \cdot A_{ln}$;$1.35\beta_c \cdot \beta_1 \cdot f_c \cdot A_{ln} = 1.35 \times 1 \times 2.91 \times 23100 \times 0.00234 = 212.1 \text{kN} \geq F_1 = 95.0 \text{kN}$,满足要求。

②局部受压承载力验算:

间接钢筋应配置的高度:$h = d_{cor} = D_1 - d_1 = 74 (\text{mm})$;

对螺旋式钢筋,间接钢筋不应少于 4 圈,则:$h = 4.5s = 4.5 \times 35 = 158 (\text{mm})$

间接钢筋内表面范围内的混凝土核心面积:$A_{cor} = \pi(D_1 - d_1)^2/4 = \pi \times (80 - 6)^2/4 = 4301 (\text{mm}^2)$

配置间接钢筋的局部受压承载力提高系数:$\beta_{cor} = (A_{cor}/A_l) \times 0.5 = (4301/2827) \times 0.5 = 1.23$

间接钢筋的体积配箍率:$\rho_v = 4A_{ss1}/(d_{cor} \cdot s) = \pi \times 6^2/(74 \times 35) = 4.367\%$

配置间接钢筋的局部受压承载力应符合下列规定：
$F_l \leq 0.9(\beta_c \cdot \beta_1 \cdot f_c + 2\alpha \cdot \rho_v \cdot \beta_{cor} \cdot f_{yv}) \cdot A_{ln}$；
$R = 0.9(\beta_c \cdot \beta_1 \cdot f_c + 2\alpha \cdot \rho_v \cdot \beta_{cor} \cdot f_{yv}) \cdot A_{ln} = 0.9 \times (1 \times 2.91 \times 23100 + 2 \times 1 \times 0.0437 \times 1.23 \times 270) \times 0.00234 = 202.6 \text{kN} \geq F_l = 95.0 \text{kN}$，故管片的承压设计满足要求。

4 管片建议配筋设计值

根据计算结果，区间普通掘进段推荐管片按每 1.2m，内侧 8 Φ 18(2036mm²)配筋，外侧 8 Φ 18(2036mm²)可以满足管片结构设计要求。在区间侧向开洞(区间联络通道)范围及其两侧相邻 3 环管片可考虑采用加强衬砌环，配筋提高为 8 Φ 20(2513mm²)。

附录二
反力架结构受力验算算例

1. 工程及计算参数

某盾构区间采用开挖直径为 9150mm 的土压平衡盾构施工（附图 2-1），盾体直径为 9100mm，盾构设计推力最大为 81853kN，假定一般推力控制在 20000kN，始发推力按照一般推力的 1.5 倍，即 $20000 \times 1.5 = 30000$ kN，为增加安全系数，本次计算取 30000kN 推力进行反力架的承载力验算。盾构始发反力架为拼装式全圆钢架结构，反力架底部的横梁和立柱下端采用 $\phi800$ mm 的钢管支撑在后部的平台上。各杆件的连接采用 M24 型、长度 $L = 90$ mm、强度等级为 10.9 的高强度螺栓进行连接。螺栓孔径为 26mm，单根螺栓（10.9 级）的抗剪强度为：
$N = 353 \times 320 = 112.96$ kN ≈ 11.3 t。

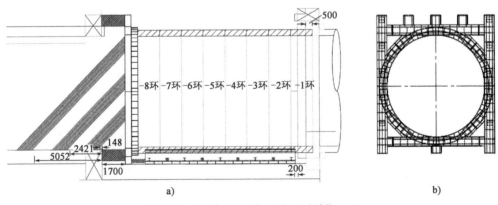

附图 2-1 反力架正面及侧面图（尺寸单位：mm）

2. 反力架验算

（1）钢支撑验算

钢支撑撑在车站底板反梁上。$\phi800@10$ mm 钢管：$P_{max} = \sigma A = 210$ N/mm$^2 \times 24806$ mm$^2 =$ 5209kN，拱底块为 84°，考虑盾构推进底部为主要受力部分，底部分担盾构反力为 13600kN，则底部 5 根支撑平均每根支撑所需支撑力为 2720kN，$\phi800@10$ mm 钢管支撑均能承受 2720kN

的反力,满足要求。

顶部横撑与车站通过横撑和与中板的搭接进行传递,与中板搭接总面积 124030mm³, $P'_{max} = \sigma A = 210\text{N}/\text{mm}^2 \times 124030\text{mm}^2 = 26046\text{kN}$。顶部受力约为 1/4 的底部受力,则 26046kN > 3400kN,满足要求。

斜撑采用三道 $\phi800@10\text{mm}$ 钢管支撑,总计单侧立柱支撑为 3 道,分担 96°盾构反力为 3608kN,平均每根支撑为 1202kN,$\phi800@10\text{mm}$ 钢管支撑均能承受 5209kN 的反力,其斜撑角度为 45°,5209kN × cos45° = 2736kN,则两根斜撑共计受力为 8208kN > 3608kN,满足要求。

(2) 反力架受力

此加固工况下反力架所能承受的最大压力为:$P_{反\max} = 5209\text{kN} \times 14 + 2736\text{kN} \times 3 = 81134\text{kN} > 20000\text{kN}$,满足要求。

参 考 文 献

[1] 陈馈,洪开荣,焦胜军.盾构施工技术[M].2版.北京:人民交通出版社股份有限公司,2016.

[2] 杨志勇,江玉生,江华,等.北京地铁盾构隧道安全风险组段划分方法研究[J].铁道标准设计,2012(03):65-68.

[3] 江华.北京典型砂卵石地层土压平衡盾构适应性研究[D].北京:中国矿业大学(北京),2012.

[4] ANAGNOSTOU K. Theoretical Soil Mechanics[M]. New York:John Wiley & Sons, 1943.

[5] ANAGNOSTOU G,KOVARI K. Face stability in slurry and EPB shield tunnelling[C]// Proceedings of the International Symposium on Geotechnical Aspects of Underground Construction in Soft Ground, Mair & Taylor(Eds). Rotterdam:Balkema,1996:453-458.

[6] 李潮.砂卵石地层土压平衡盾构关键参数计算模型研究[D].北京:中国矿业大学(北京),2013.

[7] 单仁亮,李德建.土力学简明教程[M].北京:机械工业出版社,2013.

[8] 中华人民共和国国家质量监督检验检疫总局.全断面隧道掘进机 术语和商业规格:GB/T 34354—2017[S].北京:中国标准出版社,2017.

[9] 中华人民共和国住房和城乡建设部.土工试验方法标准:GB/T 50123—2019[S].北京:中国计划出版社有限公司,2019.

[10] 中华人民共和国住房和城乡建设部.盾构隧道工程设计标准:GB/T 51438—2021[S].北京:中国建筑出版社,2021.

[11] 杨志勇,杨星,江玉生,等.盾构近距离上跨既有运营隧道施工控制技术[J].隧道建设(中英文),2019,39(11):1898-1904.

[12] HORN N. Horizontaler erddruck auf senkrechte abschlussflchen von tunnelröhren[C]// Landeskonferenz der Ungarischen Tiefbauindustrie, 1961:7-16.

[13] JANCSECZ S, STEINER W. Face support for a large mix-shield in heterogeneous ground conditions[C]//In Tunnelling'94. London:Institution of Mining and Metallurgy, 1994:531-550.

[14] ANAGNOSTOU G, KOVÁRI K. The face stability conditions earth-pressure balance shields [J]. Tunnelling and Underground Space Technology, 1996, 11(2):165-173.

[15] 魏纲,贺峰.砂性土中顶管开挖面最小支护压力的计算[J].地下空间与工程学报,2007(05):903-908.

[16] 杨志勇,乐贵平,江玉生,等.北京地区典型地层土压平衡盾构渣土改良技术[J].施工技术,2017,46(01):58-60,79.

[17] 有智慧,李雪,霍鹏,等.城市轨道交通盾构同步注浆国内外现状及发展[J].都市快轨交通,2020,33(04):72-83.

[18] 叶飞,孙昌海,毛家骅,等.考虑黏度时效性与空间效应的C-S双液浆盾构隧道管片注浆机理分析[J].中国公路学报,2017,30(08):49-56.

[19] WANG Z,SHEN S,ZHOU A, et al. Investigation of time-dependent characteristics of EPDM

rubber gasket used for shield tunnels[J]. Journal of Materials in Civil Engineering,2021, 33(9).

[20] WAN Z, LI S, YUAN C, et al. Soil conditioning for EPB shield tunneling in silty clay and weathered mudstone[J]. International Journal of Geomechanics,2021,21(9).

[21] 钱七虎,李朝甫,傅德明.全断面掘进机在中国地下工程中的应用现状及前景展望[J].建筑机械,2002(05):28-35.

[22] 朱伟,陈仁俊.盾构隧道施工技术现状及展望(第1讲)——盾构隧道基本原理及在我国的使用情况[J].岩土工程界,2001(11):19-21.

[23] ZHENG G, DAI X, DIAO Y. Parameter analysis of water flow during EPBS tunnelling and an evaluation method of spewing failure based on a simplified model[J]. Engineering Failure Analysis, 2015(58):96-112.

[24] 琚时轩.土压平衡盾构和泥水平衡盾构的特点及适应性分析[J].工程机械,2007(12):20-22.

[25] 张远荣.盾构过富水砂层对环境影响的分析研究[D].北京:中国铁道科学研究院,2011.

[26] 邱龑,杨新安,唐卓华,等.富水砂层土压平衡盾构施工渣土改良试验[J].同济大学学报(自然科学版),2015,43(11):1703-1708.

[27] 贺少辉,张淑朝,李承辉,等.砂卵石地层高水压条件下盾构掘进喷涌控制研究[J].岩土工程学报,2017,39(09):1583-1590.

[28] 江玉生,陈冬,王春河,等.土压平衡盾构双螺旋输送机力学机理简析[J].隧道建设,2007(06):15-18.

[29] 周冠南.土压平衡盾构螺旋输送机排土及保压作用分析[J].隧道建设,2012,32(03):302-308.

[30] ALAVI G E, ROSTAMI J, TALEBI K. Experimental study of the effect of conditioning on abrasive wear and torque requirement of full face tunneling machines[J]. Tunnelling and Underground Space Technology, 2014(41):127-136.

[31] 威利斯,程方权.TBM的发展历程[J].水利水电快报,2013,34(11):24-26.

[32] 江瀚翔.基于超声波测距的TBM盘形滚刀磨损在线监测系统的研究[D].北京:华北电力大学(北京),2016.

[33] 任德志,孙晓平.基于CC1101的盾构滚刀磨损监测系统的设计[J].矿山机械,2015,43(4):120-124.

[34] 张晓波,刘泉声,张建明.TBM掘进刀具磨损实时监测技术及刀盘振动监测分析[J].隧道建设,2017,37(3):380-385.

[35] 姜厚停,龚秋明,杜修力.卵石地层土压平衡盾构施工土体改良试验研究[J].岩土工程学报,2013,35(2):284-292.

[36] 安斌,刘学霸,杨春勃,等.富水砂层土压平衡盾构小半径曲线始发掘进参数控制研究[J].隧道建设(中英文),2020,40(S2):289-296.

[37] JAFARPOUR P, MOAYED R Z, KORDNAEIJ A. Behavior of zeolite-cement grouted sand under triaxial compression test[J]. Journal of Rock Mechanics and Geotechnical Engineering, 2020,12(1):149-159.

[38] KARTHICK A, ROY B, CHATTOPADHYAY P. A review on the application of chemical surfactant and surfactant foam for remediation of petroleum oil contaminated soil[J]. Journal of Environmental Management,2019(243):187-205.

[39] 魏康林.土压平衡盾构施工中泡沫和膨润土改良土体的微观机理分析[J].现代隧道技术,2007(01):73-77.

[40] 王俊,何川,王闯,等.砂土地层土压盾构隧道施工掌子面稳定性研究[J].岩土工程学报,2018,40(01):177-185.

[41] 宁孝梁.黏性土的细观三轴模拟与微观结构研究[D].杭州:浙江大学,2017.

[42] 刘泉维,杨忠年.泥水平衡盾构开挖面稳定性模型试验研究[J].岩土力学,2014,35(08):2255-2260.

[43] 吴飞,孙阳,邵国建,等.基于正交试验法的顶管端头土体加固效果评价[J].隧道建设,2016,36(03):282-287.

[44] 曹亮,潘倩,孙陶苑正.水泥改良土的力学性能试验研究[J].四川建筑科学研究,2019,45(04):89-92.

[45] 倪茂光.富水砂层注浆试验研究[D].北京:中国地质大学(北京),2014.

[46] 曾拾生.浅埋EPB盾构土舱压力研究[J].公路交通科技(应用技术版),2019,15(01):247-251.

[47] 丁彦杰.高压富水砂层土压平衡盾构的土体改良技术研究[D].北京:中国矿业大学(北京),2020.

[48] JIANG H, CHENG J, ZHANG J, et al. Principle and application of in-situ monitoring system for ground displacement induced by shield tunnelling[J]Tunnelling and Underground Space Technology,2021(112):103905.

[49] 谢雄耀,张永来,周彪,等.盾构隧道下穿老旧建筑物群微沉降控制技术研究[J].岩土工程学报,2019,41(10):1781-1789.

[50] 王新亮.全断面竖井掘进机载荷辨识与姿态控制关键技术研究[D].北京:中国矿业大学(北京),2020.

[51] 王波,张建帅,李涛.盾构施工自动导向系统人工测控技术分析[J].煤炭科技,2019,40(02):86-89.

[52] 王运钢,徐岩军.盾构隧道施工轴线纠偏计算方法[J].城市轨道交通研究,2017,20(01):75-78.

[53] 赵涛,郭军,梁庆国,等.盾构渣土改良试验及绿色利用[J].铁道工程学报,2021,38(03):107-112.

[54] 赵清涛,周大为,宁浩,等.复杂地质条件下盾构隧道"绿色施工"技术研究——以杭州地铁8号线一期工程为例[J].中国建材科技,2021,30(06):115-118.

[55] 鱼志鸿,杨大勇,章定文,等.深圳地铁13号线盾构渣土绿色循环利用技术[J/OL].隧道与地下工程灾害防治,2022:1-8[2022-06-10]. http://kns.cnki.net/kcms/detail/37.1516.U.20220525.1838.004.html.

[56] 张称呈.一种新型泥水盾构绿色泥浆配制及其性能研究[J].施工技术(中英文),2022,51(07):57-61,68.